HISTOIRE

DES

RELIGIONS ET DES MŒURS

DE TOUS LES PEUPLES DU MONDE.

TOME III.

DES GRECS ET DES PROTESTANS.

DE L'IMPRIMERIE DE P. GUEFFIER, RUE GUÉNÉGAUD, N°. 31.

HISTOIRE

DES

RELIGIONS ET DES MŒURS

DE TOUS LES PEUPLES DU MONDE,

Avec 600 Gravures, représentant toutes les Cérémonies et Coutumes
Religieuses, dessinées et gravées par le célèbre B. Picart;
Publiées en Hollande par J. F. Bernard;

Augmentée de l'Histoire des Religions des derniers Peuples découverts depuis cinquante ans;
des Cérémonies de certaines Messes et Processions singulières; des Convulsionnaires; de
l'Histoire de la Superstition; des Sorciers; des Enchantemens; de l'Apparition des Esprits;
de la Baguette divinatoire; de la Fête des Fous; des Saturnales; des Sectes Religieuses; des
Événemens survenus dans le Clergé et l'Eglise Catholique en France, depuis 1759; le Culte
des Théophilantropes; la Fête de l'Être-Suprême et de la Raison, etc. etc. etc.; avec
30 planches nouvelles.

DEUXIÈME ÉDITION.

TOME III.

DES GRECS ET DES PROTESTANS.

PARIS,

Chez { L'Éditeur, rue des Marais, n°. 18, faubourg Saint-Germain.
{ H. Nicolle, à la Librairie stéréotype, rue de Seine, n°. 12.

M DCCC XVIII.

HISTOIRE

DES

RELIGIONS ET DES MOEURS

DE TOUS LES PEUPLES DU MONDE.

RELIGION ET COUTUMES DES GRECS.

A voir du premier coup-d'œil l'ancien Paganisme, ne dira-t-on pas qu'il a été plus pacifique, plus tolérant et plus charitable que la Religion Chrétienne ? Les payens s'entrecommuniquaient leurs dieux et leurs dogmes. Il se faisait entre eux une espèce de commerce d'idées et d'opinions, qui ne les entraîna jamais au danger d'être frappés par *les foudres de leur Eglise* ou par *les anathèmes de leurs Conciles*. Dans le culte qu'ils rendaient à leurs dieux (ces dieux si différens les uns des autres dans leurs fonctions et leurs attributs), ils semblaient aller d'assez bonne foi au même but , et n'excluaient des Champs-Elysées que les impies et ceux qui renonçaient aux devoirs moraux en s'abandonnant au crime et au vice. Les différentes manières de servir les dieux n'empêchèrent jamais l'union et la fraternité des païens de différens cultes. Pourquoi faut-il, dira-t-on, que le Christianisme nous prive d'un si noble privilége? Je réponds que, bien loin de nous l'ôter, il nous le donne dans toute son étendue. A Dieu ne plaise qu'être chrétien soit autre chose « qu'être humain, charitable et pacifique, con-» formément aux règles et aux principes que la morale de J. C. nous donne » de l'humanité, de la charité et de la paix ! à quoi la religion ajoute la confiance » et une *foi simple*, que la dignité, la vertu et la supériorité du législateur » exigent de nous, » sans y mêler ces idées complexes et embarrassées, ces définitions subtiles, qui, peu-à-peu, ont multiplié les opinions, formé les sectes, détruit la tolérance et la charité envers ceux qu'il ne plaisait pas à Dieu d'éclairer de ses lumières. C'est à cela que se termine le véritable Christianisme. J. C. prêchant l'évangile, n'a demandé d'autre raisonnement à ses disciples, que celui qu'ils devaient faire pour comparer sa doctrine avec sa conduite, et sa mission avec les anciennes prophéties : pour les mystères, il n'a voulu que de la docilité, parce qu'il n'y a point de proportion entre les mystères et notre raison. C'est en vain qu'on a cherché à les lui proportionner par de nouveaux termes et par des définitions recherchées, que la théologie a reçus de siècle en siècle et à la naissance des opinions. En adoptant la nouveauté des termes et des expressions, notre raison a pris de nouvelles idées, s'est chargée de préjugés et de passions qui ont produit l'hérésie, le schisme et la désunion. Je m'arrête, sans creuser davantage dans les désordres que ces *trois enfans des ténèbres* causeront sans doute jusqu'à la destruction du Monde. Je ne dois pas oublier que je ne suis qu'historien : je demande seulement la permission de faire ici trois remarques dont on ne reconnaîtra que trop la justesse : 1°. *Que les divisions de religion se terminent, en général, comme les émotions populaires, à une espèce d'oppression :* on impose de nouveaux droits, on met de nouvelles taxes, qui ne diminuent jamais; 2°. qu'après que ces divisions ont commencé d'éclater, on a cru bien réparer les brèches qu'elles faisaient à la religion par des honneurs extérieurs, et par des expressions hyperboliques, assez semblables à celles dont les flatteurs et les courtisans honorent les princes; au lieu qu'il fallait travailler à rétablir les idées simples et ramener les expressions naturelles; 3°. qu'en conséquence de cette réparation prétendue, on s'est attaché à ces expressions comme à l'essence de la religion, par où les difficultés et les objections se multipliant à l'infini, la charité a diminué et rendu la réconciliation impossible.

Tous ces défauts se remarquent dans les ouvrages des Catholiques et des Protestans, où chaque partie tâche de mettre les Grecs de son côté. On a reçu avec un empressement extraordinaire les gros traités que les deux partis ont publiés pour revendiquer une religion défigurée par l'ignorance et la mauvaise foi des docteurs qui l'enseignent, et des peuples qui la professent. Dans l'espérance de mieux persuader les lecteurs, on s'est mutuellement reproché ses détours et ses sophismes. Souvent on n'a pu gagner sur soi d'épargner les injures et les invectives. Qu'est-il arrivé? que les écrivains et les lecteurs ont gardé leurs préjugés, et sont restés dans leurs premières idées.

On peut juger de l'aversion des Grecs pour l'Eglise romaine, par ces paroles de l'amiral de la flotte grecque : lorsque le grec vit l'armée des Turcs qui assiégeait Constantinople, il dit : « Il vaut mieux voir dominer le Turban de Constanti-
» nople, que le Chapeau d'un cardinal latin. »

De l'Église Grecque.

« Comme les sectes (le P. Simon) qui sont aujourd'hui dans le Levant, sont toutes sorties des Grecs, et qu'à la réserve de quelques points particuliers, en quoi elles sont séparées d'eux., le reste de leur créance et de leurs cérémonies est commun, il est nécessaire de traiter de la religion des Grecs (proprement dite), avant toutes les autres qui en dépendent.

» L'Eglise grecque, qui est la dépendance du patriarche de Constantinople, n'a pas eu toujours cette grande étendue qu'elle a eue depuis que les empereurs d'Orient ont pris plaisir à diminuer les autres patriarcats pour agrandir celui de Constantinople : ce qui leur a été d'autant plus facile à exécuter, qu'ils ont été en cela beaucoup plus puissans que les empereurs d'Occident, et que, pour établir de nouveaux évêchés, ou pour donner de nouvelles attributions et juridictions, ils se souciaient fort peu du consentement des patriarches. Au lieu que, dans l'Eglise occidentale, les papes se sont rendus peu-à-peu les maîtres de toutes ces choses-là, et qu'il faut que les princes aient maintenant recours à eux.

» Il y a plusieurs notices des églises qui sont soumises à celle de Constantinople : mais, comme elles sont anciennes, et qu'elles ne font pas assez connaître l'étendue que cette Eglise prétend avoir, nous en produirons deux plus nouvelles, dont la première a été faite par un Grec peu connu, nommé Nilus Doxopatrius, et rapportée par Léon Allatius. La seconde se trouve dans la lettre de M. Smith touchant l'état présent de l'Eglise grecque, et qu'il assure avoir eue des Grecs de Constantinople. Je dois remarquer ici que la plupart des métropoles parmi les Grecs retiennent encore présentement de certains titres d'honneur, ou qualités, qui les distinguent les unes d'avec les autres ; de sorte que le patriarche de Constantinople, quand il écrit aux archevêques, et même à quelques évêques, ne manque point de leur donner ces titres, même dans la misère où ils vivent. Les Grecs ont été de tout temps curieux de se distinguer par des titres d'honneur et par des noms grands et magnifiques, ce que plusieurs attribuent à une vanité orientale ; mais ceux qui voudront en porter un jugement plus favorable, attribueront tous ces titres d'honneur à leur politesse et à leur civilité. Quoique l'Eglise de Constantinople ne soit plus dans ce grand éclat où elle était sous les empereurs catholiques, les ecclésiastiques ne laissent pas de prendre encore des noms magnifiques et des titres d'honneur dont il tirent de la vanité : les religieux même ne sont pas éloignés de cette ambition. Et c'est ce qui fait qu'on voit ordinairement les écrivains grecs modernes s'attribuer ces sortes de qualités, qu'ils mettent à la tête de leurs livres : par exemple, Docteur de la grande Eglise, Protosyncelle, et d'autres noms semblables, qui ne les mettent pas à couvert de l'ignorance où ils sont. »

Les églises grecques d'aujourd'hui ne sont pas même l'ombre des anciennes églises, si florissantes autrefois et si distinguées par les excellens pasteurs qui les gouvernaient. Tout y représente aujourd'hui la servitude, l'ignorance et la pauvreté : « J'ai vu des églises, dit Ricaut, qui ressembloient moins à des lieux sacrés qu'à des cavernes ou à des tombeaux, leur faîte étant presque de niveau avec la superficie de la terre. On en use de la sorte, de peur qu'en donnant une hauteur ordinaire à ces bâtimens, il ne semblât que l'on eût dessein de les faire aller de pair avec les mosquées des Turcs. » Il est bien surprenant que, dans la misère où toutes les relations nous représentent les Grecs, la religion chrétienne ait encore pu se conserver parmi eux : en cela on doit sans doute admirer la Providence. Il est vrai que ce christianisme consiste principalement dans l'habitude et la tradition de famille. Ils sont extrêmement attachés aux pratiques extérieures, comme les jeûnes, les fêtes, les pénitences ; ils craignent et respectent les censures de leur clergé ; ils sont esclaves des usages établis dans leur religion, quelqu'absurdité qu'on leur y montre : mais, quoi qu'il en soit, il faut convenir que, si ces défauts défigurent le christianisme des Grecs, ils l'empêchent néanmoins de périr entièrement. Un feu couvert de cendres peut se rallumer et brûler avec la même force qu'auparavant : il en est ainsi de la vérité cachée dans les nuages de l'erreur.

Usages et Cérémonies du Patriarche.

L'ancienne Eglise chrétienne a reconnu cinq patriarches, à savoir, ceux de Rome, de Constantinople, d'Alexandrie, d'Antioche et de Jérusalem. Quoiqu'aujourd'hui le seul patriarche de Rome ait le droit de s'appeler *Pape*, il se trouve que, dans l'antiquité, les autres patriarches ont porté le même titre, et nonseulement les patriarches, mais même des archevêques, de simples évêques, et enfin de simples prêtres. On n'a besoin ni de preuves anciennes, ni d'érudition, pour prouver ce dernier usage, puisqu'à l'ouverture d'une relation de la Grèce, on trouve le nom de *papas* pour les prêtres grecs, et que le moindre enfant, en Allemagne et en Hollande, sait que *pfaf* et *paap* désignent dans leur pays un prêtre catholique.

A ces patriarches il faut ajouter celui de Russie, qui étendait sa juridiction sur cet empire. Il était juge souverain dans les affaires ecclésiastiques, et pouvait réformer, de sa propre autorité, ce qu'il croyait préjudiciable aux mœurs ; il pouvait même condamner à mort ceux qu'il jugeait coupables sur cet article, sans en donner connaissance au Czar. Enfin, la sentence prononcée par le patriarche était irrévocable et s'exécutait sans opposition. On trouve de plus quatre patriarches des Arméniens, sans compter les deux titulaires qui résident à Constantinople et à Jérusalem, sous la domination des Turcs ; le patriarche des Maronites, celui des Jacobites, celui des Coptes, celui des Nestoriens et celui des Géorgiens.

Le patriarche de Constantinople prend la qualité de patriarche œcuménique ou universel. Les pères d'un concile tenu dans le cinquième siècle, avaient attribué cette qualité au pape Léon. Les patriarches de Constantinople, jaloux d'un attribut qui touche de près la chair, et se fait mieux sentir que la qualité de successeur des apôtres, se donnèrent aussitôt le même titre. Qu'un évêque imite l'ambition d'un autre évêque, rien n'est plus facile ; mais il n'en est pas ainsi des vertus chrétiennes. Quoi qu'il en soit, les patriarches de Constantinople se dirent œcuméniques dès la fin du cinquième siècle, et obtinrent la confirmation de ce titre par un concile tenu dans leur ville en 518.

Des motifs d'ambition ont divisé assez souvent les patriarches de Rome et de Constantinople : leur point de vue était la souveraineté dans l'Eglise. Sur le rapport des historiens ecclésiastiques, il fut décidé, dans les premiers siècles, que Constantinople n'aurait la première place qu'après Rome ; que la seule primauté de rang résiderait dans le patriarche de celle ci. Les protestans équitables ne disputent pas cette primauté au pape. A l'égard de la primauté de puissance, ce qui semblait devoir la faire manquer au pape, est justement ce qui la lui a conservée ; c'est-à-dire, l'éloignement des empereurs, les irruptions des Barbares, les divisions de l'Italie en plusieurs petits états, la translation de l'empire en Allemagne. Le patriarche de Constantinople a toujours gouverné sous les yeux d'un souverain séculier, qui, par son élévation et sa puissance, pouvait contribuer à celle de ce patriarche, et le devoit même pour sa propre gloire ; mais, tout au contraire, les empereurs d'Orient ont souvent traversé ses entreprises et arrêté les excès de son ambition. Ils n'ont pas craint de le faire déposer par des conciles ou autrement, lorsqu'il excédait les bornes de sa juridiction. Que ce soit là l'effet du caractère des Grecs et des autres orientaux, ou que les circonstances n'aient pas aidé aux vues de ce patriarche, toujours est-il vrai qu'il lui a été moins permis de se faire des créatures par de nouvelles dignités, par des collations de bénéfices et d'évêchés désertés dans les désordres de l'état, qui à la fin convertirent plusieurs de ces bénéfices en petites souverainetés, et par des changemens dans les usages anciens ; changemens que l'absence de l'empereur autorisait à Rome et dans le reste de l'Italie, comme des choses nécessaires. La grossièreté des Barbares devenus chrétiens, mais souvent mal convertis, et même, si j'ose le dire, introduits dans l'Eglise chrétienne avec tous leurs vices, par le moyen d'une tolérance que l'ignorance des temps faisait trouver bonne, et que le désir de gagner des âmes à Dieu faisait trouver encore meilleure ; cette grossièreté, dis-je, servit encore à fortifier le pouvoir des papes, parce que la grossièreté rend ordinairement timide et crédule. Ce fut aussi dans le temps de cette grossièreté, si remarquable par ses effets, que l'argent commença de procurer les bulles et les dispenses. Alors, s'il m'est permis de m'exprimer de la sorte,

Rome devint *le bureau général d'un nouveau commerce*, qui la fit respecter long-temps de toute l'Europe, et lui fournit abondamment les moyens de se faire craindre de ces fidèles qui s'effraient facilement, aimer des dévots de profession, et rechercher des gens du monde.

On peut regarder l'empereur des Turcs comme le chef de l'église grecque. Il faut un baratz, c'est-à-dire une patente impériale, pour que le patriarche, les évêques, etc., puissent faire les fonctions de leur charge. Ce *baratz* autorise les évêques à établir et déposer les prêtres et autres personnes religieuses, à faire des mariages et des divorces, à percevoir les reve nus des églises, à recevoir les legs pieux, à jouir de tous les priviléges de leur dignité, et tout cela, dit le *baratz* dans ses idées mahométanes, *selon les vaines et inutiles cérémonies du christiànisme.* Mais rien n'est plus ordinaire que de voir révoquer cette patente par les ressorts des brigues et de l'ambition du clergé. Les dignités ecclésiastiques sont données au dernier enchérisseur, sans aucun égard pour le mérite, quand il n'a que la pauvreté pour partage. L'avarice, l'envie et la méchanceté des Grecs introduisirent bientôt après la prise de Constantinople cette odieuse vénalité du patriarcat, qui le rend méprisable à ceux qui le vendent. D'abord Mahomet, le conquérant de Constantinople, accorda de grands honneurs à Gennadius, le premier patriarche de Constantinople depuis la conquête. Il lui mit même le bâton pastoral entre les mains ; il lui donna un riche pallium (veste que l'on donne aux personnes distinguées), un caftan de zibeline, une haquenée blanche, et une pension considérable. Il lui accorda la permission d'aller à cheval par la ville, et de porter la croix d'or sur le devant du bonnet patriarcal. On ajoute même que le prince lui assigna une place dans le divan. Il voulut encore que le patriarche eût quelque autorité temporelle sur les Grecs ; il la joignit à l'autorité spirituelle, et lui permit de les châtier suivant la rigueur des anciens canons. Enfin il laissa au clergé le pouvoir d'élire librement ce patriarche, se réservant le seul droit d'agréer le sujet élu. Trois patriarches jouirent consécutivement de ces priviléges. Un quatrième, sans mérite et sans science, offrit, pour parvenir à la dignité patriarcale, non-seulement de renoncer à la pension, mais de payer même un tribut au Grand-Seigneur, et depuis ce temps-là le tribut et les vexations des ministres turcs sont montés à des sommes excessives. Mahomet, indigné de la manière dont les Grecs avilissaient par leurs mauvaises intrigues une dignité pour laquelle il avait témoigné beaucoup de vénération, révoqua bientôt lui-même les priviléges qu'il lui avait accordés, et les dignités inférieures au patriarcat eurent dans la suite un semblable sort. Ce mal est devenu d'autant plus fâcheux que, pour pouvoir toujours satisfaire à leur avarice, les Turcs, s'il en faut croire Ricaut, suspendent en maîtres le pouvoir des anciens canons dans les cas de simonie. Ainsi le clergé est forcé de dissimuler sur ce point essentiel de la discipline, et n'ose faire usage des censures ecclésiastiques, qui peut-être arrêteraient le cours d'un mal si avantageux aux Turcs.

Autrefois, dit le même Ricaut, un patriarche de Constantinople ne payait quedix mille écus pour être installé : de son temps il fallait en payer vingt-cinq mille. Un certain Athanase, métropolitain de Thessalonique, donna soixante mille écus pour occuper cette place, d'où les deux cyrilles Lucar et Contari avaient été chassés l'un après l'autre. Outre ce droit si onéreux, les ministres en exigent si fréquemment d'autres, que le patriarche, toujours endetté, cherche sans cesse de nouveaux moyens pour satisfaire à l'avarice de ses créanciers. S'il paie mal, il est bientôt déposé. Telles sont les causes qui disposent aux fréquentes révolutions qu'on voit arriver dans l'église grecque, et qui soutiennent l'injuste autorité que les Turcs ont usurpée dans les élections du clergé.

« Les dettes de l'église, nous dit encore Ricaut, s'accumulent et vont tous les jours en augmentant; .... à quoi il faut joindre l'intérêt, qui va toujours fort haut. Et, comme les Turcs ont accoutumé de presser extrêmement ceux à qui ils prêtent, le patriarche est obligé de convoquer de temps en temps ses archevêques et ses évêques pour délibérer avec eux des moyens de satisfaire une partie des créanciers. Mais ces dettes ne sont pas payées, que l'on demande de nouvelles sommes au patriarche. » Lorsque, faute de paiement et par une suite des brigues, sa déposition est résolue, on s'assure de sa personne, et l'on saisit ses biens pour acquitter une partie des dettes de l'église, et payer ce que le nouveau patriarche doit pour son installation. C'est ainsi que, pour se maintenir dans quelque tranquillité au milieu de ces dettes éternelles, il est obligé de mettre des taxes et des impôts sur les fidèles de son église, et de vendre les dignités, même d'employer des moyens encore plus odieux lorsque son inclination le porte à l'avarice et à l'injustice.

Deux choses résultent du détail que je viens de donner touchant le patriarche : la première, que ses revenus sont fort incertains, et plus ou moins grands, selon qu'il est plus ou moins pressé des Turcs, et plus ou moins honnête homme; l'autre, que, dans sa fortune chancelante, il épuise ordinairement tous ses revenus pour se maintenir. Dès que le patriarche est élu, il vend au plus offrant les évêchés et les autres édifices vacans. Outre cela, les évêchés, les cures et les monastères de sa juridiction lui sont redevables d'une certaine somme annuelle. Chaque prêtre de Constantinople lui paie par an un écu. A l'exemple du patriarche, les évêques font acheter les ordres à ceux qu'ils ordonnent prêtres, et les curés vendent les sacremens au peuple. On lui fait aussi payer l'eau bénite, le pain bénit, et les places dans les églises. Les évêques de la dépendance du patriarche, y compris leurs métropolitains, sont au nombre d'environ cent cinquante. Tous ceux qui sont ordonnés par lui diacres ou prêtres dans Constantinople, lui font un présent. Ceux qu'il sacre évêques et archevêques lui en font à proportion de leur rang. Chaque mariage qui se fait à Constantinople ou dans la juridiction de cette ville, lui doit un écu : ce droit est fort considérable, à cause du grand nombre de Grecs qui viennent s'établir à Constantinople. Cette contribution double au second mariage, et triple au troisième et dernier, l'église grecque ne permettant pas les quatrièmes noces.

Les héritages font aussi une des principales branches des revenus de ce patriarche : ce qui est laissé par un prêtre mourant sans enfans, lui appartient comme au père et à l'héritier commun. Les riches Grecs lui laissent après leur mort des champs, des maisons ou de l'argent. Tous les trois ans il lève douze deniers par tête dans chaque paroisse de son patriarcat, et une quête que l'on fait pour lui, pendant le carême, dans les églises de Constantinople et de Galata. Enfin, le Czar de Moscovie lui fait un don gratuit, comme une marque de ses égards et du respect qu'il a pour lui. D'autre côté, les Grecs ont une estime particulière pour la nation russienne, à cause de quelques prophéties qui disent que les Russiens délivreront un jour les Grecs de l'oppression des Turcs.

Toutes ces levées d'argent formeraient des revenus beaucoup plus considérables, si elles ne passaient pas par différentes mains.

Après le patriarche de Constantinople, le plus riche est celui de Jérusalem, à cause des grands profits que le *feu saint* lui porte : pieuse charlatanerie qui, dans son espèce, ne vaut pas moins que les nôtres. Le patriarche d'Antioche est le plus pauvre de tous (*Ricaut*). Celui d'Alexandrie a beaucoup d'autorité dans le gouvernement ecclésiastique, et se rend considérable par les censures. Il se donne le titre de Juge du monde, et prend aussi celui de pape. Mais ce qui les distingue sur-tout du patriarche de Constantinople, c'est l'avantage d'être moins exposés à l'envie et à l'avarice des Turcs. Leur élection est accompagnée de moins de brigues, et les suffrages y sont plus libres.

A l'égard des archevêques et des évêques, leurs revenus consistent pareillement en contributions que les ordinations leur produisent. Outre cela, chaque prêtre paie tous les ans un écu à son archevêque ou à son évêque. Chaque noce leur paie aussi un écu, chaque maison de leur diocèse leur fournit une provision de blé, de fruits, de vin et d'huile. Les prêtres vivent sur les revenus des églises, ou des présens que leurs paroissiens leur font, et des offrandes qu'ils reçoivent les jours de fêtes. Toutes les fois que ces prêtres disent la messe, soit les jours de fête ou le dimanche, chaque maison leur donne deux deniers. En récompense, le prêtre doit prier et intercéder auprès de Dieu avant le *sacrifice* pour celui qui lui fait cette petite libéralité. Ricaut assure que les Grecs contribuent

fort peu de jours d'offrande, tant la charité des peuples est froide à l'égard
de leurs pasteurs. Ainsi le clergé est presque contraint, pour vivre, de vendre
les mystères divins dont il est dépositaire. On ne peut ni recevoir l'absolution, ni être admis à la confession, ni faire baptiser ses enfans, ni
entrer dans l'état du mariage, ni se séparer de sa femme, ni obtenir l'excommunication contre un autre, ou la communion pour les malades, que
l'on ait auparavant accordé de prix. Les prêtres font leur marché le meilleur qu'ils peuvent.

Élection du Patriarche

Un patriarche est élu par les archevêques et les évêques à la pluralité
des voix ; mais c'est une vaine formalité, sans l'agrément du Grand-Seigneur.
Le patriarche va donc lui demander la confirmation de son élection. D'ordinaire, avant l'élection commencée, on demande au grand-visir la permission d'élire un sujet. Le ministre appelle les métropolitains, et leur demande
si c'est tout de bon qu'ils veulent élire un nouveau patriarche. Après leur
avoir réitéré cette demande, il leur donne le consentement avec le haratz.
Sa Hautesse régale le patriarche d'un cheval blanc, d'un capuchon noir,
d'une crosse et d'un caftan brodé. Le Turc a conservé dans cette cérémonie
l'ancien usage des Empereurs grecs. Ensuite le patriarche, accompagné d'un
grand nombre d'officiers turcs, de son clergé, de beaucoup de peuple, se
rend au siége patriarcal avec toute la solennité possible. Il appartient à
l'archevêque d'Héraclée de faire la cérémonie du sacre en qualité de premier métropolitain. Ce prélat, revêtu de ses habits pontificaux, prend le
patriarche par la main, et le place dans la chaire patriarcale. Alors il reçoit la
croix, la mître, et les autres ornemens pontificaux des mains de l'archevêque d'Héraclée ; il s'assied dans la chaire patriarcale, les évêques, le
reste du clergé, le peuple lui font les soumissions accoutumées avec beaucoup d'acclamations. La célébration de la messe, accompagnée des cérémonies ordinaires aux grandes fêtes, suit aussitôt cette *comédie ecclésiastique*,
et en fait la conclusion.

Cyrille Lucar, dans une de ses lettres que l'auteur des *Monumens authentiques de la religion des Grecs* a fait imprimer en 1708, rapporte que
le patriarche élu *est debout au milieu de l'Eglise sur un morceau d'é-
toffe, où l'on a peint ou brodé un aigle*. Par ce drap, que le patriarche
foule aux pieds, on prétend l'avertir qu'il doit mépriser et fouler aux pieds
la gloire du monde. En même temps l'aigle, dont le vol est haut et ra-

pide, devrait apprendre au patriarche que son esprit doit s'élever rapidement au Ciel par l'effort d'une sainte méditation.

Ordre des Assistans et des Ministres du Patriarche, dans les fonctions patriarcales.

Selon l'ancien usage, le patriarche, les évêques et les autres dignités ne
doivent avoir pour ministres que des moines et jamais des séculiers. Je ne
parlerai ici que des ministres du patriarche. Avant la prise de Constantinople,
ils étaient encore tous ecclésiastiques. Aujourd'hui, excepté quatre, ils sont
tous sécularisés ; ce qui d'un côté augmente les revenus du patriarche, et
de l'autre favorise l'ambition des séculiers. Les voici nommés dans l'ordre
de leur assistance auprès du patriarche, pour les fonctions tant ecclésiastiques que séculières. A la droite du patriarche on voit le grand économe,
qui a soin des revenus et de la dépense publique du patriarcat. Il lui rend
compte deux fois l'année, et assiste à son tribunal de justice aux jours
d'audience. Il a aussi l'administration de l'évêché après la mort de l'évêque,
et la première voix dans les élections.

Le grand *sacellaire*, c'est-à-dire le grand maître de la chapelle, assiste le
patriarche dans les jugemens et dans les cérémonies ecclésiastiques.

Le grand trésorier est le gardien des vases sacrés de l'église et des ornemens pontificaux.

Le grand official connaît des matières bénéficiales, et reçoit les différends
qui surviennent dans les mariages. Il fait approcher les prêtres qui doivent
recevoir la communion aux jours solennels.

Le grand logothète, ou chancelier, porte la parole, le garde sceau du patriarche.

Le grand référendaire, porteur des ordres du patriarche. Il est député
vers les grands, il a rang parmi les juges de l'église.

Le grand protonotaire se tient devant le patriarche pour écrire et délivrer
les brefs, les mandemens, les ordonnances et les décrets, etc.

Tous ces ministres conservent encore leur ancien rang et sont à la droite
du patriarche dans toutes les cérémonies, de même que les suivans, dont
le ministère est cependant moins remarquable.

Le thuriféraire ou ministre de l'encens, couvre du voile les choses sacrées
pendant le chant de l'hymne à la trinité.

Le *protecdice*, ou l'avocat, juge à l'entrée de l'église des moindres affaires.

Le *hieronnemon* garde le rituel et les autres livres. C'est lui aussi qui fait la dédicace d'une église en l'absence de l'évêque, et qui institue les lecteurs. L'officier ou ministre qui a soin *supergenual* du patriarche, et le docteur.

A la gauche sont le *protopapas* ou archiprêtre ; le *deutereuon*, ou le second visiteur ; le préfet des églises, les *ecdices* ou accesseurs, l'exarque, les deux domestiques, les deux laosynactes, les deux primicères, ou premier chantre, le député, le grand archidiacre, et le second diacre. Le *proto-papas*, dont la dignité est purement ecclésiastique, communie le patriarche dans les messes solennelles, et en est communié. Il est le premier entre toutes les dignités ecclésiastiques, tant pour les priviléges que pour le rang. Le *deutereuon*, ou le second, tient la place du protopapas, lorsque celui-ci est absent. Le visiteur, entre autres prérogatives de sa charge, a celle d'exa-miner les différends qui surviennent dans l'église, et les causes qui mettent empêchement au mariage.

Le préfet, ou surintendant, a sous sa direction l'huile sacrée, et ce qu'on appelle chez les Grecs *antimensium*. Il a le droit de planter la croix sur le terrain d'une nouvelle église, lorsque le patriarche n'est pas en état de faire cette cérémonie. L'exarque revoit les causes jugées. Les deux primi-cères ont leur place au-dessus des diacres. Les *laosynactes* assemblent les diacres et le peuple.

J'indiquerai seulement les autres ministres de cette partie du chœur qui est à la gauche du patriarche ; à savoir, le cathéchiste, qui instruit et pré-pare à recevoir le baptême ceux qui reviennent de l'hérésie à l'église : le *periodeute*, qui va de côté et d'autre pour instruire aussi ceux qui doivent recevoir le baptême ; le préfet, ou maître des cérémonies, différent du dé-puté, assigne à chacun son rang. Enfin, il y a l'officier qui porte le bâton pastoral devant le patriarche, le céroféraire et les portiers. Au reste, il faut observer que ces dignités et ces offices ont souffert de si fréquens change-mens, qu'on ne doit point être surpris de voir les auteurs confondre presque toujours leurs fonctions, leurs noms et leurs attributs, ou les indiquer sous d'autres noms que ceux dont je viens de parler.

Puisque j'ai parlé ici des dignités inférieures au patriarche, je mettrai à leur suite *l'archimandrite*, qui, chez les Grecs, est le supérieur d'une com-munauté de moine. *Archimandrite*, *hégumène*, *abbé*, sont trois termes synonymes.

Office, Liturgie, et autres usages.

Pl. 1. *Évêque bénissant les eaux ; Papas ou Prêtre grec en ses habits pontificaux ; Cloche des Coloyers.*

Pl. 2. *Patriarches de Constantinople.*

Pl. 3. *Archiprêtre ou Protopapas en robe fourrée.*

Pl. 4. *Fiancée grecque sur un sopha.*

L'office des Grecs, assez semblable à celui des catholiques romains, s'appelle *synaxis* ; il comprend neuf parties : savoir, le nocturne, matines, laudes, prime, tierce, secte, nones, vêpres et complies. A la fin de chaque office, on chante le *trisagium*, saint Dieu, saint fort, saint éternel, et l'on repète trois fois le *gloria patri*. Ces peuples ont quatre liturgies différentes : la première est celle de Saint Jacques, sur laquelle l'église grecque s'accorde universellement. Cet office dure cinq heures, et c'est pour cela qu'on n'en fait usage qu'une fois l'année, le 25 octobre, fête de Saint Jacques. La seconde liturgie est celle de Saint Basile ; ce père, voyant que la longueur de la liturgie de Saint Jacques épuisoit l'attention de l'assemblée par sa longueur, crut devoir l'abréger. On s'en sert les dimanches du carême, excepté celui des rameaux, le jeudi et le samedi saint, aux vigiles de Noël et de l'Epiphanie, le jour de l'exaltation de la croix, et à la fête de Saint Basile. La liturgie de Saint Chrisostôme est la troisième, et beaucoup plus courte et moins ennuyeuse que les deux autres ; elle forme l'office ordinaire de toute l'année. Enfin la dernière, émanée de Saint Grégoire, n'est qu'un recueil de prières propres à inspirer aux fideles les dispositions nécessaires pour recevoir la communion.

Pl. 5. *Elle représente le pain de la communion, l'évêque tenant le chandelier à trois et à deux branches, etc., etc.*

Les Grecs ont, comme les catholiques romains, l'usage de la messe ; et ce qui les différencie les uns des autres à ce sujet, c'est que l'église grecque y emploie du pain levé, et l'église latine du pain azyme. Les cérémonies dont les Grecs font usage dans leurs messes solennelles, sont beaucoup plus multipliées que ne le sont celles des Romains. Le prêtre, préparé au saint

Tome III N.1

2

EVÊQUE benissant les eaux.   PATRIARCHE de Constantinople.

1. PAPAS ou PRETRE Grec en ses Habits Pontificaux.   2. Cloche des Caloyers.

B. Picart, del.

a. ARCHIPRETRE, ou PROTOPAPAS.   FIANCÉE Grecque sur un Sopha.
b. PAPAS en robe fourée.

3.

Tom III N.º 4.

1
A
IC XC
NI KA
2
A
IC XC
NI KA
B

A. Pain de la Communion chez les Grecs. B. l'Etoile. C. l'Evêque tenant le chandelier à trois et à deux branches. D. l'Evantail. E. Le Corban ou pain de la Communion des Cophtes.

mystère par la confession, entre avec un diacre dans le chœur de l'église; l'un et l'autre se tournent vers l'orient, font trois inclinations devant les images de Jésus et de la Vierge. Ils font ensuite une courte prière, et recommencent trois inclinations vers l'orient. Le diacre fait bénir au prêtre sa tunique et son étole, et l'un et l'autre prennent les ornemens convenables à leur dignité.

Le prêtre et le diacre vont à la *prothese*, table située à la gauche de l'autel, et s'y lavent les mains, en disant en grec le *lavabo* : c'est là que le prêtre prépare le sacrement; le diacre y porte le pain et le vin, la patène et le calice. Alors le prêtre prend de la main gauche le pain qui doit être offert, et de la droite il y fait avec un couteau une croix, et rompt ensuite le pain, en prononçant diverses prières prescrites par le rituel : alors le diacre verse le vin et l'eau dans le calice.

Le célébrant prend un second pain, qu'il élève et met ensuite au côté gauche de la première proportion : il en prend ainsi jusqu'à neuf portions dont il fait le même usage que des précédentes, et qui répréscntent, dit-on, les neuf hiérarchies des anges. Après cela, le prêtre prend encore du pain et en consacre de nouvelles portions; les premières étoient destinées aux divers saints qui sont le plus en vénération parmi les Grecs; et l'on réserve celles-ci pour le prélat du diocèse auquel appartient le prêtre qui célébre, pour le clergé, pour les fondateurs, enfin pour tous les fidèles.

Cette cérémonie terminée, le diacre prend l'enceusoir et présente l'encens au prêtre, afin qu'il le bénisse : le prêtre encense ensuite l'*astérique*, étoile d'argent qui décore un voile que le prêtre pose sur le pain sacré. Cet encensement et divers autres qu'il fait en cette occasion, sont accompagnés de plusieurs prières prescrites par la liturgie.

Pendant toutes ces cérémonies, le prêtre et le diacre se tiennent debout devant la crédence : alors le premier baise l'évangile, et le diacre la sainte table; celui-ci s'incline ensuite devant le prêtre, et tenant son livre élevé de la main droite, il demande la bénédiction au célébrant : après l'avoir reçue, celui-ci récite plusieurs prières dans lesquelles il adresse à Dieu des vœux pour la paix, pour le salut des fidèles, pour le patriarche ou l'archevêque et les dignités inférieures de l'église, pour les souverains, pour la fertilité de la terre, pour les voyageurs, les malades et les captifs. Après ces prières commence la première antienne, et à celle-ci succèdent diverses autres oraisons, diverses cérémonies, plusieurs encensemens, qui sont couronnés par la lecture de l'évangile que le diacre chante sur la tribune, comme chez les catholiques.

Ici se montrent les catéchumènes; on prie pour eux avec la plus ardente ferveur, et à la fin de chaque oraison, prononcée à ce sujet par le diacre, le chœur répond *Kirie eleison* : le célébrant déploie alors le corporal; et le diacre, les épaules couvertes d'une écharpe, va prendre sur la crédence le calice et le pain qui doit servir à la consécration, et apporte le tout sur le grand autel. Le célébrant et lui se prosternent trois fois devant le calice; le prêtre fait ensuite diverses prières et plusieurs inclinations; puis on récite le symbole, qui ne diffère de celui des catholiques qu'en ce qui concerne la procession du Saint-Esprit : le prêtre entonne ensuite la préface *sursum corda*, comme cela se pratique chez les latins; il récite encore une oraison secrète; le diacre prend le voile qui couvroit le calice, fait le signe de la croix sur la patène, l'essuie avec le corporal et la baise : il passe ensuite au côté droit, il agite l'air sur le pain et sur le vin avec une espèce d'éventail. Le célébrant procède alors à la consécration; et en élevant respectueusement la main droite, comme font les latins pour consacrer le pain, il prononce tout haut : « Prenez, mangez; *ceci est mon corps.* » Il en est ainsi de l'élévation du calice, qui est accompagnée de ces paroles sacramentelles : « Buvez tous; *ceci est mon sang :* » le reste de la messe ressemble assez à ce qui se pratique chez les catholiques romains; ce sont à-peu-près les mêmes prières, les mêmes cérémonies, et cette conformité entre les deux peuples nous dispense d'entrer dans d'autres détails, qui d'ailleurs ne feraient qu'ennuyer nos lecteurs.

Nous observerons cependant ici que chez les Grecs, le peuple, comme le clergé, communie sous les deux espèces. Cette communion des laïques commence ordinairement à l'issue des dernières oraisons prononcées par le célébrant. Les hommes communient d'abord, ensuite les femmes, et tous communient debout à la porte du sanctuaire. Si l'on en croit le chevalier Ricaut, les Grecs, avant de recevoir la communion, se retirent au fond de l'église et demandent pardon à l'assemblée. Si quelqu'un se plaint alors en particulier, d'avoir reçu quelque outrage de celui qui doit communier, ce dernier se retire jusqu'à ce qu'il ait fait une réparation convenable : la formule de cette réparation est conçue en ces termes : *Pardonnez-nous, frère, nous avons péché par nos discours et par nos actions;* l'offensé répond : *Dieu vous pardonne.*

Les Grecs, dont les principes religieux sont à-peu-près les mêmes que ceux des catholiques, sont assujétis comme eux à plusieurs jeûnes très-rigoureux : au lieu d'un carême que ceux-ci observent, l'église grecque en a quatre; le premier commence le 15 de novembre, ou quarante jours avant Noël; le second est le même que celui des Latins; le troisième, qu'on appelle le *jeûne des saints apôtres,* commence dans la semaine d'après la Pentecôte, et dure jusqu'à la Saint-Pierre : ainsi le nombre des jours de celui-ci est plus ou moins grand, selon que la Pentecôte est plus ou moins avancée. Le quatrième carême commence le premier août, et ne dure que jusqu'au 15 : la loi ecclésiastique rend ce jeûne aussi rigoureux qu'il est court. Les femmes, les vieillards, les enfans même au berceau, sont obligés de s'y assujétir; et les caloyers n'osent pas même manger de l'huile pendant cette quinzaine.

A ces quatre carêmes, la liturgie grecque ajoute encore divers autres jeûnes, dont l'objet est de préparer les fidèles à l'observation de quelques fêtes importantes. Les Grecs observent communément tous ces jeûnes avec autant de patience que d'austérité; ils ne connaissent pas, comme chez les Latins, ces dispenses qui altèrent si souvent la règle générale; et quelle que soit l'autorité qu'ils donnent à leur patriarche, ils ne croient pas qu'il ait assez de pouvoir pour autoriser l'usage de la viande, lorsque l'église le défend. Ricaut même ajoute qu'on laisse souvent mourir des malades, qu'on eût pu tirer du tombeau en leur donnant un bouillon gras dans un temps prohibé. Au reste, ce peuple se dédommage amplement pendant la fête qui suit ce temps de mortification, de l'austérité qu'il a mise dans son jeûne. Semblables aux Turcs, leurs maîtres, les Grecs n'ont pas plutôt fini leur ramadan, qu'ils se livrent sans ménagement à la joie, au plaisir, au divertissement; et souvent les prêtres qui ne sont, pour la plupart, ni sobres, ni chastes, ni fort éclairés, donnent leur sanction à ces débordemens scandaleux.

Les Grecs ont aussi leurs fêtes, comme les Romains ont les leurs; et les saints qu'ils révèrent sont, pour la plupart, les mêmes que ceux qui se trouvent dans la liturgie de l'église latine.

Depuis la fête de Noël jusqu'à celle des Rois, les Sibériens se livrent à des divertissemens continuels; ils se donnent entre eux des repas; ils chantent, ils se promènent, tant à pied qu'en traîneau; c'est pour eux un vrai carnaval. La veille du jour des Rois, le soir et pendant la nuit, les filles et les garçons observent une cérémonie que les Russes appellent *flouchit* ou *l'écoute* : les filles vont deux à deux, dans quelque lieu obscur : là elles prêtent attentivement l'oreille, pour entendre quelque chose de leur destinée, parce qu'elles croient que le ciel la leur découvre cette nuit-là. Celles qui veulent passer pour pudiques, vont seules à l'écoute; mais, lorsque les jeunes gens peuvent deviner l'endroit où elles doivent aller, ils ne manquent pas de s'y trouver; et souvent il arrive qu'elles s'en retournent à la maison plus contentes des courtoisies de leurs amans, que des oracles de la divinité.

Les Grecs de Syrie observent un usage beaucoup plus indécent encore et plus ridicule : tous les ans, ils vont, à certains jours marqués, se baigner dévotement dans le Jourdain, en l'honneur du baptême que reçut autrefois Jésus des mains de Jean-Baptiste. Là, hommes, femmes, filles, garçons, vieillards, prêtres, artisans, se précipitent pêle-mêle dans le fleuve : chacun se fait verser de l'eau sur la tête, pour se laver des crimes qu'il a commis. Les plus dévots y trempent des linges ; d'autres se chargent de bouteilles pleines d'eau du Jourdain ; quelques-uns, plus pieux encore, emportent une provision de la vase du fleuve, et en font des reliques propres à les préserver de toutes sortes de malheurs.

La fête de Pâques est la principale de celles des Grecs : elle dure trois jours ; et pendant cet espace de temps, chaque fois qu'on se rencontre, on s'aborde, en prononçant ces paroles : *Le Christ est ressuscité.* Ils se baisent alors trois fois, une fois sur chaque joue, et une fois sur la bouche ; après quoi ils se séparent.

Pl. 6. *Manière dont les Grecs attendent la descente du feu sacré dans le Saint Sépulcre.*

Les Grecs prétendent que, dans les premiers temps du christianisme, les lampes de l'église du saint Sépulcre, que l'on avoit éteintes, selon la coutume, le vendredi saint, étoient rallumées miraculeusement par un feu venu du ciel : de là l'origine d'une cérémonie superstitieuse que les Grecs pratiquent annuellement au saint Sépulcre, le jour du samedi-saint. Persuadés que ce miracle, dont parle la légende, subsiste encore, ils se livrent tous les ans aux superstitions les plus ridicules, dans l'intention de se rendre dignes d'apercevoir un tel prodige. En attendant la descente du feu sacré, dit Thévenot, ils font mille farces indécentes dans l'église : ils y courent comme des insensés, en poussant des cris et des hurlemens affreux, en se jetant les uns sur les autres, en se frappant à coups de pied, en donnant, en un mot, toutes les marques d'une véritable folie. Chacun porte en main des bougies qu'ils lèvent de temps en temps vers le ciel pour lui demander le feu saint.

Pl. 7. *La distribution du feu sacré aux Grecs par le Patriarche.*

Sur les trois heures du soir, on fait la procession autour du saint Sépulcre : après qu'on a fait trois tours, un prêtre grec vient avertir le patriarche de Jérusalem que le feu sacré est descendu du ciel : alors ce prélat entre dans le saint Sépulcre, tenant en chaque main un grand paquet de bougies, et suivi de quelques évêques grecs ; il en sort, quelque temps après, les mains garnies de

MANIERE dont les GRECS attendent la descente du FEU SACRÉ dans le St. SEPULCRE.

La DISTRIBUTION du FEU SACRÉ aux GRECS par le PATRIARCHE

Tome. III. Nº 7

bougies allumées. Dès qu'on le voit paroître, chacun s'empresse aussitôt de s'approcher de lui pour allumer sa bougie aux siennes. Dans ce tumulte, on n'épargne pas les coups pour s'ouvrir un passage : le désordre devient épouvantable, et le patriarche court souvent risque d'être écrasé, malgré les efforts des janissaires, gardes du saint Sépulcre, qui frappent à droite et à gauche pour écarter la foule. L'église du saint Sépulcre est dans un instant illuminée d'un nombre prodigieux de bougies. Thévenot dit avoir remarqué dans cette cérémonie un homme qui, ayant un tambour sur le dos, se mit à courir de toute sa force autour du saint Sépulcre ; un autre, courant de même, frappoit dessus avec des bâtons; et, quand il étoit las, un troisième prenoit sa place.

Les Grecs ne le cèdent à aucun peuple du monde sur la manière emphatique de raconter leurs miracles : ce peuple grossit chaque jour ses légendes d'une multitude de récits fabuleux : nous en rapporterons deux exemples cités par Ricaut, choisis parmi une foule d'autres tout aussi insipides. Le premier a pour objet saint Côme et saint Damien, ces deux saints que la liturgie appelle *anargyres*, et que la nation grecque fait profession d'honorer d'un culte particulier.

« Ces deux saints, dit la légende, naquirent en Asie, d'un père infidèle et d'une mère chrétienne : celle-ci les éleva dans la piété et dans plusieurs sciences analogues à leur naissance : ils s'appliquèrent sur-tout à la médecine, et ils y réussirent si bien, qu'ils traitaient avec le plus grand succès toutes les maladies des hommes et des animaux. Un trait qui fait le plus grand honneur à leur désintéressement, c'est qu'ils ne voulaient rien pour leur guérison, et c'est ce qui les fit appeler *anargyres*, nom grec qui signifie sans argent. Damien fut toujours si scrupuleux sur ce point, que son frère Côme ayant pris deux œufs d'une pauvre veuve pour lui faire un cataplasme, il ne voulut plus avoir aucun commerce avec lui : il défendit même, en mourant, qu'on enterrât leurs corps dans le même cimetière. Cette défense, fruit de la piété du grand Damien, eût été ponctuellement exécutée, si un miracle semblable à celui qui s'opéra autrefois par la bouche de l'ânesse de Balaam, ne fût survenu pour s'opposer à son exécution. Un chameau les avertit de l'enterrer auprès de son frère, et leur apprit que le crime de Côme n'ayant pas été énorme, rien n'empêchoit que le même tombeau n'embrassât deux corps dont les âmes étoient étroitement unies dans une même demeure. Ainsi la voix éloquente de cet animal fit cesser l'inimitié apparente qui subsistoit depuis plusieurs années entre les deux frères. »

La légende raconte des faits beaucoup plus merveilleux encore de Saint

George le Cappadocien : Ce grand saint, dit-elle, issu d'une origine illustre, vivoit sous l'empereur Dioclétien. La persécution s'étant réveillée alors contre les chrétiens, George alla se présenter aux juges, défendit courageusement la divinité de l'évangile, et censura, sans rien craindre, l'idolâtrie, les superstitions et les erreurs des Romains : cette sainte hardiesse aigrit la violence des persécuteurs. Le ministre de la justice lui donna un grand coup de lance dans le ventre ; mais la plaie se ferma bientôt d'elle-même, malgré une grande perte de sang que le saint avoit soufferte. Ils ajoutent qu'on le jeta une fois dans un four à chaux ; qu'une autre fois il marcha nu-pieds sur une planche garnie de pointes de clous ; qu'il s'est trouvé au milieu des flammes sans en recevoir la moindre altération ; qu'il a ressuscité des morts, qu'il tua un dragon sur les bords de l'Euphrate, près d'un lieu que les chrétiens montrent aux voyageurs comme une curiosité. Plusieurs conversions, et spécialement celle de la reine Alexandre, épouse de Dioclétien, sont comptées par les Grecs parmi les miracles de saint George. Enfin, son heure étant venue, il eut la tête tranchée ; et l'on assure qu'à l'exemple de Saint Denis et de ses compagnons martyrisés à Paris, il eut le courage de porter sa tête jusqu'à son tombeau.

Quoique les Grecs ne subsistent que d'une manière précaire parmi les Turcs qui les ont subjugués, ces peuples leur permettent cependant de bâtir des églises pour la célébration de leurs mystères. Ces temples sont ordinairement d'une forme carrée ; le chœur en est toujours tourné vers l'orient. La nef forme la plus grande partie de ces édifices sacrés ; on s'y tient debout ou assis dans des chaises adossées contre le mur et fort semblables aux stalles de nos chanoines. Dans les églises patriarcales, le siége du patriarche est placé sur une élévation, et ceux des autres métropolitains sont au-dessous. Les lecteurs, les chantres, les petits clercs se mettent vis-à-vis, et le pupitre sur lequel on lit l'écriture y est aussi : la nef est séparée du sanctuaire par une cloison peinte, dorée et élevée de la terre jusqu'au plafond. Cette cloison a trois portes : la première s'appelle *la porte sainte*, et elle ne s'ouvre que pendant les offices solennels, et à la messe lorsque le diacre sort pour aller lire l'évangile, ou quand le prêtre porte les espèces pour aller consacrer, ou enfin lorsqu'il vient s'y placer pour donner la communion. Le sanctuaire est la partie du maître-autel la plus élevée, et terminée dans le fond par un demi-cintre.

Les Grecs ont la même vénération pour les images, que les catholiques romains, et tous leurs temples et leurs oratoires en sont décorés. Voici quel est à ce sujet leur doctrine : « Il y a, disent-ils, une grande différence entre les idoles et les images : l'idole est le fruit de l'imagination égarée des hommes ; mais l'image est le symbole de quelque fait arrivé dans le monde. Telles

sont celles qui représentent quelques événemens de la vie de Jésus, de la
Vierge et des Saints. Les payens étoient bien éloignés de cette sage maxime;
ces peuples, ignorant le vrai Dieu, adoroient leurs idoles comme de véritables divinités; ils leur offraient de l'encens; et, à l'exemple de Nabucho-
donosor, ils se prosternaient devant les ouvrages sortis de leur propres
mains : nous, au contraire, quand nous honorons les images, nous adorons,
non le bois ou les couleurs, mais les saints qu'ils représentent : nous les
honorons comme leurs serviteurs, et nous formons dans notre esprit l'idée
de leurs personnes que nous nous figurons présentes. Quand, par exemple,
nous nous prosternons devant un crucifix, nous nous représentons à nous-
mêmes Jésus attaché sur la croix pour le salut du genre humain; et c'est
en sa considération que nous inclinons la tête, que nous ployons les genoux,
avec des expressions dictées par la reconnaissance. De même, si nous véné-
rons l'image de la vierge Marie, nous élevons aussitôt notre âme vers cette
sainte mère de Dieu; c'est devant elle que nous nous prosternons, en la
déclarant bienheureuse au-dessus de toutes les créatures. On en peut dire
autant de l'archange Gabriel; et cette déclaration suffit pour montrer que ce
culte n'a rien de commun avec celui que nous rendons à l'Éternel. D'ailleurs
l'église orthodoxe ne souffre pas que l'on grave ou que l'on travaille des images
au naturel; elle permet seulement de peindre le visage des saints que l'on
a dessein de représenter : c'est ainsi que les Israélites honoroient et adoroient sans crimes ces chérubins qui couvroient de leurs ailes l'arche d'alliance,
et qui étoient le symbole des chérubins qui se prosternent continuellement
devant le tout-puissant : c'est aussi de cette manière que, sans violer les
préceptes du décalogue, ils rendoient un honneur religieux au tabernacle,
et par-là ils déclaroient que Dieu est admirable dans ses saints.

« Il est seulement nécessaire que l'image ressemble au saint, autant qu'il
est possible, afin que ce symbole fasse plus d'impression sur le cœur de
ceux qui prient.

» Enfin, pour mieux établir le culte des saintes images, l'église de Dieu,
assemblée dans le septième concile universel, a prononcé anathème contre
tous ceux qui le rejettent : cette doctrine est parfaitement développée dans
le neuvième canon de ce concile œcuménique. »

On sait que les Turcs ont interdit aux Grecs l'usage des cloches; et cette
défense a moins l'intolérance pour base que la maxime adoptée par les musulmans, selon laquelle de tels instrumens ne doivent pas servir au culte
divin. Ils ont imaginé un singulier moyen pour y suppléer. Ils suspendent,
dit Tournefort, par des cordes, à des branches d'arbres, des lames de fer
semblables à ces bandes dont les roues des charrettes sont revêtues; courbes,

5*

épaisses d'environ un demi-pouce, sur trois ou quatre pouces de largeur, percées de quelques trous dans leur longueur. On carillonne sur ces lames avec de petits marteaux de fer, pour avertir le peuple de venir à l'église : ils ont une autre sorte de carillon qu'ils tâchent de faire accorder avec celui de ces lames de fer. On tient d'une main une latte de bois, large d'environ quatre ou cinq pouces, sur laquelle on bat avec un maillet de bois.

En parlant du patriarche de Constantinople, nous avons dit que la hiérarchie des Grecs était la même que celle des catholiques romains. Leurs prêtres ont un habillement particulier au clergé ; mais leur principal ornement consiste dans une bande de drap blanc qui pend au bas de leur bonnet par derrière, et descend sur le dos (Voy. pl. 5, p. 12) : cette bande, qu'on appelle *peristera*, c'est-à-dire la colombe, désigne la pureté qu'exige le sacerdoce. Les habillemens dont ils se servent pour le culte divin, ressemblent assez à ceux des catholiques, et le peu de différence qu'on y aperçoit est le fruit des siècles qui se sont écoulés depuis la séparation des deux églises. Chez les Grecs, les prêtres n'ont pas, comme on l'a dit, le droit de se marier ; mais on les ordonne presque toujours lorsqu'ils se sont unis à une épouse propre à fixer leur cœur. Si, après avoir reçu les ordres, cette femme vient à mourir, il ne leur est pas permis de convoler à de secondes noces. La sainteté du ministère qu'ils remplissent est, dit-on, la cause de cette défense ; mais les scandales multipliés que ces célibataires forcés donnent à leurs fidèles, les troubles qu'ils occasionnent dans les ménages, les suites fâcheuses qui résultent de cette privation qui contrarie la nature, tout cela devrait faire ouvrir les yeux aux Grecs, et les porter à penser, ou que les prêtres doivent se soumettre à un célibat perpétuel, comme chez les Latins, ou que le mariage n'est pas indigne de figurer avec le sacerdoce. D'ailleurs, les personnes mariées ne peuvent, dans l'église grecque, parvenir qu'à la prêtrise ; les patriarches, les métropolitains et les évêques n'ont jamais goûté les douceurs de l'union conjugale : nous ignorons absolument l'origine de cet usage.

Les prêtres moscovites portent le nom de *popes* : ces ministres ont un bâton à la main pour marque de leur dignité. Le sommet de leur tête est décoré d'une petite calotte, pour laquelle les moscovites ont un grand respect. Si quelqu'un d'entr'eux se querelle avec un prêtre, il ne manque jamais de lui ôter sa calotte avant de se battre contre lui. Avant la réforme introduite par le czar Pierre Ier, les prêtres moscovites surpassoient encore en débauche et en ignorance le commun des prêtres Grecs. Le voyageur Perry, qui était en Russie au commencement du dix-huitième siècle, rapporte que de son temps, le soir des jours de fêtes, les rues de Moscou étoient jonchées de prêtres ivres et étendus par terre, qui ne répondaient autres choses à

ceux qui les relevaient, que ces paroles : « C'est aujourd'hui fête, je suis
» saoul. »

Les Grecs ont aussi des moines qu'on appelle *caloyers*, mot grec qui signifie
bon vieillard ou *bon prêtre*. Ces religieux sont tous enfermés dans des couvens,
et font, comme ceux des catholiques, profession solennelle de pauvreté,
d'obéissance et de chasteté. On ne voit pas parmi eux cette bigarrure étonnante
qui existait chez nous ; tous portent à-peu-près la même livrée ; tous appartiennent au même ordre ; c'est celui de Saint Basile, le seul reçu parmi les
Grecs : leur habit consiste dans une longue robe de drap de couleur de chameau. Ils portent, comme nos capucins, une ceinture autour du corps, et
un bonnet de feutre ou de laine couvert de noir leur cache jusqu'aux oreilles.
La règle de ces moines est très-rigoureuse, et leur manière de vivre très-aus-
tère : ils ne mangent pas plus de viande que n'en devraient goûter nos béné-
dictins. Leurs mortifications redoublent dans les jours d'abstinence : le poisson,
l'huile, le beurre, leur sont défendus pendant ces jours-là, et ils ne vivent
que de pain, de fruits et de légumes : d'ailleurs, ces moines, tout aussi
indolens que le furent autrefois leurs fondateurs, sont entièrement inutiles
au pays qui les nourrit. Tout leur temps se consume à balbutier diverses
prières que la liturgie leur prescrit, et la terre demeurât-elle en friche,
la république tombât-elle en désordre, ces pieux contemplatifs ne quitte-
raient pas leurs bréviaires pour se livrer un instant au travail : la plus
grande partie de leur temps est employée au chœur, où, pendant le carême, ils sont obligés de lire tous les jours le psautier ; à la fin de chaque
décade de psaume, la loi veut qu'ils fléchissent quarante fois le genou, et
s'il manquoient à ces pieuses et inutiles formalités, le supérieur est obligé
de les remplir pour eux.

Tous ces fainéans vivent des sueurs du peuple. Chaque couvent envoie çà
et là des quêteurs dans les provinces circonvoisines, pour y recueillir les
contributions que la charité des chrétiens leur fait espérer. Ces coureurs commettent dans leurs voyages d'autant plus de brigandages et de vexations, que
la superstition y règne avec plus d'empire : quand ils ont ainsi ramassé de quoi
faire subsister leur maison pendant une année, ils retournent au couvent
chargés de dépouilles et souvent de crimes, pour faire place à d'autres tout
aussi industrieux et aussi honnêtes.

De tous les lieux du monde où la profession monacale s'est ménagée des asiles,
le mont Athos est le plus célèbre. Cette montagne, que Xercès sépara, dit-on,
autrefois de la terre ferme, est située dans un isthme qui tient à la Macédoine.
Une multitude de couvens, dont on ignore l'origine, sont situés dans ce lieu
isolé. Le chevalier Ricaut assure que, de son temps, tous ces monastères

comprenoient environ six mille moines : la plupart d'entr'eux seroient assez riches pour subsister sans aumônes, et pour payer au Sultan un tribut d'environ mille écus par mois. Leur revenu consiste en grande partie dans les terres qu'ils possèdent sur la montagne, et qui suffisent pour les entretenir de pain, de vin et d'olives; ils ont aussi du poisson en abondance, et il n'y a pas de couvent qui ne possède en propre une baie ou quelque autre lieu propre à la pêche. Indépendamment de ces ressources, chaque monastère a ses fermes, soit sur le continent, soit dans les îles, où il entretient des chapelles et des cellules pour les religieux de l'ordre qui prennent le soin de les cultiver : ces économes ont la liberté d'y semer du blé et du lin, d'y planter des vignes, d'y entretenir des troupeaux de brebis et de chèvres, et de vendre les agneaux, les chevreaux, la laine, le lait et le fromage : ce privilége est propre à ces fermes; car la chasteté dont les religieux du mont Athos font profession, ne leur permet pas d'élever sur la montagne aucune créature femelle, pas même une poule. Mais tous ces revenus, dit Ricaut, ne sont presque rien en comparaison de ce que rapportent les quêtes de leurs *pandoques*, qu'ils envoient dans les provinces et dans les villes considérables, particulièrement à Constantinople, à Smyrne, en Bulgarie, en Servie, en Candie, et dans tous les lieux où l'église grecque a un grand nombre de sectateurs. Comme la plupart de ces couvens ont été fondés par des souverains, ils ont été exemptés, dès leur origine, de la juridiction du patriarche : la seule autorité qu'ils ont le droit d'y exercer, consiste à établir sur eux deux archevêques, suffragans du métropolitain de Thessalonique, dont l'un tient son siége à *Kareis*, et l'autre à *Sidro-capti*. Ces prélats n'ont d'autres fonctions à remplir que celles de lire la liturgie et de conférer les ordres : la discipline de chaque couvent, et l'administration du temporel, qui lui appartiennent, sont entièrement dans les mains du supérieur. Il en est autrement de la plupart des autres lieux où les Grecs ont des couvens : le patriarche y a le droit non-seulement de conférer les ordres, mais de nommer les supérieurs et de veiller à l'observation de la règle.

Cette exemption de l'autorité épiscopale, dont jouissent les moines du mont Athos, eût insensiblement fait naître l'anarchie, si la cour Ottomane n'y eût sagement pourvu : elle leur a donné le bostangi-bachi pour protecteur. Cet officier nomme tous les ans, au commencement de mars, un aga, pour aller, en qualité de son député, recueillir le tribut annuel que ces monastères paient à la Porte : une partie des sommes qui proviennent de cet impôt, est affectée à l'entretien de ce député. Chaque couvent lui donne de plus une brebis tous les mois, sans compter les présens d'agneaux, de chevaux et de diverses autres denrées, qu'on lui fait à Pâques. Cet aga fait sa demeure à Kareis, où il est splendidement servi ; mais la loi lui défend expressément d'y conduire aucune femme.

Nous avons dit plus haut que les moines Grecs , livrés uniquement à la contemplation , ne s'occupoient à aucun genre de travail. Les devoirs que la loi des sociétés leur impose à ce sujet, sont remplis par des frères lais chargés de toutes les opérations du dehors ; ces moines du second ordre sont distribués en deux classes : les uns s'occupent à la culture des terres , à la pêche et à l'entretien des fermes ; et les autres , plus propres à la vie casanière qu'aux travaux tumultueux, exercent paisiblement, dans l'enceinte du couvent, divers métiers auxquels le régime les a crus propres : ainsi, on voit dans ces maisons des maréchaux qui fabriquent des hoyaux, des bêches et autres instrumens nécessaires à la culture des campagnes , des tailleurs, des tisserands , des bonnetiers , des ouvriers en cuir qui fournissent à la communauté ce qui peut lui être nécessaire pour les vêtemens des religieux : souvent même le superflu est vendu aux étrangers.

L'ignorance la plus profonde est le partage de tous les moines Grecs : lorsqu'un religieux sait lire sa liturgie, il est tout aussi savant que le monastère a droit de le désirer ; peu d'entr'eux entendent l'ancien Grec, et les pieuses grimaces font le seul genre d'étude auquel ils s'appliquent : d'ailleurs, la lecture des bons livres , si jamais il en parvenait quelques-uns sur cette terre malheureuse, leur est absolument défendue par la règle. Chaque couvent a cependant sa bibliothèque ; mais , chargés de poussière , rongés par les vers , les livres que ces dépôts contiennent, ne sont que des traités insipides d'une piété purement spéculative.

Les Grecs ont aussi des religieuses assez semblables aux nôtres , et que l'on appelle *caloyères* ; elles suivent toutes la règle de Saint Basile. Ces recluses , habillées comme nos bénédictines , ont la tête rasée , et sont revêtues d'un habit et d'un manteau de laine noire : elles mettent, comme les moines, de l'excès dans tous les actes de leurs prétendues dévotions : leur modestie va jusqu'à couvrir leurs mains, de manière qu'on ne puisse voir que l'extrémité des doigts. Elles vivent toutes dans des cellules où la plupart ont des domestiques du même sexe pour les servir. Chaque monastère est gouverné par une abbesse perpétuelle qu'elles choisissent entr'elles. Ces maisons ne sont pas d'ailleurs l'unique asyle de l'indolence et de la contemplation ; la plupart des filles qui les habitent , travaillent à l'aiguille divers ouvrages qu'elles vendent à l'étranger. Les Turcs, qui font profession d'aimer la piété douce et tranquille par-tout où elle se trouve , estiment beaucoup ces religieuses ; c'est assez communément chez elles qu'ils vont acheter leurs ceintures.

Il est d'autres caloyères , en Turquie , qui ne sont pas enfermées dans des couvens , ni soumises à la discipline religieuse : ce sont des veuves dévotes qui font vœu de ne pas se remarier, et de se consacrer entièrement à la piété. Elles n'ont rien de particulier dans leur habillement , si ce n'est un voile noir qui leur couvre la tête. Quelques voyageurs n'ont pas épargné la réputation de ces femmes ; et, en effet , l'indiscrétion du vœu qu'elles contractent , et sur-tout la liberté que leur procure leur nouvel état, ne contribue pas peu à les précipiter dans les désordres qu'on a reprochés chez nous à celles qui se sont livrées à ce genre de dévotion.

Le mariage est un sacrement chez les Grecs comme chez les catholiques : ceux-ci ne défendent pas aux fidèles de se marier tant qu'ils sont libres ; mais les Grecs bornent cette faculté aux troisièmes noces. Quiconque se remarieroit quatre fois, se rendroit coupable de polygamie, que la pénitence la plus rigou-reuse ne pourrait effacer. Cette défense remonte à la plus haute antiquité.

Ceux qui, après s'être soumis aux cérémonies des fiançailles (voy. pl. 4, p.12), se présentent à l'église pour être mariés , viennent à la fin de la messe se placer devant le prêtre, le mari à droite et la femme à gauche. Le papas , qui repré-sente le curé des catholiques , fait sur eux plusieurs signes de croix, et leur donne à chacun un cierge allumé ; ensuite il les encense ; et prenant deux anneaux , l'un d'or et l'autre d'argent, il donne le premier au futur époux et l'autre à son épouse ; puis il prononce ces paroles sacramentelles : « J'unis » Pierre avec Jeanne, serviteur et servante de Dieu , au nom du Père, du Fils » et du Saint-Esprit ; » formule qu'il répète trois fois : reprenant les anneaux, il s'en sert pour faire des signes de croix sur la tête des nouveaux époux, et il les leur passe chacun au doigt : un paranymphe termine la cérémonie en chan-geant les anneaux, c'est-à-dire qu'il donne à l'époux celui d'argent , et celui qui est d'or à l'épouse.

On couronne, dans certaines provinces, fort solennellement les époux lors-qu'ils sont d'une qualité distinguée. Le prêtre chargé de faire la cérémonie, pro-nonce ces paroles en leur mettant la couronne sur la tête : « Pierre, serviteur » de Dieu , est couronné pour être marié à Jacqueline. » Il leur présente en-suite un verre rempli de vin qu'il a béni ; et lorsqu'ils ont bu, il leur ôte les couronnes et leur donne la bénédiction nuptiale.

Ces cérémonies varient, d'ailleurs, selon les différentes provinces où l'on pratique ces usages. Tournefort, qui dit avoir été témoin d'un mariage célébré de cette espèce à Micone, assure que dans cette ville le prêtre commence par couronner les époux de branches de vignes, garnies de rubans et de dentelles : il leur met ensuite aux doigts des anneaux, et il change, souvent plus de trente fois de doigt, ces symboles de l'union conjugale. Les parrains et les mar-raines des nouveaux époux font tous ensemble trois tours en rond, pendant

BAPTÊME des GRECS dans le JOURDAIN.

lesquels les assistans, parens, amis et voisins, leur donnent fort incivilement des
coups de poing et quelques coups de pied. Après ce ballet ridicule, le papas
coupe des petits morceaux de pain qu'il met dans une écuelle avec du vin ; il
en mange le premier, en donne une cuillerée au marié et une autre à la mariée ;
tous les assistans goûtent aussi de ce mets.

Quelque rigoureuse que soit l'église grecque à empêcher la multiplicité des
noces, elle se montre fort indulgente lorsqu'il est question d'en dissoudre le
lien : on obtient fort aisément le divorce, pourvu qu'on ait assez d'argent pour
le payer. Le patriarche casse un mariage sans beaucoup de formalité, et permet aux deux époux de s'unir à d'autres. La corruption, l'ignorance et la misère,
les trois fléaux du clergé Grec, dit le chevalier Ricaut, sont la source de ce
dérèglement, et non l'autorité des canons.

Les Grecs administrent le baptême par immersion, cérémonie qui consiste
à plonger dans l'eau celui que l'on baptise. Ces peuples emploient trois immer-
sions dans leur baptême, en l'honneur des trois personnes de la Trinité ; et cet
usage est fondé sur le cinquantième des canons, faussement attribué aux apôtres.
Ils ne baptisent leurs enfans que huit jours après leur naissance, et souvent plus
tard ; mais comme on ne pourroit sans inconvénient, dans un âge aussi tendre,
les plonger dans l'eau froide, on fait chauffer l'eau du baptistaire, et les parens
y jettent des fleurs odoriférantes : sept jours après le baptême, on reporte l'enfant à l'église pour y faire l'ablution. Alors le prêtre, récitant les prières mar-
quées dans le rituel, décrasse le corps de l'enfant avec une éponge neuve ou un
linge propre, et le renvoie en lui disant ces paroles : « Te voilà baptisé, éclairé
» de la lumière céleste, sanctifié et lavé au nom du Père et du Fils et du Saint-
» Esprit. »

Pl. 8. *Baptême des Grecs dans le Jourdain.*

Les Moscovites emploient beaucoup plus de cérémonies dans leur baptême.
Le parrain et la marraine amènent l'enfant à l'église, et donnent en entrant
neuf bougies au prêtre : ce ministre dispose ces bougies en forme de croix sur
le bassin dans lequel l'enfant doit être plongé, et les allume ; puis il encense ceux
qui lui ont donné les bougies, et consacre, à force de prières et de bénédictions,
l'eau qui doit servir au baptême : cette consécration est suivie d'une procession
que, précédé d'un clerc portant une image de Saint Jean, il fait autour du
bassin avec le parrain et la marraine : il s'arrête après trois tours, et demande
à l'enfant s'il renonce au diable, à ses pompes et à ses œuvres ? le parrain et la
marraine, le dos tourné vers le bassin, répondent *oui*, et crachent à terre.
On sort ensuite de l'église pour exorciser l'enfant, afin que le diable ne souille

pas la sainteté du temple : cet exorcisme fini , le prêtre coupe sur la tête de l'enfant quelques cheveux qu'il met dans un livre , puis il le plonge dans le bassin à trois reprises différentes. Il lui met ensuite un grain de sel dans la bouche , et il lui fait plusieurs onctions ; il finit par le revêtir d'une chemise blanche , en lui disant : « Tu es maintenant aussi net que cette chemise , et pu- » rifié de la tache du péché originel. » Après le baptême , le prêtre fait , avec la tête de l'enfant , une croix à la porte de l'église , et il donne sur cette même porte trois coups de marteau. Il faut , dit l'auteur de la religion des Moscovites, que tous ceux qui ont été témoins du baptême , entendent le bruit ; autrement , on croiroit que l'enfant n'auroit pas été bien baptisé. Avant de renvoyer l'as- semblée, le prêtre confie au parrain et à la marraine l'image d'un saint qu'il destine pour patron à l'enfant ; et il recommande expressément d'élever ce petit néophite dans une dévotion particulière pour le saint et pour son image.

Les Moscovites ont coutume de pendre au col de l'enfant nouvellement baptisé, une petite croix d'un métal plus ou moins riche, selon la condition de ses père et mère : la piété exige que l'on conserve scrupuleusement cette croix pendant toute la vie ; ce monument atteste que l'on a reçu le baptême : on enterre même les morts avec ce signe caractéristique de l'orthodoxie moscovite.

La religion ordonne aux prêtres Grecs de se confesser une fois tous les mois : il en est ainsi des moines ; mais le commun des fidèles n'est obligé de se con- fesser qu'une fois l'an : cette confession doit être faite avant que le grand carême de Pâques soit ouvert. Les confesseurs Grecs emploient tous leurs soins pour délivrer leurs pénitens de cette honte qui les porte quelquefois à dissimuler leurs péchés. Avant la confession, ils s'entretiennent avec eux familièrement, les encou- ragent par des marques de tendresse et de bonté, leur représentent qu'ils sont foibles et pécheurs comme eux , et qu'ils ne doivent pas rougir d'avouer à un homme les foiblesses de l'humanité : « Voici l'ange du Seigneur, s'écrient-ils alors, auprès de vous, envoyé du ciel pour recevoir votre confession de votre propre bouche : prenez garde de rien cacher de ces prévarications dont vous pouvez vous être rendus coupables ; n'ayez pas honte de me développer les replis de votre cœur, car je suis homme et pécheur comme vous. » La formule d'ab- solution dont se servent les prêtres Grecs au tribunal de la pénitence, est ainsi conçue : « En vertu du pouvoir que les apôtres ont reçu de J.-C. , et de celui qu'ils ont remis aux évêques, et que mon évêque m'a accordé, je vous ab- sous présentement au nom du Père, du Fils et du Saint-Esprit, et je vous déclare que votre portion est avec les justes. » Le voyageur Tournefort parle fort au long des indécences que commettent les papas en cette occasion; mais ces abus, en déshonorant le ministre, ne peuvent décréditer la religion qu'il professe.

Il est peu de religions au monde où les prêtres soient plus généralement respectés que parmi les Grecs : « Que chacun nous regarde, disent continuelle-
» ment ces ministres, d'après Saint Paul, comme les ministres de J.-C. et les
» dispensateurs des ministères de Dieu. » Aussi, quoique la pompe extérieure manque au clergé, et que les mœurs de ceux qui le composent ne soient pas aussi pures qu'elles devraient l'être, tout le monde se fait un devoir de se soumettre aveuglément aux ecclésiastiques, non-seulement dans les choses qui dépendent du spirituel, mais encore dans celles qui sont purement temporelles. La crainte de l'excommunication est l'un des plus puissans motifs qui les porte à cette obéissance passive : cette peine fait sur eux une impression si profonde, que les pécheurs les plus obstinés frémissent à l'ouïe seule d'une sentence qui les sépare de l'unité de l'église. La formule de ce châtiment spirituel déclare : « Que celui qui en est frappé, est privé de l'union avec le Père, le Fils et le Saint-Esprit ; retranché de toute communion avec les trois cent dix-huit pères du premier concile de Nicée, et avec les saints ; renvoyé à celle du diable et du traître Judas, et enfin condamné à rester, après sa mort, dur comme une pierre ou comme du fer, s'il ne se repent. » Les Grecs, dupés par leurs prêtres, croient bonnement que ce dernier article de l'excommunication s'exécute à la lettre sur les cadavres des excommuniés qui meurent sans avoir été absous. Le diable s'empare, selon eux, de ces malheureuses victimes de la fureur sacerdotale, et leur fait faire les mêmes mouvemens que s'ils étoient en vie. Ces corps, que les Grecs nomment *uroucolaques*, ainsi habités par le diable, deviennent tout noirs, à l'exception des ongles. La légende rapporte à ce sujet une historiette assez curieuse qui mérite de tenir place ici :

Le sultan Mahomet II, dit-elle, informé des effets surprenans que l'excommunication produisait sur les corps morts, voulut s'assurer plus positivement de ce prodige, et envoya ordre au patriarche Maxime de faire exhumer le cadavre d'un excommunié mort depuis long-temps. Cet ordre embarrassa le patriarche et son clergé ; non qu'ils doutassent de l'effet de l'excommunication, mais à cause de la difficulté de se procurer le cadavre d'un excommunié. Enfin, quelques-uns se rappelèrent qu'autrefois une belle veuve, ayant accusé faussement le patriarche Gennadius d'avoir voulu la corrompre, étoit morte quarante jours après avoir été excommuniée par ce prélat. On fit des perquisitions pour découvrir le lieu de sa sépulture ; et lorsqu'on l'eut trouvé, le patriarche en donna avis à Mahomet : ce prince envoya aussitôt des officiers pour assister à l'ouverture du tombeau ; preuve éclatante du pouvoir du clergé ! la foudre du vertueux Gennadius avoit entièrement dénaturé le corps de la belle veuve ; il fut trouvé tout entier, noir comme un charbon, et dur comme un bloc de marbre. Mahomet, instruit de ce prodige, ordonna à quelques pachas de visiter le cadavre de cette femme proscrite; de le faire transporter dans une chapelle de l'église de Pamacarista, et d'en sceller la porte avec son cachet : cet ordre fut ponctuellement exécuté. Quelque temps après, les mêmes pachas firent retirer le cadavre de la chapelle, et ordonnèrent au patriarche de lever l'excommunication pour voir quel effet produiroit la cérémonie : le patriarche fit ce qu'on exigeoit de lui ; et ce prélat eut la consolation d'opérer un miracle propre à convertir des mécréans un peu moins durs que des Turcs. La légende assure que, tandis que le patriarche prononçoit la formule d'absolution, on entendoit le craquement des os du cadavre qui se relâchoient et se déboîtoient. Cette cérémonie singulière étant finie, les pachas firent remettre le cadavre dans la même chapelle, et l'ayant visité quelques jours après, ils furent bien surpris de le trouver réduit en poussière. Ils firent à Mahomet un rapport exact de ce prodige, et l'on assure que ce prince ne put s'empêcher de s'écrier que la religion des chrétiens étoit admirable ; malheureusement, persuadé que celle de Mahomet valoit encore mieux, il demeura toujours obstinément attaché aux préceptes de l'Alcoran.

Autant les Grecs sont épouvantés par les foudres de l'excommunication, autant ils appréhendent le pouvoir du démon. Il n'est pas de pays au monde où les possessions soient plus fréquentes que dans l'église grecque. Le moindre délire occasionné par la fièvre, est, selon ce peuple superstitieux, le signe évident des ravages que l'esprit malin commet dans le corps du malade : ainsi, lorsqu'ils s'aperçoivent qu'un malade a le cerveau troublé, au lieu de recourir aux remèdes naturels qui pourroient être utiles en pareil cas, ils font venir un papas qui, avec force eau bénite et grand nombre de prières, exorcise gravement le fébricitant.

Christophe Angelus, qui avait souvent été témoin de ces cérémonies ridicules, dit qu'on les exécute de cette manière : « Le possédé est d'abord attaché à un poteau; puis des prêtres, qui se sont préparés à cette action par un jeûne de vingt-quatre heures, viennent lire devant lui l'évangile. Ils lisent chaque jour pendant six heures, jusqu'à ce qu'ils aient achevé les quatre évangiles : ils se remplacent les uns les autres dans cette lecture, mais sans aucune interruption, de sorte que l'un reprend le dernier mot de l'autre. Un prêtre, recommandable par la sainteté de sa vie, lit ensuite les exorcismes composés par saint Basile, et commande au diable de sortir du corps dont il s'est emparé : le malin esprit obéit malgré lui à cet ordre, et s'enfuit, laissant le malheureux possédé plus mort que vif. »

Les Grecs sont dans l'usage de porter le viatique aux malades, comme dans l'église romaine; ils leur confèrent aussi le sacrement d'extrême-onction, qu'ils appellent *euchelaïon* : la loi veut que trois prêtres au moins assistent à cette cérémonie. Chez les catholiques, c'est à l'évêque seul qu'il appartient de consacrer l'huile sainte : il n'en est pas ainsi chez les Grecs ; le simple prêtre a le droit de remplir cette fonction ; et en effet ce privilége paraît remonter à la plus haute antiquité, puisque saint Jérôme, l'un des oracles des deux églises, assure que le prêtre peut remplir les mêmes fonctions que l'évêque, à l'exception de l'ordination particulière à l'épiscopat. L'église grecque ordonne que les onctions se fassent sur le front, sur le menton, sur les deux joues, dans les paumes des mains, et sur le métacarpe. Ce peuple, dit Tournefort, confère plus souvent l'extrême-onction aux personnes en santé qu'aux malades : les prêtres Grecs n'oignent à ceux-ci que le front, les joues, le menton et les mains avec l'huile commune qui n'a pas été bénie. Ensuite ils barbouillent avec la même liqueur toutes les chambres de la maison, en récitant des oraisons, et tracent avec la même huile de grandes croix sur les murailles et sur les portes, tandis que l'on récite le psaume xc.

C'est à la cupidité sacerdotale que l'église grecque doit imputer cet abus qui la déshonore. Si l'on en croit Tournefort, le mépris pour les choses saintes est porté bien plus loin encore par les moines de Montesanto : ces brigands courent, dit-il, la Grèce et même la Moscovie, pour vendre l'huile de l'extrême-onction : ils vont dans les maisons entendre les confessions, et donnent l'extrême-onction aux personnes qui se portent parfaitement bien : ils oignent l'épine du dos du pénitent pour chaque péché qu'il déclare. Cette pieuse cérémonie forme une branche très-importante du revenu de ces bons pères : la moindre onction est d'un écu, et celle qui se fait pour le péché de la chair est beaucoup plus chère.

Lorsqu'une personne vient à mourir, toute la maison retentit de hurlemens épouvantables ; la femme, les enfans, les domestiques, les parens et les amis entrent dans la chambre, les cheveux épars, les habits en lambeaux, se frappent la tête, l'estomac, et se déchirent le visage de leurs ongles. Tournefort, qui a été souvent témoin de ces scènes tragiques, nous a donné la description des obsèques d'une femme de Milo, dans laquelle il nous apprend que ces pleureurs mêlent quelquefois à leurs lamentations des apostrophes au défunt, beaucoup plus propres à faire rire qu'à inspirer la tristesse : « Te voilà bien-heureuse, disait-on à la défunte; tu peux maintenant te marier avec un tel ; et ce tel, dit Tournefort, étoit précisément celui que la chronique scandaleuse avait mis sur le compte de la morte. Nous te recommandons nos parens, disoit l'un; nos complimens à mon compère Lucas, disait l'autre; et mille complimens tout aussi ridicules et aussi puériles que ceux-ci. »

Le convoi, ajoute le voyageur français, commença par deux jeunes paysans qui portoient chacun une croix de bois, suivis par un papas revêtu d'une chape blanche, escortés de quelques papas en étoles de différentes couleurs, mal peignés et mal chaussés. On portait ensuite le corps de la femme à découvert, parée à la grecque de ses habits de noces : le mari suivait la bière, soutenu par deux personnes de considération qui tâchaient de l'empêcher d'expirer avec son épouse. Le jour de l'enterrement, on ne dit pas de messes des morts : le lendemain on commença à en faire dire quarante dans chaque paroisse, à sept sous par messe. Lorsqu'on fut arrivé à l'église, les papas chantèrent l'office des morts, tandis qu'un jeune clerc récitait des psaumes auprès de la bière. L'office étant fini, on distribua à des pauvres qui se tenaient à la porte de l'église, douze pains et autant de bouteilles de vin : on donna ensuite un sou de Venise à chaque papas, et un écu et demi à l'évêque qui avait accompagné le convoi. Après cette expédition, l'une des plus essentielles cérémonies, un des papas mit sur l'estomac de la morte un morceau de pot cassé, sur lequel on avait gravé une croix et les caractères ordinaires I. N. R. I., lettres initiales de quatre mots latins qui signifient, *Jésus le Nazaréen, Roi des Juifs.* On fit les adieux à la morte ; les parens, et sur-tout le mari, la baisèrent à la bouche ; et fût-on mort de peste, c'est un devoir dont les parens ne peuvent se dispenser : les amis l'embrassèrent aussi, les voisins la saluèrent ; mais on ne jeta pas d'eau bénite sur le cadavre : après l'enterrement, on conduisit le mari jusqu'à la maison. Au départ du convoi, la troupe des pleureurs recommença son exercice, et sur le soir les parens envoyèrent de quoi souper au mari, et allèrent se consoler en faisant la débauche avec lui.

Cette cérémonie s'exécute un peu différemment en Russie : dès que la malade est décédée, dit l'auteur de la religion des Moscovites, on envoie chercher les parens et les amis du mort : ceux-ci se rangent autour du corps, et pleurent s'ils peuvent. Des femmes demandent à ce mort les raisons qu'il a eues de mourir ; si ses affaires n'étaient point en bon état ? s'il n'avait pas de quoi vivre, etc.? L'on commence par faire un présent de bière, d'eau-de-vie et d'hydromel, au prêtre, afin qu'il fasse des prières pour l'âme du défunt. On lave bien le corps, et après l'avoir revêtu d'une chemise blanche, ou enveloppé d'un suaire, on lui chausse des souliers de cuir de Russie, et on le met dans le cercueil, les bras posés sur l'estomac en forme de croix. Les Moscovites font les cercueils du tronc d'un arbre creusé : on couvre ce cercueil d'un drap ou bien de la casaque du défunt : le prêtre donne de l'encens et de l'eau bénite au mort jusqu'au jour de l'enterrement, qui n'arrive souvent que huit ou dix jours après le décès. L'ordre du convoi se fait de la manière suivante : à la tête marche un prêtre qui porte l'image du saint que le mort a reçu pour son patron au baptême. Il est suivi de quatre filles, proches parentes du défunt, qui servent de pleureuses ; après cela suit le corps, que six hommes portent sur les épaules.

Si c'est un religieux ou une religieuse, ses confrères ou ses compagnes lui rendent ce dernier devoir : d'autres prêtres marchent aux deux côtés du corps, et l'encensent en chantant, pour éloigner les mauvais esprits. La marche est terminée par les parens et les amis du défunt, qui tiennent chacun un cierge à la main : lorsqu'on est arrivé à la fosse, on découvre le cercueil, et l'on tient l'image du saint sur le mort ; tandis que le prêtre fait les prières, on récite quelques passages de la liturgie : après cela, les parens et les amis disent adieu au défunt, en le baisant ou baisant son cercueil : le prêtre s'approche et lui met le passe-port dans la main : ce passe-port est signé du métropolitain et du confesseur, qui le vendent selon la qualité des personnes qui l'achètent.

Neuf jours après les obsèques d'un mort, les Grecs sont dans l'usage d'envoyer à l'église une offrande pour le soulagement de son âme : cette offrande, qui s'appelle *colyva*, consiste, dit Tournefort, dans un grand bassin de froment bouilli en grains, garni d'amandes pelées, de raisins secs, de grenades, de sésames, et bordé de basilic ou de quelque autre plante odoriférante : le milieu du bassin s'élève en pain de sucre surmonté d'un bouquet de fleurs artificielles que l'on fait venir de Venise ; et l'on range en croix de Malte, sur les bords du bassin, quelques morceaux de sucre ou de confitures sèches. Voilà, ajoute Tournefort, ce que les Grecs appellent l'offrande de colyva, établie parmi eux pour faire souvenir les fidèles de la résurrection des morts, suivant les paroles de l'évangile : « Si le grain du froment ne meurt après qu'on l'a jeté en terre, il demeure seul ; mais quand il est mort, il produit beaucoup de fruits. » Le fossoyeur porte sur sa tête le bassin de colyva, précédé d'une personne qui tient deux gros flambeaux de bois doré, garnis par étage de rubans fort larges, bordés d'une dentelle de fil de demi-pied de hauteur : ce fossoyeur est suivi de trois personnes : l'une porte deux grandes bouteilles de vin ; l'autre deux paniers de fruits ; la troisième porte un tapis de Turquie que l'on étend sur le tombeau du mort, pour y servir la collation et le colyva.

Le papas dit l'office des morts, pendant que l'on porte cette offrande à l'église ; il prend ensuite sa bonne part au régal qui couronne la cérémonie : on donne à boire aux honnêtes gens, et les restes sont distribués aux pauvres : Quand l'offrande part du logis, le cortége des pleureurs est le même que celui qui accompagne le mort au jour de l'enterrement ; les parens, les amis, les voisins font les mêmes grimaces : on donne à chacun de ceux qui ont assisté à cette fête lugubre cinq pains, quatre pots de vin, la moitié d'un fromage, un quartier de mouton, et quinze sous en argent.

Les Grecs mettent beaucoup plus de faste et d'ostentation dans leur deuil que ne font les Latins ; pendant les huit premiers jours les proches parens du mort ne font point de cuisine chez eux ; c'est à leurs amis qu'il appartient de leur fournir la subsistance.

Ils ne se montrent pas, comme nous, au convoi, vêtus de noir, avec un air grave et modeste ; ils prennent leurs plus beaux habits ; et avec cette parure, qui nous paraîtrait indécente, ils donnent des marques vraiment ridicules de désespoir. La loi veut, dit Tournefort, que les parens aillent souvent pleurer sur les tombeaux de leurs ancêtres ; tant que le deuil dure, ils ne changent pas d'habits ; les maris ne se font pas raser ; les veuves demeurent dans une malpropreté dégoûtante. Il y a des îles où l'on pleure continuellement dans les maisons ; les maris et les veuves n'entrent pas dans l'église, et ne fréquentent pas les sacremens, tandis qu'ils sont en deuil.

Pl. 9. *Deuil des Femmes grecques à Rama.*

Les femmes chrétiennes de Damas sont dans l'usage de pleurer leurs morts en criant et en chantant de toutes leurs forces. Il en est ainsi à Rama : le voyageur Le Brun dit qu'elles pleurent pendant environ une demi-heure sur le tombeau ; après quoi, elles se lèvent, se frappent la poitrine en cadence, et commencent une contredanse qui dure environ un quart-d'heure : ensuite elles dansent en rond, et deux d'entr'elles se mettent au milieu, frappent des mains, poussent des hurlemens affreux vers le ciel, et expriment leur douleur par différentes contorsions que l'art leur a appris à imiter. Ce tintamarre dure souvent plusieurs jours ; et lorsqu'une troupe de pleureuses est forcée de se retirer par la lassitude, elle est remplacée par une autre qui remplit les mêmes fonctions.

Les Grecs s'accordent assez avec les Latins sur la situation des âmes dans l'autre monde. Le lieu que ceux-ci nomment *purgatoire*, et où ils font expier aux âmes des morts les péchés de peu de conséquence, les premiers l'appellent *enfer* : là, les âmes, environnées de ténèbres épaisses, et tourmentées à proportion de leurs fautes, ne cessent de soupirer après l'heureux instant où elles doivent passer dans une vie fortunée. Les prières de l'église et celles des âmes dévotes les soulagent beaucoup dans leurs tourmens ; et cette croyance fait la base principale du crédit dont jouissent les papas parmi les fidèles. Les Grecs, d'ailleurs, admettent un lieu qui correspond à l'enfer des catholiques ; ils le nomment la *géne*, et ils croient que les âmes qui y sont précipitées n'en sortiront jamais.

DEUIL des FEMMES GRECQUES à RAMA.

Cérémonies des Jacobites.

« Si l'on comprend sous le nom de Jacobites tous les *Monophysites* du Levant, c'est-à-dire, ceux à qui l'on attribue l'hérésie de ne reconnaître qu'une nature en J.-C., il est certain que cette secte est fort étendue ; car elle comprend les Arméniens, les Cophtes et les Abyssins. Mais ceux qui s'appellent proprement Jacobites sont en très-petit nombre, et ils habitent principalement la Syrie et la Mésopotamie. Ils ne sont tout au plus que quarante ou quarante-cinq mille familles. Il y a de la division parmi eux touchant la doctrine ; car les uns sont latinisés, et les autres demeurent toujours séparés de l'Eglise romaine.

» A l'égard de leur croyance, tous les Monophysites, soit Jacobites, soit Arméniens, ou Cophtes et Abyssins, sont du sentiment de Dioscore, touchant l'unité de nature et de personne en J.-C. ; et, pour cela, on les traite d'hérétiques, quoiqu'en effet ils ne diffèrent des théologiens latins qu'en la manière de s'expliquer. C'est ce que les plus savans d'entr'eux reconnaissent aujourd'hui, ainsi qu'il paraît de la conférence que le P. Christophe Roderic, envoyé du Pape en Egypte, eut avec les Cophtes, touchant la réunion des deux Eglises : car ils avouèrent qu'ils ne s'expliquaient de cette façon que pour s'éloigner des Nestoriens ; mais qu'en effet ils ne différaient point de l'Eglise romaine, qui établit deux natures en J.-C. Ils prétendent même expliquer mieux le mystère de l'incarnation, en disant qu'il n'y a qu'une nature (parce qu'il n'y a qu'un J.-C. Dieu et homme), que ne font les Latins, qui parlent, disent-ils, de ces deux natures comme si elles étaient séparées et qu'elles ne fissent pas un véritable tout. C'est aussi en ce sens que Dioscore, qui a adouci quelques termes d'Eutichès, lesquels paraissaient trop rudes, disait qu'il reconnaissait que J.-C. était composé de deux natures, mais qu'il n'était pas deux natures, ce qui semble orthodoxe : car ils ne veulent pas avouer qu'il y ait deux natures en J.-C., de peur d'établir deux J.-C. Je ne doute pas même que, si l'on retranche du sentiment d'Eutichès quelques manières de parler trop fortes, et les conséquences qu'on en tire ordinairement, l'on ne le puisse facilement concilier avec celui de l'Eglise romaine. Toute cette différence n'est venue que des différentes manières de se servir des mots de nature et de personne. Et le désir de soutenir ce qu'on a une fois avancé a fait qu'Eutichès a défendu son opinion avec entêtement et exagération : de sorte qu'il ne faut pas prendre à la rigueur tous les termes dont il se sert ; mais il faut les expliquer et les limiter selon l'idée qu'il avait de n'admettre qu'un J.-C., et partant qu'une nature ; après que l'union des deux natures, savoir, de la divine et de l'humaine, s'est faite d'une manière que nous ne comprenons pas. Car ce qu'on attribue à Eutichès d'avoir cru que le corps de J.-C. était divin et d'une autre nature que le nôtre, est plutôt l'exagération d'un prédicateur, qui voulait dire que le corps de J.-C., après l'union, était comme divinisé, qu'une vérité physique et réelle. L'on a cependant eu raison de condamner ce sentiment, parce qu'il faut éviter ces sortes de façons de parler, qui peuvent être mal interprétées et apporter des erreurs dans la religion.

» Pour ce qui regarde les autres points, tant de la croyance que des cérémonies des Jacobites, ce que Brerewood en rapporte ne se trouve pas toujours vrai. Par exemple, ils ne nient pas le purgatoire, ni la prière pour les morts, comme il l'affirme après Thomas de Jesu ; mais ils ont la même opinion sur cela que les Grecs et les autres Orientaux. Il n'est pas vrai non plus qu'ils consacrent en pain sans levain, à moins qu'on ne l'entende des Arméniens, et, selon Alvarès, des Éthiopiens : car les véritables Jacobites dont nous parlons ici consacrent en pain levé ; et je ne doute point que Grégoire XIII, qui avait dessein d'établir à Rome un collége de Jacobites, comme il y en a un pour les Maronites, ne leur eût permis de consacrer en pain levé de la manière qu'on l'a permis aux Grecs. A l'égard de la confession, il n'est pas vrai non plus qu'elle ne soit point en usage parmi eux ; mais, comme ils ne la croient pas de droit divin, non plus que la plupart des autres Orientaux, cela fait qu'ils la négligent. Pour ce qui est de la circoncision, cela ne peut être vrai que de quelques Cophtes et Abyssins ; encore ceux-là la regardent-ils plutôt comme une ancienne coutume que comme une cérémonie de religion.

» L'on doit mettre une grande différence entre les Jacobites, quand on comprend sous ce nom les Cophtes, les Abyssins et les Arméniens, et entre ceux qu'on nomme proprement Jacobites ; car, quoiqu'ils suivent tous le sentiment de ce Jacques dont ils ont pris le nom, ils ne laissent pas pour cela de différer en quelques cérémonies. Abraham Ecchellensis prétend que les Jacobites croient, aussi bien que les Latins, que le Saint-Esprit procède du père et du fils ; mais il se trompe sur ce sujet, aussi bien qu'en plusieurs autres choses qui regardent la croyance et les usages des Chrétiens du Levant. »

Le P. *Simon* dit que les Jacobites, avant le baptême, impriment le signe de la croix sur le bras et même sur le visage de l'enfant qui doit être baptisé ; qu'ils croient que les âmes des justes demeurent en la terre jusqu'au jour du jugement, attendant le second avènement de J.-C., et que les anges sont faits de deux substances, du feu et de la lumière.

Les Jacobites qui sont répandus dans la Syrie et aux environs, sont encore au-delà de cinquante mille familles. *Brerewood* rapporte une citation qui en comptait alors jusqu'à cent soixante mille.

Croyance et Coutumes des Cophtes.

« Il y a de l'apparence que les (Brerewood) Cophtes ou Coptes ont pris leur nom d'une ville appelée Copté, qui était autrefois la métropole de la Thébaïde, dont il est fait mention dans Strabon et dans Plutarque. Les Chrétiens d'Egypte portent aujourd'hui ce nom, et ils ont aussi une langue particulière, qu'on nomme la langue cophte, dont ils ne se servent néanmoins que dans leurs offices, parce qu'on parle arabe dans tout le pays. Cette langue, que le jésuite Kircher prétend être une langue mère et indépendante de toute autre, a été beaucoup altérée par la langue grecque : car outre qu'elle en retient encore les caractères, un très-grand nombre de ses mots sont purement grecs.

» La croyance de ces peuples est la même que celle des Jacobites : car ils sont Monophysites. Ils ont fait en différens temps différentes réunions avec l'Eglise romaine, mais en apparence seulement. Le jésuite Roderic, qui fut envoyé par le Pape, en 1562, vers cette nation, laquelle avait écrit au même Pape des lettres pleines de soumission et de respect envers le siége de Rome, comme si elle eût reconnu que cette Eglise était la maîtresse de toutes les autres, nous fournit un bel exemple de ces réunions simulées, et qui ne sont appuyées le plus souvent que sur des intérêts humains.

» Ils ont, selon le même auteur, quatre grands jeûnes pendant l'année, dont le premier commence avant la fête de la Nativité de Notre-Seigneur, et il dure pendant vingt-quatre jours. Le second, qui dure soixante jours, est le grand Carême. Le troisième se nomme le jeûne des disciples de Notre-Seigneur, qui commence la troisième fête de la Pentecôte, et il dure trente-un jours. Enfin, le quatrième, qui dure quinze jours, est le jeûne de Notre-Dame d'août.

» Les images sont en grande vénération parmi eux, quoiqu'ils n'aient pas de statues ; et les images les plus ordinaires sont celles de Notre-Seigneur, de la Vierge, de Saint-George, des Anges (savoir de Saint-Michel, de Saint-Gabriel, de Saint-Raphaël, et plusieurs autres.) Ils baisent ces images, et ils allument devant elles des lampes, dont ils prennent l'huile pour s'en oindre quand ils sont malades. Il y a de l'apparence qu'ils n'ont point d'autre sacrement d'extrême-onction que cette sorte d'onction, si ce n'est peut-être qu'ils la font avec un peu plus de cérémonie.

» Pour ce qui est de leur office, le samedi, après le coucher du soleil, le prêtre va à l'église accompagné de ses ministres pour chanter les vêpres, qui durent environ une heure ; et ceux qui s'y trouvent dorment après cela dans l'église. Ceux qui ne dorment point, prennent du tabac en fumée, ou du café, ou bien ils s'entretiennent ensemble de ce qui leur plaît. Deux heures après

5*

minuit, ils disent matines, et ensuite la messe, où il vient quantité de monde.
Quand ils entrent dans l'église, ils ôtent leurs souliers, et ils baisent la terre
proche de la porte du sanctuaire; puis, s'approchant de l'archiprêtre, ils baisent
sa main, en inclinant la tête, afin de recevoir sa bénédiction. Si le patriarche
est présent et qu'il n'officie point, il s'assied dans un trône élevé au-dessus des
prêtres, ayant à la main une croix de cuivre; et après que chacun a fait la
révérence ordinaire devant le sanctuaire, il la fait encore devant le patriarche,
et baise la terre proche de lui : après s'être levé, il baise la croix et la main
du même patriarche. »

Les Cophtes ont plusieurs églises en Egypte et sur-tout au Caire. Ces églises
ont deux dômes, l'un pour le saint des saints, qu'ils nomment *Heikel* (c'est
l'*hechal* de la synagogue, chef des Juifs), devant la porte duquel il y a toujours un voile tendu; l'autre pour le sanctuaire, qui est le chœur intérieur,
toujours tourné au Levant. On célèbre la messe dans ce *Heikel*; on n'y
entre jamais sans s'être lavé les pieds, et nul n'y entre s'il n'est au moins
diacre. Les églises ont trois portes, l'une pour les hommes, l'autre pour les
femmes, et la troisième pour les offrandes et les dons qu'on porte.

Les moines cophtes sont aussi méprisés, et généralement aussi méprisables
que les autres moines grecs, principalement ceux des environs de l'Egypte.
Cependant les Moines du mont Sinaï sont exempts du *Charatsch* (tribut
que les Mahométans exigent des chrétiens), et de tout autre tribut, en vertu
d'un privilége que Mahomet leur accorda, pour l'amour du bon traitement
qu'on lui fit dans le temps qu'il était encore réduit à garder les chameaux de
ce couvent. Ils n'ont d'autre charge que celle de faire l'aumône aux Arabes; mais
ceux-ci la font payer quelquefois avec toute l'insolence de ces pauvres qui savent
se prévaloir du pouvoir de la religion dominante. Les moines cophtes doivent
renoncer pour toujours au mariage, même aux désirs de la chair, à leurs parens et aux biens du monde. La règle veut aussi qu'ils prient toujours, que
même ils pensent toujours à Dieu, qu'ils jeûnent et travaillent sans relâche. Ils
doivent s'habiller de laine, se ceindre d'une courroie, ne boire jamais de vin,
vivre toujours dans le désert, coucher par terre sur une natte, se prosterner
tous les soirs cent cinquante fois le visage et le ventre contre terre, les deux bras
étendus en croix et la main fermée. En se relevant on doit faire le signe de la
croix, et tout cela sans préjudice de sept autres prostrations qui précèdent les
sept heures canoniales, une prostration par heure. Les Caloyers de l'église
grecque observent à-peu-près la même discipline dans leur dévotion. Chaque
monastère et chaque église a ses traditions, ses saints, ses miracles, et, ce
qui est encore plus singulier, des saints et des miracles admis par des dévots
de deux religions opposées dans les pratiques, dans les dogmes et dans les prin-

cipes. Les Cophtes et les Mahométans révèrent également un saint qui était autrefois évêque, et souffrit ensuite le martyre. Par cette dernière qualité, il est le saint des Cophtes : j'ignore quelle est celle qui le fait celui des Mahométans.

Vansleb rapporte qu'on voit toujours dans l'église cophte, vis-à-vis du prêtre, une lampe allumée, suspendue entre deux œufs d'autruche, pour l'avertir qu'il doit être attentif et vigilant dans son ministère. L'origine de cette coutume vient de l'opinion populaire, qui est que l'autruche couve ses œufs en les regardant.

L'année des Cophtes commence le huitième de notre mois de septembre, ou le vingt-huitième d'août, selon l'ancien calendrier. Outre les fêtes connues de l'église grecque, voici ce que dit *Vansleb* sur l'Epiphanie des Cophtes: Après l'office de minuit, qui fut dit dans le lieu même où était le réservoir dans lequel on devait se plonger, le patriarche se rendit à la sacristie, d'où il ressortit un peu après, revêtu de ses ornemens pontificaux, accompagné d'un prêtre et d'un diacre couvert d'une chape. Le prêtre l'était d'une aube, le diacre portait une croix de fer. Arrivés au réservoir, le patriarche commença la bénédiction de l'eau par plusieurs leçons, tantôt en Cophte, tantôt en Arabe, tirées de l'ancien et du nouveau testament. Ensuite il encensa l'eau, et l'agita plusieurs fois en croix avec le bâton pastoral. Les prêtres qui étaient présens firent la même cérémonie après le patriarche. Pendant cette bénédiction, il y avait dans l'eau un lustre de fer à trois branches, et de la hauteur d'un homme, chacune des branches garnie d'un cierge allumé. Après la bénédiction, le peuple eut la liberté de se plonger dans le réservoir : les trois premiers qui se présentent sont plongés par le patriarche ; dans le désordre de cette dévotion prétendue, la pudeur n'était nullement ménagée. Après que les hommes eurent achevé de se plonger dans cette eau bénite, ils se retirèrent dans le chœur, et les femmes vinrent à leur tour participer avec la même indécence à cette dévotion impudique, et qui mérite bien d'être comparée aux fêtes licencieuses du paganisme.

La fête de l'apparition des Saints n'est pas moins l'effet d'une ignorance grossière. Les Cophtes croient que cette apparition se fait dans l'église de *Gemiane*. La disposition d'une chapelle de l'église, et la manière dont les objets y sont réfléchis, donne lieu à la superstition des Cophtes. Par une suite ordinaire de l'entêtement qui accompagne le caractère superstitieux, les Cophtes ne choisissent, parmi les objets réfléchis, que ceux que le hasard fait rencontrer avec leur imagination prévenue. Ainsi, l'ombre d'un homme à cheval s'applique à saint George, parce que ce saint est représenté à cheval. Cette apparition dure trois jours, et pendant ce temps-là chacun invoque le saint auquel se rapporte le plus l'ombre qui paraît dans l'église. La dévotion est mêlée de cris de joie et de chants à l'honneur des Saints, et suivie du plaisir de se régaler, par où finit ordinairement la dévotion de toutes les fêtes.

Le jour de l'exaltation de la croix est distingué chez les Cophtes par la bénédiction d'une croix que l'on jette ensuite dans le Nil pour le faire décroître, ou plutôt comme pour le remercier de ce qu'il a crû.

Les cérémonies nuptiales des Cophtes ne diffèrent pas absolument de celles des Grecs; *Vansleb* en donne ainsi la description: « Après l'oraison de minuit, on, comme nous dirions, après matines, on conduisit l'époux, ensuite l'épouse, de la maison nuptiale à l'église, éclairés par quantité de cierges et de flambeaux allumés. Pendant la marche, on chantait des hymnes en langue cophte, *et l'on battait la mesure, ou l'on accompagnait ce chant* en frappant avec de petits marteaux de bois contre de petites règles d'ébène. L'époux fut mené dans le chœur intérieur de l'église....; l'épouse fut menée à l'appartement des femmes. Alors les prêtres et le peuple commencèrent dans le chœur des prières mêlées d'hymnes. *Cette dévotion fut longue.* Sur la fin, le prêtre qui faisait la cérémonie du mariage alla trouver l'époux, et lut trois ou quatre oraisons, faisant sur lui le signe de la croix au commencement et à la fin de chacune d'elles. Ensuite il fit asseoir l'époux à terre, le visage tourné vers le *heikel.* Le prêtre, qui était debout derrière l'époux, tenait une croix d'argent sur sa tête. Il continua les prières dans cette posture.

» Pendant que cette cérémonie se faisait dans le chœur intérieur, le sacristain avait mis un banc hors de la porte du chœur extérieur pour y faire asseoir l'épouse avec une de ses parentes. Les prêtres ayant achevé dans le chœur intérieur ce que les Cophtes appellent *l'Oraison du nœud*, celui qui faisait la cérémonie du mariage revêtit l'époux d'une aube, le lia d'une ceinture autour des reins, et lui mit une nappe blanche sur la tête. *L'époux, ainsi équipé, fut mené auprès de l'épouse :* le prêtre le fit asseoir auprès d'elle, et les couvrit tous deux de la nappe, dont l'époux avait auparavant la tête couverte....: après quoi, il les oignit l'un et l'autre d'huile au front et au-dessus du poignet. Pour finir la cérémonie, ils se donnèrent mutuellement la main : le prêtre leur lut tout haut l'exhortation qui contient les devoirs que l'on se doit réciproquement dans le mariage.,... Diverses prières suivirent encore..., ensuite la messe...; l'époux et l'épouse y communièrent....; la messe finie, ils retournèrent chez eux. »

Coutumes des Abyssins ou Éthiopiens.

« L'ancienne Éthiopie est aujourd'hui nommée Abbassie, et les peuples qui l'habitent sont appelés Abyssins. Ils n'ont qu'un évêque (métropolitain de toute l'Éthiopie; on l'appelle *Abuna,* c'est-à-dire, *notre Père.*) qui les gouverne, et qui leur est envoyé par le patriarche d'Alexandrie, lequel réside au Caire : ils suivent en toutes choses la religion des Cophtes, à la réserve de quelques cérémonies qui leur sont singulières. Ils ont aussi une langue particulière, qu'ils nomment chaldéenne, parce qu'ils croient qu'elle tire son origine de la Chaldée, quoiqu'elle soit pourtant fort différente du chaldéen ordinaire ; c'est pourquoi on l'appelle langue éthiopienne. Ils se servent de cette langue dans leurs liturgies et dans les autres offices divins, bien qu'elle soit ancienne, et qu'elle soit assez différente de l'éthiopien vulgaire. »

On donne la cléricature aux enfans qui sont encore à la mamelle, et depuis cet âge jusqu'à quinze ans. Pour être clerc, il ne faut pas être marié, mais un clerc peut se marier avant que de se présenter pour être prêtre, et, quand on est prêtre, on ne peut plus se marier. Dans la cérémonie de l'ordination du clerc, du sous-diacre, etc., on passe à la file devant l'*Abuna*, qui est assis dans un fauteuil placé dans une tente élevée au milieu de l'église. Il leur coupe un peu de cheveux en cinq endroits en forme de croix, les oint avec du chrême au front, et leur fait toucher les clefs qui ouvrent la porte de l'église. On met une nappe sur la tête de ces ordonnés, on leur donne des burettes entre les mains, pour marquer qu'ils doivent servir à l'autel. Après cette cérémonie, l'*Abuna* dit la messe et communie ces ordonnés.

Il y a en Abyssinie des chanoines et des moines, et, parmi ceux-ci, deux sortes d'ermites. Les chanoines se marient, et leurs canonicats passent souvent à leurs enfans. Cette pratique est d'autant plus remarquable qu'aucune religion, excepté le judaïsme, ne sauroit alléguer des exemples d'une succession héréditaire aux charges ecclésiastiques. Entre les prêtres, le *Komas* (*l'Hégumène*) est, chez les Cophtes et les Abyssins, le premier dans l'ordre de prêtrise après le métropolitain et les évêques. Les moines ne se marient point. Il y en a de deux sortes, les uns qui ont un général, et forment une congrégation ; les autres qui ont une règle commune, sans que leurs monastères aient aucune relation ensemble. Ces moines ont beaucoup de crédit, même dans les affaires d'Etat. Ils font des vœux. On rapporte à cette occasion qu'un Abyssin disoit des moines de son pays : *Nos religieux, prosternés contre terre, promettent tout haut à leur supérieur de garder la chasteté, mais en faisant tout bas cette restriction :* comme vous la gardez, mon père. *Il s'acquitte de même des autres vœux.* En cela, l'Europe ne doit rien à l'Abyssinie ; mais, après tout, diront les moines, on ne sera jamais en droit de tirer des conséquences du particulier au général.

Il n'appartient qu'aux prêtres et aux diacres d'entrer dans le sanctuaire. L'empereur lui-même n'y entreroit pas, s'il n'étoit promu aux ordres. De là vient que ces princes se font ordonner diacres, et quelquefois prêtres, quand ils parviennent à la couronne.

Les souverains de l'Ethiopie prétendent descendre de Salomon par la reine de Saba. Cette origine, vraie ou fausse, est soutenue de quelques preuves historiques mêlées de beaucoup de fictions ridicules : si elle étoit véritable, on pourroit croire avec quelque raison que les Mages qui vinrent en Judée pour voir le Sauveur étoient des Ethiopiens : ce qui porteroit encore plus à le croire, seroit le judaïsme si généralement répandu dans le christianisme de cet empire, et qui semble être une suite de l'origine des monarques abyssins. Quoi qu'il en soit, ils sont obstinés dans cette croyance, en vertu de laquelle les rois Abyssins se qualifient *rois d'Israël*. Fondés sur une origine si glorieuse à la nation, les peuples sont distribués en tribus, comme autrefois les Hébreux ; ils conservent beaucoup de noms juifs, et leurs chantres même se vantent d'être de la race des anciens scribes.

Le prince qui fut couronné en 1609, étant arrivé à quelque distance de l'église d'*Axuma*, où se fait le couronnement, trouva de jeunes filles qui tenoient un cordeau tendu au travers de la rue pour l'empêcher de passer. Elles lui demandèrent jusqu'à trois fois qui il étoit ; il se retira en arrière à la première demande, et répondit qu'il étoit le roi de Jérusalem... les filles répondirent qu'il n'étoit pas leur roi. A la troisième demande, le roi tira son épée, coupa le cordeau, et toutes les filles crièrent qu'il étoit véritablement leur roi, le roi de Sion. Alors on entendit le bruit des tambours, des trompettes, etc., et l'on fit des décharges de l'artillerie. L'*Abuna*, qui l'attendoit, accompagné de tout le clergé.... le reçut, et on commença à chanter plusieurs psaumes en conduisant le roi à l'Eglise. Ensuite le couronnement se fit. Le roi étant couronné entra dans le sanctuaire, entendit la messe et communia... La couronne de l'empereur d'Ethiopie est un chapeau chamarré de galons d'or et d'argent, surmonté d'une croix et doublé de velours bleu.... Les Abyssins s'imaginent que cette couronne est tombée du ciel, à cause que, dans les tableaux du couronnement de leurs rois, on voit un ange qui tient la couronne suspendue.

Les rois d'Abyssinie prennent le titre d'empereur ou de roi des rois. En montant sur le trône, ils prennent un nouveau nom et l'ajoutent à celui qu'ils ont reçu au baptême. Leur sceau est un lion tenant une croix, avec cette légende, *le lion de la tribu de Juda a vaincu.* Ils ont fait autrefois les fonctions de la prêtrise, et ils ne perdoient ce droit qu'après avoir eu le malheur de tuer quelque chose de vivant de leur propre main. Ce malheur étoit d'une terrible conséquence pour le souverain, puisqu'après une faute de cette nature ses sujets se trouvoient dispensés de l'obéissance qu'ils lui devoient, et n'étoient plus obligés de le reconnoître.

Les Empereurs d'Ethiopie peuvent épouser plusieurs femmes, mais il n'y en a qu'une qui porte le nom de reine. Ce titre lui est donné avec quelque cérémonie. La proclamation de la reine est conçue dans ces termes : *Le Roi a fait Reine une telle , sa servante.* Cependant elle ne mange pas avec le roi son époux. Ce prince est très-peu communicatif, imitant en cela l'usage des souverains orientaux. On dit pourtant qu'aujourd'hui il se montre trois ou quatre fois par an ; mais personne ne le voit manger, que ceux qui lui portent les morceaux à la bouche. Lorsqu'il donne audience , il est caché derrière un rideau.

Ce monarque est le maître absolu des biens et même de la liberté de ses sujets , il autorise le pillage des provinces et les vols publics. La tolérance qu'il accorde à ce crime, si contraire à la société , va si loin , que le chef des voleurs achète sa charge, l'exerce sans opposition et paye tribut au souverain.

Cérémonie du Baptéme , d'après l'abbé Legrand.

La mère, parée aussi proprement qu'il lui est possible, se présente à la porte de l'église avec son enfant. Là...., le ministre du sacrement fait de longues prières sur les deux, commençant par la mère; ensuite il les introduit dans l'église et fait sur l'enfant six onctions d'une huile bénite pour les exorcismes. Ces premières onctions sont suivies de trente-six autres avec du *Galilœum* sur autant de parties du corps : après quoi, il bénit les fonts baptismaux, y versant à deux reprises de l'huile bénite, et faisant à chaque fois trois formes de croix avec du *Meiron* , et tout est accompagné de longues prières. La bénédiction des fonts finie, il y plonge l'enfant trois fois. A la première, il le plonge jusqu'à la troisième partie du corps, en disant : *Je te baptise au nom du Père;* ensuite jusqu'aux deux tiers, et ajoute : *je te baptise au nom du Fils.* A la troisième , il le plonge entièrement, et dit : *je te baptise au nom du Saint-Esprit.* L'administration de la confirmation de l'eucharistie suit immédiatement après...... Ils célèbrent le baptême avant la messe , et, à la fin, ils communient l'enfant baptisé.

Le *Meiron* , c'est le chrême; le *Galilœum*, c'est l'huile des Catéchumènes. Le patriarche consacre le premier avec beaucoup de cérémonies. Après la bénédiction du nouveau *Meiron*, le vieux est distribué aux évêques. Le patriarche cophte en envoye au métropolitain d'Abyssinie. L'Empereur de cet Etat est sacré avec ce *Meiron.* Pour le *Galilœum ,* c'est une huile qui, après avoir servi à rincer les vaisseaux où étoit le *Meiron*, demeure sanctifiée par le mélange des gouttes qui restent de ce *Meiron.*

Comme les femmes ne sortent point du logis que quarante jours après être accouchées d'un garçon , ou quatre-vingts après l'être d'une fille, le baptême est différé jusqu'à ce temps-là, et quelquefois aussi plus long-temps. Si l'enfant est malade, on le porte à l'église, et on l'étend sur un drap près les fonts. Le prêtre y trempe ses mains trois fois, et frotte autant de fois avec ses mains mouillées le corps de l'enfant, depuis le dessus de la tête jusqu'au bout des pieds. S'il arrive que l'enfant soit porté le soir à l'église, où à toute heure il n'est pas permis de dire la messe, la mère et l'enfant demeurent là jusqu'au lendemain, afin que l'enfant soit communié. La raison de cet usage est que le baptême ne peut jamais s'administrer que dans l'église, et par le ministère ou de l'évêque ou du prêtre. Si l'enfant n'est pas en état d'être porté à l'église, le prêtre va au logis, et après avoir récité les prières sur la mère, et fait les six onctions de l'exorcisme sur l'enfant, il lui demande trois fois s'il croit en un seul Dieu en trois personnes. Quand on a répondu oui pour l'enfant, il continue de faire quelques prières, leur donne sa bénédiction et se retire. Cette pratique est fondée sur un Canon des Cophtes, *que si un enfant vient à mourir après la dernière onction, ou même après la première, l'onction lui tient lieu de baptême.... et il est sauvé....*

Les églises des Abyssins sont tournées de l'occident à l'orient, afin qu'en priant on soit tourné vers l'orient. L'autel est isolé dans le sanctuaire, sous une espèce de dôme soutenu par quatre colonnes. Les Ethiopiens donnent le nom d'*arche* à cet autel; et il a, disent-ils, la figure de l'arche des Juifs. Ils prétendent même que cette arche subsiste encore aujourd'hui dans l'église d'*Axuma*. Devant le sanctuaire il y a deux rideaux avec des sonnettes au bas; en sorte que personne ne peut entrer ni sortir sans les faire sonner. Comme on se tient debout pendant les offices, il n'y a point de bancs dans les églises; seulement on permet de s'appuyer sur des potences: il y en a bon nombre hors des églises. Au reste, on a remarqué quelque chose de pareil dans celles des Grecs. On entre dans ces églises pieds nus, et, à cause de cela, nous dit un voyageur moderne, le pavé est couvert de tapis. On n'y entend ni parler ni moucher, et on n'y tourne point la tête. Les hommes sont séparés des femmes. Celles-ci se tiennent dans l'enceinte la plus éloignée du sanctuaire. Les lampes brûlent en plein jour dans les églises, et l'on y allume souvent une quantité prodigieuse de cierges.

Les Ethiopiens sont fort exacts à porter des offrandes à l'église. Les pauvres, comme les riches, s'acquittent de cet acte religieux. On offre de l'encens, des cierges, du blé, et ces offrandes se font avant que de commencer la messe. On dit aussi de ces peuples, qu'ils sont extrêmement charitables, et que cela contribue à entretenir dans l'Abyssinie un nombre infini de gueux et de fainéans.

Les jeûnes sont très-rigoureux. Pendant le carême, les Abyssins ne mangent qu'une fois par jour, c'est-à-dire après le soleil couché. Le mercredi et le vendredi, ils se mettent à table à trois heures; et pour ne pas se tromper d'un moment à l'heure, ils mesurent leur ombre. Si elle a sept pieds, c'est le temps de leur repas. Le scrupule des prêtres abyssins va jusqu'à ne dire la messe que le soir dans un temps de jeûne, de peur de le rompre en consommant les espèces.

Cependant ils ne se croient pas obligés au jeûne, qu'ils n'aient des enfans en âge d'être mariés : et, comme la chaleur du climat avance beaucoup la capacité des jeunes gens, il y a peu d'Abyssins qui ne soient obligés de jeûner dès l'âge de vingt-cinq ans.

L'excommunication effraie beaucoup ces peuples, et cette frayeur contribue infiniment à l'autorité des prêtres et des religieux. Pour peu qu'on les touche, ils excommunient. L'Abyssinie est le pays du monde où il y a le plus d'ecclésiastiques, d'églises et de monastères.

L'extrême-onction, ou l'onction tout court, ou le *candile*, c'est-à-dire lampe, se pratique de même chez les Cophtes et chez les Abyssins. Le prêtre, après avoir donné l'absolution au pénitent, se fait assister d'un diacre. Il commence d'abord par des encensemens, il prend ensuite une lampe, dont il bénit l'huile, et y allume une mèche. Après cela il récite sept oraisons, qui sont interrompues par autant de leçons tirées de l'Ecriture, que le diacre lit. Ce prêtre prend enfin de l'huile bénite de la lampe, et en fait une onction sur le front, disant : *Dieu vous guérisse au nom du Père, du Fils et du Saint-Esprit.* Il fait une semblable onction aux assistans, de peur, disent les Abyssins, que l'esprit malin ne passe à quelqu'un d'eux. Selon le rituel, sept prêtres peuvent administrer cette onction : alors chaque prêtre allume sa mèche et dit sa prière. Mais, si c'était un évêque, il lui appartiendrait d'allumer les sept mèches et de dire les sept prières; les prêtres liraient les leçons.

Pour ce qui est du mariage, la police des Abyssins autorise la polygamie, quoique les canons reçus chez eux la condamnent, sous peine d'excommunication; les séparations sont fréquentes et faciles. Même, s'il faut croire quelques relations, l'intention est, en se mariant, de se séparer à la première occasion : et là-dessus quelques missionnaires portugais disent hardiment que les mariages des Abyssins ne se peuvent pas appeler des mariages. Ne pressons pas trop cette conséquence, parce que les désordres des nôtres n'effacent que trop le sacrement. On nous assure que les adultères, les maladies, les infirmités, le dégoût, les querelles domestiques coupent chez les Cophtes et les Abyssins le nœud du mariage, et que la femme se donne en cela autant de liberté que le mari. Pour se séparer, on s'adresse d'abord au patriarche ou à l'évêque, et l'on s'adresse aux mêmes pour contracter un nouveau mariage. Si cependant les prétextes de la dissolution paraissent trop frivoles à ces prélats pour l'accorder, on trouve toujours quelque prêtre assez complaisant pour aider à cette dissolution et pour remarier les parties, à qui il n'en coûte ordinairement que d'être exclus de la participation des sacremens pendant quelque temps.

Gaia, qui a fait le recueil des *Cérémonies Nuptiales de toutes les Nations*, dit « que les Abyssins donnent de l'argent, et constituent la dot aux femmes

» qu'ils épousent, au lieu d'en recevoir quelque chose. » *Alvarez* décrit les cérémonies d'un mariage qu'il a vu : « L'époux et l'épouse étaient à la porte de l'église, où l'on avait préparé une espèce de lit. L'*Abuna* les y fit asseoir. Il fit la procession autour d'eux avec la croix et l'encensoir. Ensuite il posa les mains sur leurs têtes, et leur dit : *Comme aujourd'hui vous devenez une même chair, vous ne devez avoir qu'un même cœur et une même volonté.* Après un petit discours. conforme à cette exhortation, il s'en alla dire la messe. L'époux et l'épouse y assistèrent; ensuite il leur donna la bénédiction nuptiale. » *Alvarez* ajoute que ces mariages des Abyssins sont fermes et stables, et qu'il faut (du moins pour les personnes d'une condition médiocre) des raisons très-fortes pour les rompre. Cela contredit assez formellement ce que j'ai rapporté plus haut. *Gaia* rapporte quelques autres cérémonies de ces mariages, les voici : « Celui qui marie coupe un toupet de cheveux aux époux, qu'il trempe dans du vin miellé, met celui de l'époux sur la tête de l'épouse au même endroit où le sien a été coupé, et de même que celui de l'épouse sur la tête de l'époux, en lui jetant de l'eau bénite..... Après la cérémonie, on accompagne les époux au logis, d'où ils ne sortent point pendant un mois. Lorsque l'épousée sort, elle porte un voile noir devant le visage, qu'elle ne lève qu'au bout de six mois, si ce n'est qu'elle devienne enceinte. » D'où a-t-il pris cela? Je ne dis rien ici des couronnes que l'on met sur la tête des mariés, et qu'ils portent pendant huit jours ; après quoi le prêtre qui les a mises les ôte avec beaucoup de cérémonies, et en récitant quelques prières. Le couronnement a été remarqué entre les cérémonies des Grecs.

Chaque monastère a deux églises, l'une pour les hommes, l'autre pour les femmes. Leurs instrumens de musique consistent en de petits tambours qu'ils se pendent au cou, et qu'ils battent avec les deux mains. Leurs plus graves ecclésiastiques sont ornés de ces instrumens. Ils ont aussi des bourdons, dont ils frappent contre terre avec un mouvement cadencé du corps. Ils commencent leur musique en frappant du pied, et jouant doucement de ces instrumens, qu'ils quittent ensuite pour battre des mains, sauter, danser et crier à tue-tête. Ce bruit est pour eux un acte religieux, dont ils fondent le mérite sur un endroit des psaumes de David, qui invite toutes les nations à battre des mains et à faire des cris d'allégresse.

Les Abyssins ont une commémoration des morts et des prières pour les défunts.

Coutumes des Arméniens.

« Les victoires que Scha-Abbas, roi de Perse, a remportées sur les Arméniens, lorsqu'il entra dans l'Arménie, ont presque ruiné cette église, qui retient encore néanmoins le nom de quelques archevêchés, évêchés et monastères, mais qui sont la plupart en un grand désordre.

» L'on remarquera que les histoires arméniennes traduites par Galanus produisent un certain acte de réunion entre l'église romaine et l'arménienne sous l'empereur Constantin, et Tiridate roi des Arméniens, Sylvestre occupant alors le siége de Rome, et Grégoire, qui était le grand patriarche des Arméniens, occupant celui d'Arménie. Il y a plusieurs choses dans cet acte qui paraissent fabuleuses. Les Arméniens cependant, comme remarque Galanus, se servent de cet acte pour montrer l'antiquité de leur patriarcat, qui fut établi, selon eux, par le pape Sylvestre, et ils l'ont même produit dans leurs disputes contre les Grecs. Mais ce fondement paraîtra faible à ceux qui savent l'Histoire Ecclésiastique, et qui considéreront la grande étendue de juridiction que le pape Sylvestre prend dans cet acte.

» Tout le monde sait que les Arméniens sont de la secte des Monophysites, qui ne reconnaissent qu'une nature en J. C. : cette hérésie est imaginaire, et ne consiste qu'en des équivoques de nom. Un bon nombre des Arméniens sont réunis avec l'église romaine, dont ils suivent les sentimens : Galanus a eu grande part à la nouvelle réunion sous le pape Urbain VIII.

» Il n'est pas vrai que les Arméniens nient la présence réelle de J. C. dans le sacrement de l'eucharistie; car les Arméniens et les Orientaux n'ont point tant disputé touchant ce sacrement que les Latins ont fait, principalement depuis le temps de Bérenger; et, d'autant que les Arméniens n'ont jamais examiné cette difficulté, ils sont demeurés dans les termes généraux du changement des symboles au corps et au sang de Notre-Seigneur. Galanus, qui rapporte quelques-uns de leurs synodes, et les disputes qu'ils ont eues avec les Grecs, ne fait aucune mention de cela; mais seulement de ce qu'ils ne mettent point d'eau avec le vin en célébrant la liturgie, et de ce qu'ils consacrent en pain sans levain, à la façon des Latins.

» Pour ce qui est de leur office, ils le font en la langue arménienne, qui est une langue assez rude et fort peu connue. Le nouvel arménien est cependant différent de l'ancien, et le peuple n'entend pas facilement la liturgie, ni les autres offices qui sont composés en ancien arménien. Ils ont aussi toute la Bible traduite en leur langue, et leur traduction a été prise du grec des Septantes. Cette version de la Bible fut faite vers le temps de saint Jean-Chrysostôme par quelques-uns de leurs docteurs qui avaient appris la langue grecque, et entr'autres par un certain Moïse, nommé le Grammairien, et par un certain David surnommé le Philosophe. L'on remarquera ici que les Arméniens font auteur de leurs caractères un saint ermite, nommé Mesrop, qui les inventa dans la ville de Balu, proche de l'Euphrate ; et ce Mesrop vivait en même tems que saint Jean-Chry-sostôme. »

Les Arméniens ont quatre patriarches, qui se donnent tous le titre de *catholiques*. Ces patriarches sont, celui d'*Itchmiazin*, celui de *Cis*, celui de *Canshahar* et celui d'*Achtamar*. Les trois derniers, dit *Ricaut*, reconnaissent le premier pour leur chef, et ont même recours à lui dans les affaires épineuses, sans pourtant dépendre de lui dans le gouvernement de leur église. Il ajoute « que l'ordre de prêtrise ne se confère point sans que les quatre patriarches assistent » à la cérémonie en personne ou par procureur. » Pour ce qui est des patriarches arméniens de Constantinople et de Jérusalem, ce sont des patriarches titulaires, établis par ménagement pour les Turcs ; et ceux-ci sont bien aises de conserver cette dignité chez eux, afin de profiter des investitures ; mais ces prélats titu-laires ne sont proprement que les députés du patriarche...., ou des évêques qui relèvent des patriarches.

Le grand-patriarche, c'est-à-dire celui d'*Itchmiazin*, est élu à la pluralité des voix des évêques qui se trouvent à *Itchmiazin*, avec l'agrément du roi de Perse. Cet agrément s'achète sous le nom spécieux de présent, et souvent aussi le patriarcat est mis à l'enchère, et adjugé au dernier enchérisseur. Ce patriarche s'attribue un pouvoir absolu sur le clergé, avec le droit de nommer, consacrer et déposer même les prélats de sa dépendance ; mais (le *père Monier*) ce droit est bien resserré par le fait, et se réduit à confirmer les élections qui se font par les églises particulières, ou les nominations qui viennent de la part du grand-seigneur ou du roi de Perse. Les revenus de ce patriarche montent au moins à (*Tournefort*) deux cent mille écus. Chaque Arménien qui passe quinze ans, donne au grand-patriarche cinq sous par an, et les riches lui donnent jusqu'à trois ou quatre écus. « Cependant ce patriarche est véritablement pauvre, parce qu'il est obligé de payer la capitation pour retenir dans son troupeau ceux qui ne sont pas en état de satisfaire au tribut. Malgré cela, sa grande autorité le rend un des plus considérables prélats du monde. Tout le troupeau tremble quand il menace d'excommunication, et l'on assure que quatre-vingt mille villages le reconnaissent.

Les *Vertabiets* vivent dans le célibat : cependant les curés et les prêtres sécu-liers se marient ; mais ne pouvant passer aux secondes noces, ils se choisissent prudemment pour femmes des filles jeunes et vigoureuses. Les prêtres couchent dans l'église la veille du jour qu'ils doivent s'approcher de l'autel ; et, si l'église a plusieurs prêtres, l'hebdomadaire y passe toutes les nuits de la semaine.

Chaque église particulière a son conseil, qui a droit d'élire l'évêque, et l'élu va se faire sacrer par le grand-patriarche ; ce qui n'empêche pas que ce conseil ne s'attribue le droit de le destituer, si l'on n'en est pas content. Les évêques font leur résidence dans les couvens, et y vivent en communauté avec les moines. Les

EGLISE des ARMENIENS.

R. Picart, de.

Tom. III. N° 10.

aumônes, les ordinations et les secondes noces produisent leurs revenus. Pour marque de leur dignité, ils ont la mitre, l'anneau et la crosse.

Si plusieurs prêtres desservent une même église, la paroisse se partage entre eux. Pour aspirer à cette prêtrise, il ne faut, dit-on, que savoir lire le missel, qui est en arménien littéral, c'est-à-dire, en arménien non vulgaire. En un mot, il n'y a rien d'outré dans les relations qui nous disent qu'en Arménie, comme généralement dans tout l'Orient, *pour se faire homme d'Eglise il suffit d'être ignorant.* La préparation de celui qui doit recevoir l'ordre de prêtrise, se termine à demeurer quarante jours dans l'église : le quarantième jour on dit la messe. Elle est suivie d'un grand festin. La femme du nouveau prêtre (on l'appelle papadie) assiste au festin, assise sur un escabeau, les yeux bandés, les oreilles bouchées, la bouche fermée, pour marquer la retenue qu'elle doit avoir à l'égard des fonctions sacrées auxquelles son mari va être employé. Pourquoi choisir la femme pour en faire l'objet d'une cérémonie qui marque expressément le devoir du prêtre? C'est lui qui doit avoir de la retenue en tout ce qui concerne l'autel. Les anciens païens la recommandaient à leurs prêtres; et quelques hérétiques, à l'imitation des païens, se la recommandaient entre eux. Ajoutons ces particularités pour achever de montrer comment les prêtres s'acquittent de leurs fonctions pastorales. Ils ont le bréviaire au chœur, et hors de là le psautier, dont il doivent réciter tous les jours quelque partie.

Les enfans destinés à la prêtrise sont ordonnés dès l'âge de dix ou douze ans : après avoir achevé d'apprendre à lire, leur maître les présente à l'évêque. L'ordination faite, ils font un séjour de deux ou trois jours dans l'église sans en sortir. Pendant cette retraite, on les fait lire, et, le reste du temps, ils s'y amusent comme des enfans. Les jours de cette retraite étant expirés, on leur ôte le surplis dont on les avoit revêtus; les prêtres les rendent aux parens, qui font un festin, et paient à l'évêque douze sous pour l'ordination de chaque enfant.

Pl. 10. *Églises des Arméniens.*

A l'égard de la dévotion des Arméniens et de la décence qu'ils observent dans les églises, je commence par les pélerinages de leurs dévots à *Itchmiazin* et à *Virap*, deux endroits qui valent pour eux *Notre-Dame-de-Lorette, Saint-Jacques en Galice*, et tout ce que nous avons de plus rare et de plus édifiant en matière de pélerinage. On dit même qu'ils préfèrent les deux pélerinages d'*Itchmiazin* et de *Virap* à celui de Jérusalem. Le pélerin se prépare à cette sainte visitation pendant sept ans, et jeûne quarante jours par année, sans préjudice aux autres jeûnes que l'Eglise arménienne ordonne. A ces pélerinages sont attachés des avantages essentiels, pourvu que la préparation soit bien faite. Un esprit orné de talens extraordinaires, beaucoup d'agilité, d'excellentes dispositions à bien chanter et à bien danser, des amis sincères, une belle femme. Qui pourrait s'imaginer que les saints d'Arménie s'amusent à procurer des biens aussi peu dignes d'un fidèle que le sont la danse, la musique, l'agilité? Mais les *dévots*, et sur-tout les ignorans, attendent tout des bontés du ciel. Il ne faut pas oublier pourtant que les Arméniens n'oseraient demander des richesses à leurs saints.

Entrant dans l'église, les hommes et les femmes quittent leurs souliers à la porte. On y a même des armoires pour les serrer pendant les exercices de dévotion. Ils font aussi en entrant le signe de la croix trois fois, mais à la façon des Latins : ainsi le rapporte le P. *Le Brun*. Les hommes se découvrent la tête. Le clergé est aussi au chœur sans souliers; mais ceux qui sont dans le sanctuaire prennent des pantoufles noires. Pendant la messe et l'office on est toujours ou debout, ou assis à terre, les hommes croisant les jambes, les femmes sur les talons.

Les jeûnes sont beaucoup plus rigoureux que chez les Grecs, et rien ne peut en dispenser. Dans les quarante jours du carême qui précède Pâques, il n'est permis de manger que des racines, des herbes ou des légumes, et beaucoup moins qu'il n'en faut pour contenter son appétit. *Tournefort* nous dit pourtant que, pendant le grand carême, les Arméniens peuvent manger du poisson le dimanche. A cette mortification l'on en doit ajouter une autre, qu'une longue et rude diète est bien capable d'amener, c'est l'abstinence des femmes. Les plus dévots croiraient commettre un grand crime, s'ils ne l'observaient.

Pour apprendre l'antiquité de la bénédiction des eaux, qui se fait le jour de l'Epiphanie, il suffit de lire les témoignages que le P. *Le Brun* rapporte à cette occasion. Les Arméniens observent, aussi religieusement que les autres Orientaux, les cérémonies de cette bénédiction, et le baptême qui la suit. D'abord on place un grand bassin plein d'eau à la porte du sanctuaire. Tout le clergé sort en procession de la sacristie, et, montant au sanctuaire, continue cette procession autour du bassin. Le célébrant, qui a dit la messe auparavant, fait plusieurs prières sur l'eau du bassin, y plonge sa croix, avec laquelle il fait ensuite le signe de la croix dans cette eau, et enfin y verse du chrême. Après cela, les fidèles viennent s'y laver, et emportent de cette eau chez eux, où elle leur sert, comme à nos Latins l'eau bénite.

Le Jeudi-Saint, on dit la messe à midi, et les fidèles y communient. Ce même jour on porte, vers les cinq heures du soir, à la porte du chœur, un bassin plein d'eau qu'on bénit avec des prières. L'évêque et le premier du clergé lavent les pieds aux prêtres et ensuite à d'autres, en faisant un signe de croix avec de l'huile qui a été bénite pour cette cérémonie. Après la cérémonie, quelques hommes vigoureux élèvent le fauteuil sur lequel l'officiant est assis, afin qu'il donne la bénédiction à tout le peuple, en annonçant la permission de manger chaque jour

1. PRÊTRE Armenien en HABIT SACERDOTAL.
2. DIACRE Armenien . 3. SOUSDIACRE.

MOINES Armeniens, vus par devant, et par derrière
on voit dans le lointain le Mont Ararat, et les trois Eglises.

de la viande jusqu'à l'Ascension. Les spirituels disent qu'il convient qu'un prêtre qui s'abaisse jusqu'à laver les pieds à tout le monde, soit élevé au-dessus de tous.

Le Samedi-Saint, on célèbre la messe à cinq ou six heures du soir, et l'on y donne aussi la communion. La seconde fête de Pâques est employée à visiter les cimetières, et l'on y lit des prières et des évangiles.

Les Arméniens offrent à Dieu, comme les Juifs, le sacrifice des animaux qu'ils immolent à la porte des églises par le ministère de leurs prêtres. Ils trempent le doigt dans le sang de la victime égorgée, ils en font une croix sur la porte de leurs maisons. Le prêtre retient pour lui la moitié de la victime, et ceux qui l'ont présentée en consomment les restes. Il n'y a point de bonne famille qui ne vienne offrir son agneau aux fêtes de l'Epiphanie, de la Transfiguration, de l'Exaltation de la sainte Croix, et de l'Assomption de la sainte Vierge, qu'ils appellent le jour du sacrifice général. Ils font de pareilles offrandes à Dieu, pour en obtenir la guérison de leurs maladies, ou d'autres bienfaits temporels. Les Arméniens, pour se justifier de cette superstition, allèguent l'*exemple de l'église romaine, qui bénit des agneaux à Pâques*; mais ce dernier usage n'en est pas moins un reste de judaïsme.

Dans les villes où les Arméniens font un grand commerce, les églises y sont ornées de belles peintures, et de riches tapisseries, principalement le sanctuaire, qui, hors du temps de la messe, est couvert d'un beau rideau. Les vases et tous les ornemens n'y sont pas moins riches; et, pendant que les Grecs ont à peine deux misérables bougies pour éclairer le prêtre qui dit la messe, tout est éclairé chez les Arméniens de belles illuminations. C'est ainsi que *Tournefort* nous le dit.

Pl. 11. *Prêtre arménien en habit sacerdotal. — Diacre arménien. — Sous-Diacre.*

Pl. 12. *Moines arméniens, vus par-devant et par-derrière : on voit dans le lointain le Mont Avararat et les trois Églises.*

Avant la messe les Arméniens font une profession de foi qui commence par un exorcisme, et finit, dit le P. *Monier*, par une confession de toutes sortes de crimes les plus capables de choquer les oreilles chastes.

Pour donner le viatique aux malades, le prêtre doit être précédé de la croix et de l'encensoir. Il doit réciter des psaumes, des épîtres, des évangiles, et le symbole de la foi avec le *Trisagium*. On observe, dit le P. *Monier*, de ne donner la communion, même aux malades, que quarante jours après la précédente communion.

A l'égard du baptême, le prêtre reçoit l'enfant à la porte de l'église, qui est fermée, récite là un psaume et quelques prières, à quoi il ajoute l'exorcisme répété trois fois en se tournant vers l'Occident. Ensuite, se retournant trois autres fois vers l'Orient, il fait, et cela trois fois, des questions sur les articles de la foi chrétienne. La porte de l'église s'ouvre; on marche vers les fonts. Le prêtre oint le petit enfant d'huile, bénit l'eau, y plonge le crucifix et y verse le chrême. Le prêtre demande le nom de l'enfant, et, en le nommant, le plonge trois fois, avec tant d'exactitude, qu'au rapport de *Ricaut*, et chez les Arméniens et chez les Grecs, lorsque les fonts sont trop petits, le prêtre observe de faire passer l'eau baptismale avec sa main sur tout le corps de l'enfant, afin que cette eau touche et régénère chaque membre en particulier, et fasse de l'enfant comme un autre Achille, invulnérable par-tout et capable de résister, par cette *ablution détaillée*, à tous les traits du démon.

L'administration du chrême, ou la confirmation, suit le baptême : avant les onctions, le prêtre noue un cordon de coton blanc et de soie rouge, dont il a tordu lui-même les fils, et le passe au cou de l'enfant. Cette cérémonie se fait en mémoire du sang et de l'eau qui sortirent du côté de J. C. lorsqu'il reçut le coup de lance sur la croix. Après les onctions, le ministre du sacrement met une couronne sur la tête de l'enfant : la bénédiction du chrême est attribuée au grand patriarche des Arméniens. Il en envoie tous les ans une certaine quantité aux évêques, et ceux-ci en fournissent aux prêtres, qui le falsifient pour augmenter leur profit. Autrefois ce patriarche avait seul le droit de faire le chrême; mais depuis long-temps un évêque arménien lui a enlevé une partie de cet avantage, après s'être érigé en patriarche dans la Palestine.

L'usage de la confession auriculaire chez les Arméniens non réunis n'est pas même révoqué en doute par *Ricaut*, protestant anglais; mais, suivant *Tournefort*, la plupart des confessions arméniennes sont autant de sacriléges. Les prêtres ignorent l'essentiel du sacrement, et les pénitens ne savent pas distinguer le péché de ce qui ne l'est pas. Suivant le P. *Monier*, les confesseurs sont également ignorans, négligens et intéressés. Tous les deux assurent qu'un confesseur, pour avoir plutôt expédié son pénitent, se contente de lui présenter une longue liste de péchés, et même de crimes énormes. A la lecture de chaque péché, le pénitent, coupable du péché ou non, répond, *j'ai péché contre Dieu*. On passe légèrement, ajoutent-ils, sur les péchés capitaux, et même sur ces péchés qu'on doit mettre au rang des crimes, comme le vol, le meurtre, etc.; mais, que le pénitent ait rompu son jeûne, ou mangé du beurre un mercredi, le confesseur ordonnera la pénitence la plus rigoureuse. Il ordonnera même des mois entiers de pénitence pour avoir fumé, ou pour avoir tué un chat.

FILLE ARMENIENE qui va se MARIER conduite
à l'EGLISE par deux vieilles MATRONES.

ARMENIEN qui va à l'EGLISE pour se MARIER.
acompagné du COMPERE qui porte son sabre.

Tom III. N° 14

MARIAGE DES ARMÉNIENS.

Pl. 13. *Fille arménienne qui va se marier, conduite à l'Église
   par deux vieilles Matrones.*

Pl. 14. *Arménien qui va à l'Église pour se marier, accompagné
   du Compère, qui porte son sabre.*

Les enfans s'en rapportent ordinairement à leurs pères et mères, ou à leurs
plus proches parens, du choix de la personne qu'ils doivent épouser, et aussi
des conventions matrimoniales. C'est-à-dire, que ceux qu'on marie ne se mêlent
véritablement que du *dénouement de la pièce.* Selon *Tournefort,* les mariages
se font conformément à la volonté des mères, qui ne consultent ordinairement
que leurs maris ; encore est-ce un grand effort qu'une telle déférence. Après
qu'on est convenu des articles, la mère du garçon vient au logis de la fille,
accompagnée d'un prêtre et de deux vieilles femmes ; pour commencer les fiançailles, elle présente une bague à la future. Cette bague est le gage muet du futur,
qui se montre en même-temps avec toute la gravité qu'il lui est possible d'observer, ou peut-être avec tout l'embarras d'un homme qu'on n'a pas mis en état
de choisir. Quoi qu'il en soit, *Tournefort* dit que la gravité est portée au point
de ne pas même rire à cette première entrevue, puisque la belle ou la laide ne
montre pas même le blanc des yeux, tant elle est voilée. On présente, continue-
t-il, à boire au curé qui fait les fiançailles. Les Arméniens n'ont pas l'usage de
publier des bans, comme nous. La veille des noces, le fiancé et la fiancée se font
des présens réciproques. Le jour des noces, « on monte à cheval.... le fiancé,
sortant de la maison de sa future, marche le premier, la tête couverte d'un
réseau d'or ou d'argent, ou d'un voile de gaze incarnat, suivant sa qualité : ce
voile ou ce réseau descend jusqu'à la moitié du corps. Il tient de la main droite
le bout d'une ceinture, dont la fiancée, qui le suit à cheval, couverte d'un voile
blanc, tient l'autre bout. Ce voile tombe jusque sur les jambes du cheval. Deux
hommes marchent à côté du cheval de la fiancée, pour en tenir les rênes. Les
parens, les amis.... la jeunesse à cheval ou à pied, les accompagnent à l'église au
son des instrumens, en procession, le cierge à la main et sans confusion. On
met pied à terre à la porte de l'église, et les fiancés vont jusqu'aux marches du
sanctuaire, tenant toujours la ceinture par les bouts. Là, ils s'approchent de
front, et le prêtre leur ayant mis la Bible sur la tête...., prononce les paroles
sacramentelles, fait la cérémonie des anneaux, et dit la messe. » La bénédiction
nuptiale est exprimée en ces termes : Bénissez, Seigneur, ce mariage d'une béné-

diction perpétuelle , et accordez-leur par cette grâce qu'ils conservent la foi ,
l'espérance et la charité ; donnez-leur la sobriété , inspirez-leur de pieuses pensées,
conservez leur couche sans souillure , etc.

Après la bénédiction du mariage , les mariés sont reconduits chez les parens
de la mariée. Le P. *Monier* dit que le marié voit , pour la première fois , la mariée à l'église. *Tournefort* renvoie cela plus loin. La noce finie, le mari se couche
le premier , après avoir été déchaussé par sa femme , qui est chargée du soin
d'éteindre la chandelle , et qui ne quitte son voile que pour entrer dans le lit.....
On dit qu'il y a des Arméniens qui ne connaîtraient pas leurs femmes, s'ils les
trouvaient couchées avec un autre homme. Tous les soirs , elles éteignent la
chandelle avant que de se dévoiler , et la plupart ne découvrent point leur visage
pendant le jour.

Ricaut dit que le lundi matin est ordinairement le temps que les Arméniens
solennisent les noces. La fête commence le dimanche au soir , et dure trois ou
quatre jours avec de grandes réjouissances. La mariée est presque toujours assise,
pendant ce temps-là , dans une chaise, où on l'empêche de s'endormir. L'époux...
n'a la liberté de consommer son mariage que le mercredi ou le jeudi matin.
Après cette consommation , si ridiculement éloignée de la bénédiction qui l'autorise , on expose gravement aux yeux du public les marques *non incontestables*
de la virginité de l'épouse.

Non-seulement l'Eglise arménienne trouve bon que les prêtres séculiers se
marient, mais elle les oblige au mariage, et c'est *Ricaut* qui le dit ainsi , ajoutant
même *qu'elle ne donne point l'ordre de prêtrise* qu'on n'ait une femme. L'évêque
n'a pas la liberté de se marier, parce qu'il est prêtre régulier. Un prêtre séculier
qui, après la mort de sa femme, passerait aux secondes noces, serait dégradé ,
sans passer pourtant pour concubinaire. Il serait simplement déclaré laïque.

Je viens à l'extrême-onction et aux funérailles. Il n'est pas nécessaire de répéter
ici que ce sacrement, appelé chez les Latins extrême onction, et connu autrefois
plus particulièrement chez eux sous le nom d'*huile des infirmes* , nom qu'il
conserve encore aujourd'hui, assurent que les Arméniens (non réunis) comptent
aussi cette onction pour un sacrement. Cependant ils la pratiquent de la manière
la plus absurde, ne la donnant qu'après la mort, et d'ordinaire seulement aux
prêtres. Quand un d'entr'eux vient de mourir, on en avertit un autre, qui apporte
le chrême et fait toutes les onctions sur ce prêtre mort, en disant ces paroles : En
oignant la main, que la main de ce prêtre soit bénite, ointe et sanctifiée par ce
signe de la sainte Croix, par cet évangile et par le saint chrême, au nom , etc.;
et de même pour le reste des onctions. Pour ce qui est des laïques, auxquels on
ne donne que rarement l'onction , *Ricaut* dit que l'usage ordinaire est de les
laver après leur mort , à la manière des Turcs et de tous les Orientaux.

La COMMEMORATION des MORTS chez les ARMENIENS.

Lorsqu'un enfant meurt au-dessous de neuf ans , le père ou le plus proche parent fait prier Dieu pendant huit jours pour l'âme du mort, et , tout ce temps-là , défraie le prêtre auquel cette dévotion est commise. Au neuvième jour, on fait le service solennel pour l'âme. Ce peuple va le lundi de Pâques visiter les tombeaux des morts : alors les hommes crient et gémissent , mais les femmes hurlent ; et cela s'appelle , ainsi que chez nous , marquer son deuil et son affliction. Après ces gémissemens des hommes et ces hurlemens des femmes, la scène change ; on se retire à l'ombre d'un arbre. Là , de bonnes viandes font perdre l'idée de l'affliction : la douleur se noie.... dans les liqueurs, et les réjouissances de l'après-midi sont aussi extravagantes et aussi outrées que.... les lamentations du matin.

Pl. 15. *La Commémoration des Morts chez les Arméniens.*

La Commémoration des morts décrite par *Corneille le Bruin*, est représentée ici. Il semble que cette cérémonie soit particulière aux Arméniens de *Julfa*. Le vingt-six août , jour auquel les Arméniens célèbrent la fête de la Croix...., les femmes se rendent, deux ou trois heures avant le jour , au cimetière où l'on enterre les chrétiens. Elles y portent du bois , du charbon , des cierges et de l'encens. Ensuite, elles font du feu à côté des tombeaux de leurs parens et de leurs amis, sur lesquels elles posent des cierges allumés et jettent continuellement de l'encens dans le feu , en faisant de grandes lamentations.... selon qu'elles sont plus ou moins animées de douleur. Elles se jettent même sur ces tombeaux, qu'elles embrassent et baignent de leurs larmes.... Les personnes de condition y allument jusqu'à cinq et six gros cierges , en faisant des cris et des hurlemens effroyables.... A voir ces tombeaux d'un peu loin , ils ressemblent aux ruines d'une ville détruite par les flammes, entre lesquelles les personnes qui sont sauvées viennent chercher avec de la lumière , pendant les ténèbres de la nuit , leurs parens et leurs amis, et les débris de leurs biens, en se plaignant de leur triste sort. Bien que les maris restent à la maison pendant que leurs femmes sont occupées à cette solennité , on ne laisse pas que d'y en voir quelques-uns, et des prêtres qui font des prières pour ceux qui les paient.... Ces prêtres , habillés de noir , font un spectacle assez bizarre parmi toutes ces femmes vêtues de blanc.... »

A l'égard des enterremens , les femmes y assistent comme les hommes. Les prêtres et les diacres chantent en chemin. Le corps est porté par quatre ou par huit personnes sur une espèce de brancard. On enterre le corps sans cercueil, la tête un peu haute. Le prêtre jette de la terre sur ce corps en forme de croix, et les assistans après lui.

Croyance et Coutume des Maronites.

Un savant maronite, qui professe la langue arabe dans le collége de Sapience à Rome, a fait tout son possible pour montrer que sa nation n'était jamais tombée dans l'hérésie dont on l'accuse, et que Maron a été véritablement orthodoxe et saint, et non pas un hérétique. *Gabriel Sionita*, et après lui *Abraham Ecchellensis*, ont aussi eu dessein de faire une apologie pour ceux de leur nation et pour leur prétendu saint Maron ; mais ces apologies n'ont point paru. *Fauste Nairon*, parent d'Abraham et son successeur, a entrepris depuis de faire cette apologie dans une dissertation imprimée à Rome, où, selon le sentiment commun des Maronites, il prouve, par les témoignages de Théodoret, de saint Jean Chrysostôme, et par quelques autres auteurs, que Maron, dont les Maronites tirent leur nom, est le même qui vivait vers l'an 400, et dont il est parlé dans le Ménologe des Grecs. Il ajoute que les disciples de cet abbé Maron se répandirent dans toute la Syrie, où ils bâtirent plusieurs monastères, et entre autres un fort célèbre sous le nom de Maron, près du fleuve Oronte. Le même auteur prétend de plus que tous ceux d'entre les Syriens qui n'étaient point infectés d'hérésie, se réfugièrent chez les disciples de l'abbé Maron, que les hérétiques de ces temps-là nommèrent pour cette raison Maronites. Il serait à souhaiter que *Nairon* eût apporté des preuves de cette opinion moins éloignées de ces temps-là, et je ne crois pas qu'on doive s'en rapporter entièrement à l'autorité de Thomas, archevêque de Kfartab, qui vivait, à ce qu'on prétend, vers l'onzième siècle, quoique cet auteur fût de la secte des Monothélites : car, si l'on examine avec soin ces auteurs, on les trouvera peu exacts dans les faits historiques, et ils rapportent le plus souvent pour des choses anciennes, ce qui se passait dans leurs temps, et qu'ils ont même puisé dans les livres des Maronites, depuis leur réconciliation avec Rome.

Ce qui a plus d'apparence de vérité dans l'apologie de *Nairon* pour ceux de sa nation, est ce qu'il produit contre le témoignage de Guillaume de Tyr, qui est un auteur assez exact, et qui a parlé de l'hérésie des Maronites comme témoin oculaire. Il assure que Guillaume a pris la meilleure partie de son histoire des Annales de Saïd-Ebn-Batrick, autrement Eutychius d'Alexandrie, et que, comme Eutychius est peu exact en quantité de faits qu'il rapporte, on ne doit pas s'étonner que Guillaume de Tyr soit tombé dans les mêmes défauts. Eutychius, dit *Nairon*, assure que Maron monothélite vivait sous l'empereur Maurice ; et cependant le monothélisme n'était point encore connu dans ce temps-là. Mais, si l'on rejetait l'autorité des historiens arabes, à cause de leur peu d'exactitude dans la chronologie, il n'y en aurait pas une qu'on ne dût rejeter entièrement. On ne

se sert pas tant , dans le fait dont il s'agit , de l'autorité de Guillaume de Tyr sur
ce qu'il a rapporté des Annales d'Eutychius , que de son témoignage propre,
parlant d'une chose qui est arrivée de son temps sous Aymeric, patriarche
d'Antioche , qui fit faire abjuration aux Maronites de ce pays-là de leurs erreurs
prétendues.

Il n'y a pas de vraisemblance à ce que Nairon produit d'une histoire arabe ,
et qui avait déjà été rapportée par Quaresmius ; savoir, que Maron était venu
d'Antioche à Rome avec un légat ou envoyé du pape Honorius , qui créa le
même Maron patriarche d'Antioche, à cause de sa foi orthodoxe. Je passe sous
silence quelques autres actes de cette nature, qui ne se trouvent que dans les
livres arabes, et qui ont été composés après la réunion des Maronites avec l'église
romaine. Pour peu qu'on sache l'histoire ecclésiastique, il sera aisé de juger que
ces histoires n'ont aucun fondement dans l'antiquité , et que les Maronites et les
autres peuples du Levant, qui ne sont point savans dans la critique de l'Histoire, ont rapporté à des temps anciens ce qui n'est en usage parmi eux que
depuis quelques siècles seulement. C'est aussi sur ce principe qu'on ne croira pas
facilement à l'autorité de Jean Maron, dont le commentaire sur la liturgie
de Saint-Jacques n'a pas toute l'antiquité qu'on lui attribue, contenant des
faits qui sont postérieurs de plusieurs siècles. Au reste, les Maronites, qui
prétendent avoir toujours conservé la pureté de leur foi, rejettent les erreurs qui
se trouvent dans les ouvrages qui sont véritablement de leurs auteurs, sur les
hérétiques, leurs voisins, qui ont semé ces erreurs parmi eux , et qui ont même
attiré à leur secte quelques-uns d'entre les Maronites ; et ainsi, bien que les
Maronites prétendent avoir toujours conservé la véritable foi, ils ne peuvent
nier qu'il n'y ait eu une partie de ceux de leur nation qui a eu les mêmes sentimens que les Jacobites. Pierre, patriarche des Maronites, dans une lettre qu'il
a écrite au cardinal Caraffe, témoigne que les erreurs qui se rencontrent dans
leurs livres doivent être imputées à leurs voisins; mais le patriarche du dix-
septième siècle, écrivant à Nairon, assure qu'ils ont conservé plusieurs livres
exempts de toutes ces erreurs ; et ce même patriarche avait fait espérer un volume des liturgies orientales, qu'il prétend concilier avec la messe des Latins.

Les principaux articles de la croyance des anciens Maronites, et certaines opinions qu'on leur a attribuées avant leur réunion aux Latins, sont : Outre le dogme
sur la procession du Saint-Esprit, qui leur était commun avec les Grecs, et l'erreur des Monothélites, dont on les a accusés, on leur attribue d'avoir cru que toute
la Trinité s'était incarnée ; qu'il n'y a point de péché originel, ni de purgatoire ;
que les âmes , au sortir du corps, ne vont ni au ciel ni aux enfers, mais qu'elles
attendent le dernier jugement dans un lieu où elles sont entièrement insensibles ;
que toutes les âmes ont été créées dès le commencement du monde ; qu'il est

permis de nier extérieurement sa croyance, pourvu qu'elle reste dans le cœur. Ils croyaient aussi qu'un mari peut répudier sa femme pour crime d'adultère, ou pour quelqu'autre cause, et en prétendre une autre ; que l'on doit rebaptiser les hérétiques qui abjurent leurs erreurs ; qu'un enfant ne peut être baptisé qu'après les jours de purification de la mère ; que les femmes doivent être exclues de l'assemblée des fidèles, et privées de l'eucharistie dans le temps de la maladie périodique de leur sexe. Outre cela, ils célébraient la communion avec du pain sans levain ; ils ne la donnaient à personne qui fût en danger de mort. Ils ne mangeaient d'aucune chose étouffée dans le sang ; ils ordonnaient les enfans sous-diacres dès l'âge de cinq ou six ans.

Ces Maronites conservent une espèce de vénération pour leurs cendres, et les visitent avec beaucoup de dévotion, sur-tout le jour de la Transfiguration. Alors on dit solennellement la messe au pied d'un gros cèdre, sur un autel de campagne, fait de pierres posées simplement les unes sur les autres. Ils portent si loin le respect qu'ils ont pour leurs prêtres, qu'ils ne les rencontrent jamais sans leur demander la bénédiction ; même ils n'entreprennent rien sans l'avoir auparavant demandée et obtenue d'un prêtre. A table, le même respect qu'ils ont pour les prêtres ne leur permet plus de boire ni de manger après que le prêtre a fait la clôture du repas par le signe de la croix et par certaines prières qu'il récite.

Le noncé *Dandini* rapporte que les prêtres maronites « ne disent tous les jours qu'une messe pour chaque lieu, et que, parmi eux, quelques-uns la disent pieds nus ; que les jours de jeûne ils attendent jusqu'après midi pour la lire, et, dans le carême, jusqu'à deux ou trois heures avant le coucher du soleil. La plupart, continue-t-il, tiennent leurs doigts étendus après la consécration comme auparavant, et touchent indifféremment toutes sortes de choses. »

A l'église, les femmes ne se rangent point parmi les hommes. Ceux-ci se placent au haut de l'église, les femmes au bas, près de la porte, afin de sortir les premières après l'office, et ainsi n'être vues de personne. Le père *Besson* rapporte « que non-seulement les hommes ne vont pas dans l'endroit où sont les femmes, » mais qu'ils ont même différens curés. » Cependant le missionnaire *Dandini* dit que les femmes entrent dans les monastères, s'y promènent, y mangent, y couchent.

Les Maronites ne publient pas le mariage par des bans, comme en Europe. Ils n'ont point recours à leur propre curé pour se marier, et ils prennent indifféremment le premier prêtre qu'ils trouvent. Enfin ils n'enregistrent ni les noms des mariés et des témoins, ni le temps et le lieu du mariage ; ce qui autorise divers abus parmi eux.

L'extrême-onction est aussi fort négligée, et les mourans le sont bien autant,

puisqu'après leur avoir porté la croix et l'encens, on les laisse mourir sans autre
façon. Ils pleurent les morts avec des cris et des hurlemens accompagnés de
beaucoup d'agitation. Par bienséance, on n'apprête rien pendant quelque temps
dans la maison du défunt. Les parens et les amis y apportent à manger et à boire,
y mangent avec les affligés, et les consolent.

Nasseries, Kelbites, Chrétiens de Saint-Jean, etc.

Il ne faut pas confondre les *Nasseries* avec certains *Nazariens* (*Nassairious*
chez les Mahométans), qui forment une secte parmi les sectateurs d'*Ali*. Les
Nazariens musulmans soutiennent que la Divinité peut s'unir corporellement
avec les hommes. Fondés sur cette opinion, puisée du christianisme, ils croient
que la Divinité s'est unie intimement à plusieurs prétendus saints ou prophètes
du mahométisme, et principalement avec *Ali*, etc. Les *Nasseries* dont je parle
ici, ne sont, à proprement parler, ni Mahométans ni Chrétiens. Voici ce que je
trouve de plus détaillé sur les *Nasseries*: « Le Kelbié est le nom d'un pays habité
par.... ces *Nasseries*...., nom qui signifie en italien *christanaccio*, c'est-à-dire,
mauvais chrétien. Le pays qu'ils habitent a deux journées d'étendue en longueur
et en largeur: il s'étend le long de la mer, depuis Tortoze jusqu'au-delà de Laodicée...
ces *Nasseries* sont un peu larrons, mais d'ailleurs ils... sont fort chastes....
les femmes y ont le visage découvert.... ce qui n'est point en usage dans tout
le reste de l'Orient. Si un étranger passant demande le chemin, quelquefois une
jeune fille ira avec lui durant une lieue ou davantage pour le lui enseigner ; ce qui
néanmoins est très-dangereux, parce que, si l'étranger vient à jeter une œillade
qui donne quelque soupçon à la fille... elle le tuera, si elle peut, ou du moins,
criant à l'aide, le fera assassiner. La même chose arrive dans les maisons des particuliers, lorsque les femmes sont à table....

» Ils haïssent les Mahométans.... et l'Alcoran, bien que, pour se garantir
de l'oppression des Mahométans, ils se disent Turcs... Personne ne sait le
secret de leur religion, d'autant qu'il est défendu au peuple, et nommément aux
femmes, de l'apprendre. Il n'y a que les Santons qui aient ce pouvoir, et ceux
qui ont charge de faire les prières, d'apprendre la croyance, etc.

» Ils ont un évangile, qu'un vieillard leur lit, et croient, à ce qu'on dit, à la
sainte Trinité. Ils observent la Pâque et quelques autres fêtes des Chrétiens....
Noël, la Circoncision, l'Epiphanie.... Ils appellent le jour de l'an *Istrènes*,
mot sans doute corrompu de celui d'*Etrènes*.... Ils ont aussi de la dévotion
pour *Sainte-Barbe*.... Leurs assemblées sont fort secrètes; ils disent des oraisons
sur du pain et du vin, qu'on distribue à toute l'assemblée. Ils n'ont ni jeûne
ni abstinence, sinon qu'ils ne mangent jamais de la femelle d'aucun animal.... On

remarque qu'ils jurent par saint Mathieu et saint Simon, quoiqu'ils ne les connaissent pas.... On voit parmi eux.... une église... semblable aux nôtres....

» Cette nation, presqu'inconnue, quoique logée dans le cœur de la Syrie,
semble tenir du Mahométan, de l'ancien Persan et du Chrétien. Elle ne mange
point de pourceau avec le premier ; quelques-uns disent qu'elle adore le soleil
avec le second : elle boit du vin et se moque de l'abstinence du Turc avec le
troisième ; et, ce qui est considérable, elle prie pour la venue des Chrétiens.

» Leur langage est arabe...., ils portent sur eux des billets talismaniques
pour se conserver la santé. Cette superstition leur est commune avec les autres
Orientaux. »

Il y a apparence que les *Kelbins* ou *Kelbites* ne diffèrent pas des *Nasseries*,
et qu'on leur a donné ce nom de *Kelbins*, qui signifie chiens, par dérision et
par mépris. Mais on trouve aussi que ce nom leur a été donné à cause du culte
qu'ils rendent à un chien noir. Remarquez pourtant qu'il est parlé dans l'antiquité
de certains *Calbiens* (Calbii), habitans du mont Liban : c'est dans *Hide* que
je trouve cette remarque. Les *Amédiens*, dont quelques autres relations nous
ont parlé comme d'une espèce de Barbares sans police et presque sans religion, qui habitent dans les forêts et dans les cavernes du mont Liban, professent
aussi un mélange de mahométisme et de christianisme ; et, quoiqu'ils se donnent
plutôt pour Musulmans que pour Chrétiens, ils sont généralement ennemis jurés
des premiers. Ces *Amédiens*, que *Hide* nomme *Homéidiens*, pourraient bien
être les mêmes que les *Nasseries*, et je doute que les *Druses*, dont je vais
parler, soient fort différens des uns et des autres.

On croit que ces *Druses*, nous dit bonnement le P. *Besson*, que je viens
de citer au sujet des *Nasseries*, sont venus de la ville de Dreux, ancien siége des
Druïdes, et il trouve qu'il leur reste encore beaucoup de cette humeur française
et guerrière qui rendit nos ancêtres redoutables aux infidèles. Ces réchappés des
Croisés se retranchèrent dans le Liban et l'anti-Liban, où ils maintinrent long-
temps leur liberté et leur religion, jusqu'à ce qu'un faux apôtre leur prêcha une
nouvelle loi, et leur laissa un livre intitulé *de la Sapience*, et appelé *Achmé* :
voilà les termes du P. *Besson*. Ce bon missionnaire n'avait peut-être jamais su
que le nom des *Druses* se trouve presque de même dans *Hérodote*. Les Mahométans appellent souvent ces *Druses* du mont Liban *Molhédites*, mot arabe
qui signifie *impies*, ou selon l'explication qu'en donne d'*Herbelot*, qui a renoncé au *musulmanisme* pour embrasser une autre secte. Cependant ce nom de
Molhédites (*Molhedoun*) a désigné particulièrement une secte d'Ismaéliens,
qui autrefois s'était rendue fort redoutable en Asie, sur-tout en Perse, en Assyrie
et aux environs, où elle a eu long-temps des princes connus sous le nom de rois
des assassins. Dans nos anciens historiens, ce prince des assassins porte le nom

de Vieillard de la montagne, faute qu'ils ont faite pour n'avoir pas su que *Gebal*, qui signifie une montagne, est le nom que les Arabes donnent à une province de Perse. Les *Ismaélites assassins* ont été aussi nommés *Batheniens*. On lit dans d'*Herbelot* que *bathen* signifie la science inférieure des mystiques et leur illumination. Or, comme l'obéissance aveugle de ces *assassins* était fondée sur une espèce d'illumination ou plutôt de fanatisme, dont la source était la récompense du paradis et d'une vie bienheureuse pour ceux qui se dévouaient à la mort, et s'en allaient assassiner de côté et d'autre au premier ordre de leur souverain, je suis porté à croire qu'à cause de cela on les a nommés *Batheniens*, comme aujourd'hui nous appelons illuminés plusieurs sortes de fanatiques.

Purchas et quelques autres auteurs parlent fort mal de ces *Druses*. Ils vivent dans l'inceste. Dans leurs fêtes solennelles, ils se mêlent indifféremment, les pères avec leurs filles, les frères avec leurs sœurs. Ils croient que les âmes des gens de bien passent dans le corps des enfans qui viennent au monde, mais que l'âme d'un méchant homme entre dans le corps d'un chien. Le P. *Besson* réduit leur croyance à sept préceptes : 1°. être chrétien avec les Chrétiens, juif avec les Juifs, turc avec les Turcs ; 2°. ne point prier Dieu, parce qu'il connaît nos besoins ; 3°. honorer les quatre évangélistes, et lire leurs évangiles. Cependant ils n'ont ni cérémonies, ni assemblées religieuses. Deux églises ou mosquées, qu'on voyait chez eux du temps du P. *Besson*, ne servaient à aucun exercice de religion ; 4°. honorer Notre-Seigneur et la Sainte-Vierge ; faire attention à la loi de Mahomet ; 5°. se confesser, les hommes aux hommes, les femmes aux femmes ; 6°. recevoir la communion, qui consiste en un morceau de pain trempé dans du vin cuit. Le septième précepte regarde les religieux. Le missionnaire nous dit de ces religieux qu'ils jeûnent avec rigueur et vivent dans les déserts, qu'ils quittent pourtant pour aller prêcher leur *Achmé*. Ces Druses haïssent si fort l'usure, qu'ils lavent l'argent qu'on leur compte, afin d'effacer, par ce moyen, l'impureté qu'il peut avoir contracté en passant par les mains des usuriers.

Je mets ici les *Curdes*, autrement Turcomans, après les *Druses*. Ces *Curdes* sont en partie errans et vagabonds ; et peut-être aura-t-on raison de dire que leur religion est aussi incertaine que leur demeure. On trouve parmi les *Curdes-Jasidies* des traces de manichéisme ; car ils admettent, dit-on, deux principes, appellent le diable leur *docteur*, ou leur chef, et n'adorent point Dieu, dont ils reconnaissent pourtant l'existence. Voilà du moins ce que leur imputent les Chrétiens et les Mahométans, qui sont également leurs ennemis. On confond aussi ces *Jasidies* avec les *Kelbins*, et l'on ajoute qu'ils ont beaucoup de vénération pour le noir, qui est la couleur du diable. On rapporte que les Chrétiens se divertissent souvent à faire des cercles avec de la terre autour de ces *Jasidies*, qui n'osent franchir la circonférence tant que le cercle reste entier ; et, pendant

3*

que le pauvre *Jasidie* reste ainsi emprisonné, ils lui crient : *Maudit soit le diable !*

On confond généralement les *Chrétiens de Saint-Jean* avec les *Sabéens*. Je ne m'étendrai point ici sur la religion de ces derniers. Pour les autres, on les appelle *Chrétiens de Saint-Jean* à cause de leur baptême, et de la vénération particulière qu'ils ont pour saint Jean-Baptiste. *De la Valle* s'imagine que ces Chrétiens pourraient bien être des restes de ces anciens Juifs qui reçurent le baptême de saint Jean-Baptiste. Il semble que la religion de ces Chrétiens est un mélange corrompu des trois religions, juive, chrétienne et mahométane. *Tavernier* est celui des voyageurs qui s'est le plus étendu sur ces Chrétiens, qui sont, dit-il, en grand nombre à *Balsara* ou *Bassora*, et dans le voisinage.

L'habit sacerdotal de leurs prêtres est une espèce d'étole rouge sur une chemise blanche. Ils observent les degrés de prêtre et d'évêque ; mais, pour faire cette différence des ministres supérieurs ou inférieurs, on n'a établi ni règle, ni cérémonie, ni autre usage connu dans le christianisme. Les enfans succèdent aux pères dans le ministère. Si le prêtre ne laisse point d'enfant, on prend son plus proche parent. Souvent l'évêque présente lui-même son fils au peuple, qui l'élit, et ensuite le présente à son tour au père pour le consacrer. Cette ordination consiste en certaines prières que l'on fait durant six ou sept jours sur le postulant, qui doit jeûner tout ce temps-là. Le fils peut succéder à son père, dès qu'il a atteint l'âge de seize ou dix-sept ans. Tous ces ecclésiastiques sont obligés au mariage ; mais ils ne peuvent se marier qu'à une vierge, et l'on ne serait point admis aux charges ecclésiastiques si l'on n'était né d'une mère trouvée telle. Tous ces ecclésiastiques portent les cheveux longs, et une petite croix sur l'habit.

Leur mariage. Le prêtre et les parens du futur époux vont demander à l'épouse désignée si elle est vierge. On s'attend à la réponse : elle dit oui, mais on ne la croit pas sur une simple affirmative. Il faut qu'elle jure : la femme du prêtre la visite, et va faire ensuite sa déposition avec serment, après quoi on mène l'époux et l'épouse à la rivière : le prêtre les y baptise. Arrivés près du logis, le nouveau marié prend la mariée par la main, la mène jusqu'à la porte du logis, et la ramène ensuite à l'endroit où il a commencé la cérémonie, qu'il répète de la même manière jusqu'à sept fois, le prêtre les suivant toujours, et lisant quelques prières dans son rituel. Ensuite ils entrent dans la maison. Le prêtre les y fait asseoir sous un pavillon, de telle façon qu'ils ont la tête et les épaules serrées l'une contre l'autre, pendant qu'il leur lit un long office, qui est suivi de la lecture du *Faal*. Ce *Faal* est un livre de divination. Le prêtre y cherche le moment favorable à la consommation du mariage. Quand elle est faite, les parties vont à l'évêque ; le marié dépose devant lui qu'il a trouvé sa femme vierge, si effectivement elle était telle ; et pour lors l'évêque les marie, leur mettant des

anneaux aux doigts, et les rebaptisant de nouveau. Si le nouveau marié n'a pas
trouvé sa femme pucelle, et se résout à la garder malgré cela, ce n'est plus l'é-
vêque qui achève la cérémonie: il faut s'adresser à un prêtre; mais le peuple est si
jaloux d'être marié par l'évêque, et il y a tant de déshonneur à ne l'être pas, qu'il
est fort rare qu'un mariage avec une personne qui n'a pas été trouvée vierge
puisse tenir.

Tavernier donne pour raison de cette exacte recherche de la virginité des
filles, le droit de l'époux qui doit être maintenu à toute rigueur; ajoutons-y
l'honneur et l'intérêt des familles. Par un si prudent examen, ils prétendent tenir
leurs filles *en bride*: c'est l'expression de ce même voyageur.

Il est permis à ces *Chrétiens de Saint-Jean* d'avoir plusieurs femmes, mais
seulement de leur race et de leur tribu. Cela tient des Juifs. Les veuves ne peuvent
se remarier, et les hommes ne jouissent pas du beau privilège de pouvoir répudier leurs femmes.

Croyance et Coutumes des Russes.

On attribue généralement à *Nicolas Chrysoberge*, patriarche des Grecs,
la conversion des Russes au christianisme : vers la fin du dixième siècle, le
czar *Wolodimir* se fit baptiser, et épousa la sœur des empereurs *Basile III*
et *Constantin*, qui l'avaient sollicité, par une ambassade solennelle, de se
convertir. Le patriarche de Constantinople lui envoya des prêtres et des
évêques pour instruire ses sujets. Ils le firent avec tant de succès, qu'en peu
d'années le christianisme fut reçu dans tous les États de *Wolodimir*, et,
depuis ce temps-là les Russes ont toujours été attachés à la communion des
Grecs, dont ils ont suivi assez constamment les usages et la liturgie. Pour
ce qui est de la *hiérarchie des Russes*, ce fut aussi le même *Nicolas Chrysoberge* qui l'établit sur le modèle de celle des Grecs. Elle fut immédiatement
soumise à la juridiction du patriarche de Constantinople, jusque vers la
fin du seizième siècle. Alors *Jérémie*, patriarche de Constantinople, créa lui-
même le premier patriarche de Moscovie avec le consentement du clergé
russe ; mais le czar *Pierre-le-Grand* a comme aboli ce patriarcat, à cause de
la trop grande autorité de cette dignité ecclésiastique.

Il serait fort inutile de rapporter ici en détail les articles de la croyance
des Russes : il suffira donc de renvoyer à ce qui a été rapporté de celle des
Grecs. En l'année 1595, on tenta la réunion des Russes avec les Latins ;
mais ce projet ne réussit qu'en partie, et il n'est resté de réunis à Rome que
ceux qui suivent le rit des Grecs dans la Russie polonaise et dans la Lituanie.
En 1717, les docteurs de Sorbonne présentèrent aussi un projet de réunion

au czar *Pierre-le-Grand*, sur l'espérance que ce prince leur donna de travailler à la faire réussir ; mais ce projet n'a point eu de suite.

Pl. 16. *Évêque moscovite en habit pontifical.*

Pl. 17. *Évêque moscovite en habit de Cérémonie.*

Pl. 18 et 19. *Évêque moscovite en ses habits ordinaires.*

« Les Moscovites, dit *Perry*, tiennent que tout homme qui n'est pas de leur sainte religion grecque est directement dans la voie de perdition ; avant le règne du czar *Pierre-le-Grand*, c'était un mérite extraordinaire parmi les grands... que de faire des prosélytes.... Ils s'accordent si peu avec les autres Chrétiens que, quand quelqu'un embrasse la religion moscovite, il faut qu'il soit rebaptisé, autrement il ne passe point chez eux pour Chrétien, mais pour païen. Dans la cérémonie de son baptême, il faut qu'il crache trois fois par dessus son épaule gauche, et qu'il répète ces paroles après le prêtre : *Maudits soient mes père et mère qui m'ont élevé dans la religion qui m'a été enseignée ; je crache sur eux.* En prononçant ces paroles, il faut qu'il crache et qu'il dise, *je crache sur eux et sur leur religion.* » Cette cérémonie ridicule et grossière, ce défaut de charité, se trouvent plus ou moins dans tout ce qui s'appelle formulaire d'abjuration, ou de retour à l'Eglise, etc. ; l'anathème des Juifs, l'excommunication des anciens païens, même celle des Chrétiens, renferment des choses aussi terribles que cette malédiction de ses pères.

Les Moscovites étaient autrefois fort ignorans et fort grossiers (*Perry*), ennemis des nouveautés et des coutumes étrangères, superstitieux au-delà de tout ce qui se peut dire, dans leur culte religieux, et, comme on vient de le montrer, insolemment prévenus contre le culte des autres peuples. *Pierre-le-Grand* a le premier introduit les arts et lessciences dans ces Etats, il a forcé les Russes à reconnaître l'utilité d'une infinité d'usages qu'il avait lui même examinés dans ses longs voyages. Aujourd'hui, qui dit un Moscovite, ne dit plus un être absolument dépouillé de raison et d'humanité ; mais, pour achever de le rendre homme, il faudrait, dit-on, achever aussi de lui ôter tout ce qui lui reste encore de brutalité. *Perry* fait marcher de pair le Moscovite et le moine *calvinisé. Voulez-vous savoir si un Moscovite est honnête homme, voyez s'il a du poil au creux de la main.* Il n'a, continue-t-il, ni probité, ni honneur. *Il regarde la qualité de fripon comme quelque chose de recommandable, et il dit hardiment d'un homme de ce caractère : il entend le monde et ne manquera pas de prospérer.*

EVEQUE Moscovite en HABIT PONTIFICAL.   EVEQUE Moscovite en HABIT de CEREMONIE.

EVEQUE *Moscovite en ses* HABITS *ordinaires.*

Pierre-le-Grand commença par établir des écoles, et obligea les pères d'y envoyer leurs enfans. La peine de la désobéissance fut que les enfans non instruits n'hériteraient pas des biens de leurs pères. Il fit aussi imprimer et distribuer tous les livres nécessaires à ce nouvel établissement. Le clergé étoit auparavant si ignorant, qu'il fit un jour enlever et punir de mort comme sorcier un gros singe qui avait profané une église de Moscou. Malgré les soins d'un prince que l'on doit comparer aux plus grands législateurs de l'antiquité, *Perry*, qui était encore en Russie en l'année 1710, se donne pour témoin de la débauche et de l'ivrognerie des ecclésiastiques russes: « Il est, dit-il, » fort ordinaire, lorsque l'on va dans *Moscou* le soir des grandes fêtes, de » voir des prêtres.... étendus ivres dans les rues ; et, si l'on vient à leur » parler et à les relever, ils vous disent: *que voulez-vous..... c'est aujourd'hui* » *fête, et je suis saoul.* »

Je passe présentement à ces usages religieux qui sont particuliers aux Russes. Ils ont à leur manière beaucoup de vénération pour leurs ecclésiastiques. Ceux-ci portaient autrefois les cheveux fort longs : aujourd'hui cet usage a beaucoup perdu de son crédit. Le métropolitain de *Novogorod* porte une mitre presque semblable à celle des évêques latins; les autres évêques ont un bonnet rond sur la tête. La soutane noire et le manteau noir sont les habillemens de ces évêques. Les *Popes* (ce sont les prêtres moscovites) portent sur la tête une petite calotte, appelée skuffia, qui n'est qu'une des marques de leur prêtrise ; car à celle-là il faut joindre le bâton qu'ils ont à la main, et l'habit qu'ils ont sur le corps, lequel est de la couleur qui leur plaît. — Cependant la première marque de leur dignité ecclésiastique, c'est la calotte. Elle est si respectée des Moscovites, que pour battre et insulter impunément un prêtre, il faut auparavant la lui ôter, et la lui remettre ensuite soigneusement. Ces prêtres ne prêchaient jamais au peuple, ou, s'ils prêchaient, ce n'était que bien rarement. Outre que l'ignorance dans laquelle ils vivent ne leur permettrait pas, même aujourd'hui, de prêcher souvent, ils croient que la prédication est une source d'erreurs, et que par son moyen les hérésies se répandent dans le monde. C'est par la même raison qu'avant le czar *Pierre-le-Grand*, l'imprimerie était défendue en Russie : « Il n'y a, nous dit » *Perry*, en parlant de l'usage de son temps, qu'un petit nombre des prin- » cipaux prêtres qui prêchent quelquefois devant le czar et dans les églises » cathédrales, les jours des plus grandes fêtes. »

Les Russes aiment à bâtir des églises, des chapelles et des couvens. *Olearius* en a compté plus de trois mille : « Il n'y a point de seigneur qui n'ait » sa chapelle particulière, ni même qui n'en ait plusieurs.... Elles sont la » plupart fort petites.... Le nombre des moines est considérable. Dans ces églises on emploie des bougies, et non pas de l'huile au service de l'autel. Ces bougies sont mises dans des tuyaux posés sur des lampes. Le Saint-Sacrement est conservé dans un ciboire fait en forme de colombe. La musique n'y consiste qu'en la voix naturelle.

Pendant la messe, les laïques, sans excepter le souverain, sont toujours debout (*Olearius*) ou à genoux et découverts; ils sont de même pendant tous les autres offices. Le *grand-duc*, qui régnait du temps d'*Olearius*, faisait ses dévotions étendu par terre : ainsi, il n'y a ni siéges, ni bancs dans les églises russes, excepté quand on prêche ou quand on lit quelques homélies. Les chiens n'y sont pas non plus soufferts. Tout ce qui peut troubler la dévotion y est défendu. Dans le sanctuaire il n'entre que des ministres de l'autel. Le czar y entre lorsqu'il est sacré ou qu'il communie; quelques laïques distingués y entrent aussi, pourvu qu'ils s'y tiennent loin de l'autel.

Pierre-le-Grand (*Perry*) osa le premier mettre des impôts sur les couvens, et ordonna de n'y recevoir « que des personnes au-dessus de cinquante » ans.... remarquant qu'il s'y renfermait un nombre considérable de jeunes » gens qui devenaient inutiles, et qui ne faisaient que mettre obstacle à » l'accroissement de ses sujets, dont il avait besoin pour la guerre.»

On trouve chez les Moscovites la vénération des reliques et des images, l'invocation des saints, le crucifix et le signe de la croix, grand nombre d'inclinations, de génuflexions, de prostrations devant des objets, ou adorables, ou vénérables ; beaucoup de processions, beaucoup de pélerinages : et, comme ils joignent encore aujourd'hui beaucoup d'ignorance et peu de méditation à ces détails de la dévotion extérieure, aussi conservent-ils dans leur cœur et dans leur conduite (*Olearius*, *Lebrun* et *Perry*) toute la corruption de l'humanité. A *Moscou*, l'église principale possède la robe de J. C. et un tableau de la Vierge fait par saint Luc. Les Russes regardent ce tableau comme le *Palladium* de l'état; d'autres églises possèdent quelques corps de saints du pays : trente-six caisses d'or et d'argent, pleines de reliques très-considérables, se conservent dans l'*église de l'Annonciation*. Ces caisses contiennent entre autres du sang de J. C., une main de saint Marc, quelques ossemens du prophète Daniel, etc. Les images, qui d'ordinaire sont peintes en huile sur du bois, doivent être faites par un Moscovite. On les vend, ou, selon la manière de s'exprimer, on les troque au marché pour une somme d'argent.

Les murailles des églises sont toutes couvertes d'images, qui, outre J. C. et la Sainte-Vierge, représentent saint Nicolas et des Saints particuliers que les Moscovites se choisissent pour patrons. Dans les maisons, l'image du saint est pendue vers la fenêtre avec une bougie devant; dans les rues, il y en a

Le BAPTÊME des RUSSES.

d'exposées à la dévotion publique, « la plupart, dit *Carlisle*, dans des caisses
» vitrées, sur les portes de la ville ou d'une église, ou dans quelque carre-
» four. » Quelque pressé que l'on soit, on les salue, non pas en passant,
mais en s'arrêtant un instant pour leur faire une prière jaculatoire, la tête
nue, avec demi-douzaine de révérences et autant de signes de croix. La première chose qu'on doit faire en entrant dans la chambre d'un russe, c'est
de regarder à l'image en faisant un signe de croix, en disant le *Hospodi*, et
s'inclinant avec respect ; après quoi l'on salue le maître de la maison. Chez
les pauvres, où les images des Saints sont ordinairement mal logées et mal
entretenues, dans un lieu obscur, sans bougie et sans aucune marque
d'honneur, le Russe dévot, qui craint de manquer à son devoir, a la précaution de demander où est Dieu. (Ce dieu, c'est le saint de l'image.) Cette
dévotion, si condamnable dans ses excès, est fondée sur la divinité que les
Moscovites attribuent à leurs images, et sur une infinité de miracles qu'ils
en racontent. Mais le pouvoir d'en faire n'empêche pas les images de s'user
et de vieillir. Alors on les enterre dans un cimetière, ou dans un jardin ;
quelquefois on les met dans la rivière, afin que le courant les emporte. Ce
serait manquer au respect que de les jeter.

Les œufs de Pâques étaient autrefois une dépendance considérable de la
dévotion de Pâques. Depuis le czar *Pierre-le-Grand*, cette coutume n'a
guère de crédit que chez le peuple. On veut que les Russes aient regardé
ces œufs comme un symbole de la résurrection. Ils sont d'ordinaire bleus,
quoique cependant il s'en trouve aussi d'une autre couleur. Sur plusieurs
de ces œufs on trouve écrit, *Jésus-Christ est ressuscité*. Comme l'intérêt se
mêle facilement avec les usages religieux d'un certain ordre, il est arrivé
(*Corneille le Brun*) que les œufs de Pâques sont devenus des moyens
honnêtes d'obtenir des présens et des étrennes.

Pl. 20. *Le Baptême des Russes.*

. Le baptême des Moscovites a des particularités qui méritent d'être décrites.
Aussitôt qu'un enfant vient au monde, on envoie chercher un prêtre pour
le purifier. Cette purification s'étend sur tous ceux qui sont présens. Selon
Olearius, ils font baptiser leurs enfans dès qu'ils sont nés ; selon quelques
autres, les personnes riches sont moins exactes. Les parrains et la marraine
du premier enfant le sont aussi de tous ceux qui naissent après celui-là dans
la famille. Etant entrés dans l'église, ces parrains donnent neuf bougies au

prêtre, qui les allume et les attache en croix à la cuvette dans laquelle on doit baptiser l'enfant, et que l'on appelle le *saint vaisseau*. Le prêtre encense les parrains et consacre l'eau : après cela, il fait trois fois la procession avec les parrains autour de la cuve. Le clerc qui marche devant porte une image de saint Jean. Ensuite, ils s'arrangent tous de telle manière, qu'ils tournent le dos à la cuvette, pour témoigner, dit *Olearius*, l'aversion qu'ils ont des trois questions que le prêtre va faire aux parrains : 1°. si l'enfant renonce au diable ; 2°. s'il renonce à ses anges ; 3°. s'il renonce à ses œuvres. A chaque demande, les parrains répondent oui, et crachent à terre. L'exorcisme suit : on le fait hors de l'église, de peur que le diable, en sortant du corps de l'enfant, ne la profane. Après l'exorcisme, le prêtre coupe en croix les cheveux sur la tête de l'enfant, et les met dans un livre, selon *Olearius*, ou les enveloppe dans de la cire, et les porte dans un endroit particulier de l'église, selon l'auteur de la *Religion des Moscovites*. Le baptême qui suit se fait par une triple immersion, ainsi qu'on l'a déjà remarqué des Grecs. Le prêtre ayant mis un grain de sel dans la bouche de l'enfant, lui fait en croix les onctions que l'on doit appeler la *confirmation*, et, en le revêtant d'une chemise blanche, lui dit : *Tu es maintenant aussi net que cette chemise, et purifié de la tache du péché original.* Pour finir cette cérémonie, on pend au cou de l'enfant une petite croix d'or ou d'argent, ou même de moindre valeur, selon les facultés des parens. Cette croix est la marque du baptême de l'enfant ; il doit la porter toute sa vie, et l'avoir même après sa mort, sans quoi on l'enterrerait à la voirie. A cette croix il faut ajouter un saint, que le prêtre donne pour patron à l'enfant ; remettant en même temps l'image du saint aux parrains, et leur recommandant expressément d'élever l'enfant à avoir une dévotion particulière pour son patron. Après le baptême, le prêtre baise l'enfant et les parrains. Il faut remarquer 1°. que l'alliance des parrains avec les enfans qu'ils ont présentés au baptême, est défendue aussi chez les Russes ; 2°. que, pour chaque baptême, on change l'eau de la cuvette, parce que les Russes la croient chargée du péché originel de ceux qu'on baptise ; 3°. que l'on baptise dans un torrent ou dans une rivière les personnes qui embrassent la religion des Russes. On les y plonge trois fois ; et si c'est en hiver, on fait un trou dans la glace pour les baptiser. Si cependant la personne qui doit l'être n'est pas d'une complexion assez forte pour subir cette *rude initiation*, on lui verse jusqu'à trois fois un tonneau plein d'eau sur la tête.

L'auteur que je cite dit qu'après le baptême, « le prêtre prend l'enfant nouvellement baptisé, et avec la tête de cet enfant fait une croix à la porte de l'église, qu'il frappe trois fois avec un marteau.... il faut que tous ceux qui ont été témoins du baptême entendent le bruit, autrement on croirait que l'enfant n'aurait pas été bien baptisé. »

A l'égard du mariage, le divorce est fréquent et autorisé en Moscovie, et la polygamie défendue. Le premier est un heureux supplément à celle-ci ; mais ou a chez eux (comme nous l'avons aussi) cette autre espèce de polygamie que le christianisme n'a pas détruite, et que l'ancienne loi ne défendit pas aux Juifs. Comme chez les Grecs, les prêtres russes se marient ; il est même nécessaire, disent les Russes, qu'ils soient mariés, et ils n'en reçoivent point qui n'ait une femme légitime, ou qui tout au moins ne fasse vœu d'en prendre une. L'ecclésiastique doit la prendre vierge, de bonnes mœurs, etc. ; et s'il devient veuf, il ne lui est plus permis d'en prendre une autre. Selon la plupart des relations, l'amour conjugal a peu de force chez les Moscovites ; mais il ne faut pas aller si loin pour le trouver sans vigueur, et il est du moins fâcheux qu'un mariage sans amour, souvent même assorti de haine, de querelle et de débauche, ne soit pas un bail à terme comme chez divers peuples très-raisonnables. Car, après tout, pourquoi se damner en damnant les autres ? La religion chrétienne veut, il est vrai, que *l'on se régénère au milieu des croix et des tribulations*, mais elle ordonne en même-temps de *fuir les persécutions*. Outre que les Moscovites sont mauvais maris du côté de l'amour conjugal, ils tiennent leurs femmes fort resserrées. Il est vrai pourtant que *Pierre-le-Grand*, au retour de ses voyages, a un peu changé cet usage tyrannique. Soit jalousie, ou coutume héréditaire, ou mépris, avant cela, il était défendu aux femmes de se trouver avec leurs maris, lorsqu'ils se régalaient entre eux. Il s'est conservé quelque chose de cet usage dans les Pays-bas, mais sans aucune violence de la part des maris, qui paraissent n'avoir retenu en cela qu'un reste de la jalousie espagnole. Le czar voulut que les femmes fussent invitées avec leurs maris aux noces et aux autres divertissemens. Il voulut aussi que les mariages ne se fissent qu'après l'entrevue et du consentement des époux ; au lieu qu'avant lui on ne permettait point aux jeunes gens de se voir, encore moins de s'entre-parler de mariage ; ou de s'en donner des promesses réciproques. Les pères et mères faisaient entre eux le mariage de leurs enfans, et ceux-ci ne se voyaient qu'après le mariage, ou tout au plus la veille des noces. Les amis de l'époux se rendaient à cette entrevue chez le père de la fille, qui s'y trouvait accompagnée de ses amies. Après un petit compliment, cette fiancée présentait à son galant un verre d'eau-de-vie, ce qui était un témoignage du choix qu'elle faisait de lui. Depuis cette entrevue jusqu'au moment qu'ils mettaient le pied dans l'église, il leur était expressément défendu de se voir. Voilà ce que rapporte *Perry* ; mais, à moins qu'*Olearius* ne se soit trompé, il y avait de grandes exceptions

9*

à cet usage. Quelquefois, dit cet auteur, il arrivait que tel pensait avoir une belle femme, qui en avait épousé une contrefaite. *Olearius* a raison d'attribuer les *mauvais ménages* à cette manière de se marier. *Pierre-le-Grand* défendit « de marier personne sans le consentement réciproque des deux » parties, et voulut qu'il fût permis de se voir et de se visiter au moins six » semaines avant le mariage. »

Un peu avant le jour des noces, les personnes distinguées, et tous ceux qui les imitent, louent deux *suachas*, c'est ainsi que les Russes appellent les deux inspectrices qui président à leurs noces, l'une du côté de la fille, l'autre du côté du garçon. La *suacha* de la fille doit se rendre chez le fiancé pour y faire préparer un beau lit nuptial sur quarante gerbes de seigle ou de blé, autour desquelles on met divers tonneaux remplis de froment, d'orge et d'avoine. Cela signifie l'abondance et la fécondité. La veille des noces est principalement destinée à faire des présens à la fiancée. Entre ces présens, les dames russes estiment sur-tout le fard, et même les plus belles ne craignent pas de l'employer, par l'effet de cette dépravation de goût qui cache sous un rouge épais les beautés et les défauts du teint de nos dames françaises.

Le jour de la noce, le marié sort de chez lui vers le soir, et se rend chez sa maîtresse, accompagné de ses parens et de ses amis, précédé d'un prêtre qui marche à cheval devant lui. Après ces préliminaires de joie et de complimens, qui sont de tous les pays, on se met à table. On y sert trois plats, mais personne n'en mange, et on laisse au haut bout de la table une place vide pour le marié. Pendant qu'il s'entretient avec les parens de la mariée, un jeune garçon occupe la place, et n'en sort qu'à force de présens. Le marié, ayant pris sa place, on lui amène la mariée parée et voilée. Un rideau de taffetas cramoisi tenu par deux jeunes garçons les sépare et empêche qu'ils ne se voient. Alors la *suacha* de la mariée lui tresse les cheveux, relève les deux tresses sur la tête, et y met une couronne d'or ou de vermeil mince, doublée d'une étoffe de soie, et riche à proportion des moyens de ceux qui se marient.... L'autre *suacha* pare aussi le marié : pendant ce temps-là, des femmes.... leur chantent mille sottises.... (des filles de la noce jettent du houblon sur l'assemblée), deux jeunes hommes entrent.... portant un grand fromage et des pains sur une civière, d'où pendent des zibelines. On en apporte autant de la part de la mariée. Tout cela se porte à l'église, après avoir été béni par le prêtre. Enfin, on met sur la table un grand bassin d'argent, plein de petit morceaux de satin et de taffetas.... de petites pièces d'argent carrées, du houblon, de l'orge et de l'avoine, le tout mêlé ensemble. La *suacha*, après avoir recouvert le visage de la mariée, prend quelques poignées de cela et le jette sur la compagnie..... L'échange des anneaux suit, les pères des mariés le font. La *suacha* conduit la mariée à l'église.... Le marié suit avec le prêtre, qui d'ordinaire prend si bien sa part du vin de la noce, qu'il le faut tenir à deux tant à cheval qu'à l'église, pendant qu'il bénit le mariage.

Dans l'église, on couvre une partie du pavé de taffetas rouge cramoisi, et, par-dessus, d'une autre pièce de la même étoffe, sur laquelle les mariés se tiennent debout. Avant que de bénir le mariage, le prêtre les fait aller à l'offrande, qui consiste en poisson, pâtisserie, etc. Le prêtre les bénit ensuite et tient sur leur tête les images des saints qu'ils ont choisis pour patrons; après quoi, prenant la main droite du marié et la gauche de la mariée entre ses mains, il leur demande trois fois s'ils consentent de bon gré au mariage, et s'ils s'aimeront l'un et l'autre comme ils le doivent. Après qu'ils ont répondu oui, tous ceux de la compagnie se prennent par la main pour danser; tandis que le prêtre chante le psaume 128 (à compter selon l'Hébreu), qui renferme une partie des bénédictions du mariage.... Le psaume fini, le même prêtre leur met sur la tête une guirlande de rue, ou la met sur l'épaule, si c'est un veuf ou une veuve. La cérémonie se fait en disant ces mots : *Croissez et multipliez*; après quoi il achève de marier en ajoutant ces paroles (que les Moscovites ne prennent jamais à la dernière rigueur), *l'homme ne séparera point ce que Dieu a joint*. Ces paroles prononcées, les gens de la noce allument tous des bougies, et l'un d'entre eux présente au prêtre un verre plein de vin. Le prêtre le boit, les mariés lui font raison; chacun le vide trois fois; après quoi les mariés jettent le verre, et le foulent aux pieds, avec des imprécations contre ceux qui travailleront à mettre la discorde entre eux. En même temps des femmes jettent sur ces mariés de la graine de lin et de chanvre. A la suite de cela, les souhaits reviennent avec ce débordement de joie qui caractérise toujours les noces. Je ne dois pas oublier une coutume assez plaisante. « Ces mêmes femmes, dit *Olearius*, tirent la mariée par la robe, comme pour l'arracher au marié »; mais il ajoute aussi « que la mariée se tient si bien à lui, que tous leurs efforts sont inutiles. »

Telles sont les cérémonies du mariage jusqu'à l'église inclusivement. La mariée retourne au logis dans un traîneau environné de six flambeaux : le marié s'y rend à cheval. Les gens de la noce les suivent. D'abord le marié se met à table avec eux, mais les femmes emmènent la mariée dans sa chambre pour la mettre au lit. Après cela, plusieurs jeunes hommes vont chercher le marié, qu'ils conduisent aussi dans cette chambre nuptiale à la lueur des flambeaux qu'ils ont à la main. Entrant dans la chambre, ils mettent leurs flambeaux dans les tonneaux qui entourent le lit nuptial et se retirent ensuite ; mais la nouvelle épouse sort de son lit, enveloppée dans sa robe, va au-devant de son mari, et lui fait une révérence fort soumise. C'est alors, suivant *Olearius*, que le marié la voit pour la première fois au visage. Ils se mettent ensemble à table ; on leur sert, entr'autres viandes, une volaille rôtie, que le marié déchire, jetant ensuite le morceau qui lui demeure à la main, soit cuisse ou aile, par-dessus l'épaule, et mangent le reste. C'est ici le dernier acte. Chacun se retire, les mariés vont se coucher. Un vieux domestique fait sentinelle à la porte de la chambre. Les plus superstitieux mettent alors les charmes en œuvre pour l'heureux succès de l'expédition secrète. On ajoute que le domestique doit s'approcher peu de temps après de la porte de la chambre, pour s'informer du succès de l'expédition. Sur le bon témoignage du mari, l'on fait entendre aussitôt les trompettes et les timbales, et l'on prépare les bains pour ces nouveaux mariés. Les jours qui suivent se passent en réjouissances, où l'ivrognerie domine surtout ; et, pendant que le mari s'amuse à boire jusqu'à s'enivrer, l'épouse, s'il faut en croire les voyageurs, profitant habilement de ce reste de liberté, s'amuse avec un galant. Cependant on ne doit pas s'imaginer que tous ces usages se trouvent et s'arrangent toujours aussi méthodiquement dans toutes les noces. Cela varie là comme ailleurs, même jusqu'à l'ivrognerie et au cocuage inclusivement. On trouve en Russie, tout comme en France, des maris qui ne sont pas ivrognes et des femmes qui ne sont pas coquettes.

La stérilité est un sujet de divorce ; mais, si la stérilité n'a pas lieu, pour se défaire de sa femme, on peut lui supposer un excès de dévotion, et, sous ce prétexte, l'enfermer dans un couvent. On peut aussi se la supposer à soi-même, et se punir ainsi de l'ennui et du chagrin que l'on a trouvé dans le mariage.

Pl. 21. *Les Funérailles des Russes.*

Les funérailles ne sont pas moins remarquables que les noces. « Dès que le malade est décédé (c'est *Olearius* qui parle), l'on envoie chercher les parens et les amis du mort. Ceux-ci se rangent autour du corps et pleurent s'ils le peuvent. Des femmes (qui sont là aussi pour pleurer) demandent à ce mort les raisons qu'il a eues de mourir, si ses affaires n'étaient pas en bon état, s'il n'avait pas de quoi vivre, etc. Le mort ne répondant point, l'on commence par faire un présent de bière, d'eau-de-vie et d'hydromel, au

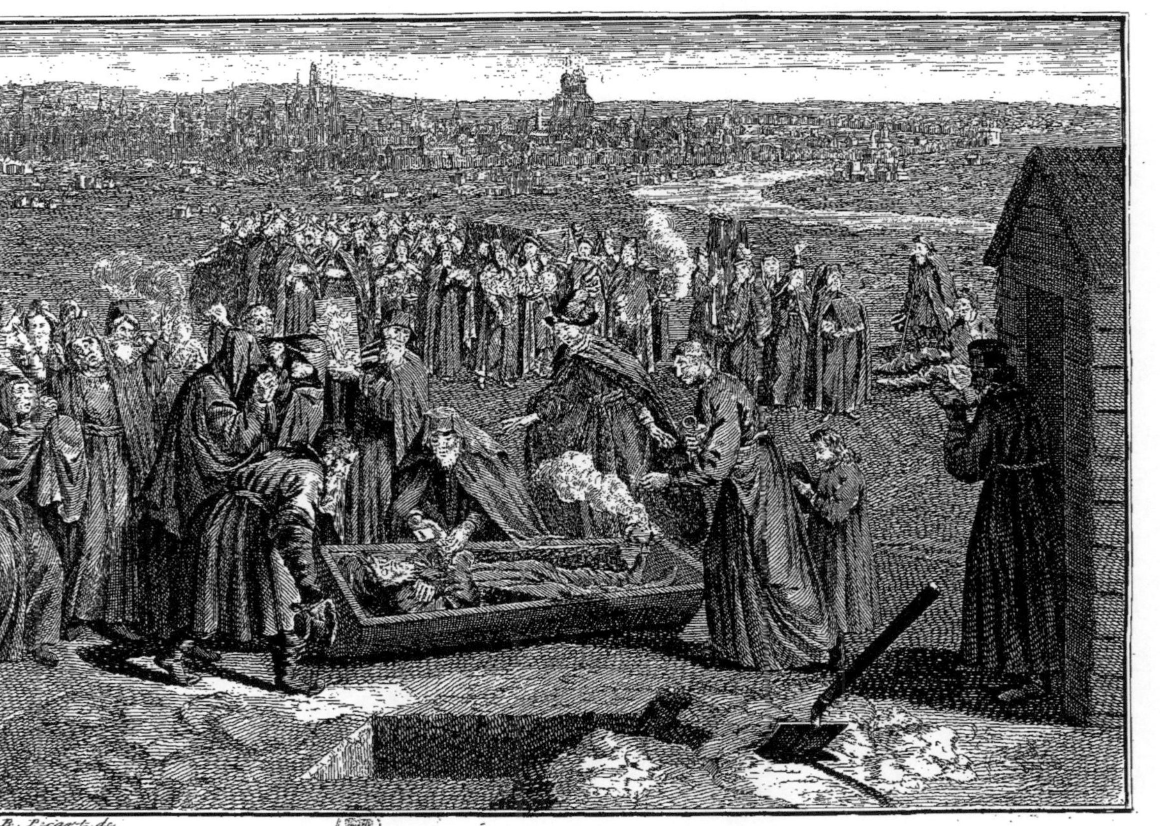

Les FUNERAILLES des RUSSES.

B. Picart. del.

Tom. III. N.º 21

prêtre, afin qu'il fasse des prières pour l'âme du défunt. On lave bien le corps; et après l'avoir revêtu d'une chemise blanche, ou enveloppé d'un suaire, on lui chausse des souliers de *cuir de Russie*, et on le met dans un cercueil, les bras posés sur l'estomac en forme de croix. Les Moscovites font les cercueils du tronc d'un arbre creusé. On couvre ce cercueil d'un drap, ou bien de la casaque du défunt, mais on ne le porte à l'église qu'après l'avoir gardé huit ou dix jours au logis, pourvu que la saison le permette, ou que cela s'accorde avec la condition du mort. Qui croirait qu'une vanité si ridicule pût mettre de la différence entre le gentilhomme et le bourgeois, le pauvre et le riche? On s'imagine sans doute qu'on doit être beaucoup mieux reçu dans l'autre monde pour avoir été gardé plus long-temps dans celui-ci. Quoi qu'il en soit, le prêtre donne de l'encens et de l'eau bénite au mort jusqu'au jour de l'enterrement.

L'ordre du convoi se fait de la manière suivante. A la tête marche un prêtre qui porte l'image du saint que le mort a reçu pour patron à son baptême. Il est suivi de quatre filles, proches parentes du défunt, qui servent de pleureuses, ou, à leur défaut, de quelques femmes louées exprès pour cette lugubre cérémonie. Après cela suit le corps, que six hommes portent sur les épaules. Si c'est un religieux ou une religieuse, ses confrères ou ses compagnes lui rendent ce dernier devoir. D'autres prêtres marchent aux deux côtés du corps, et l'encensent en chantant, pour éloigner les mauvais esprits. Les parens et les amis suivent...., chacun le cierge à la main.... Lorsqu'on est arrivé à la fosse, on découvre le cercueil, et l'on tient l'image du saint sur le mort, tandis que le prêtre fait les prières ou récite quelques passages de la liturgie. Après cela, les parens et les amis disent adieu au défunt en le baisant, ou en baisant son cercueil. Le prêtre s'approche, et lui met le passeport dans la main. Ce passeport est signé du métropolitain et du confesseur, qui le vendent plus ou moins cher, selon les moyens et la qualité des personnes qui l'achètent. Il contient un témoignage de la bonne vie, ou tout au moins de la repentance du mort. Quand un mourant a reçu la dernière bénédiction du prêtre, et qu'après sa mort il tient son certificat à la main, on ne doute plus qu'il ne soit reçu dans le ciel. Le prêtre adresse presque toujours le mort à saint Nicolas. Enfin, l'on ferme le cercueil, on le descend dans la fosse; le visage du mort est tourné du côté de l'Orient, et l'on prend un dernier congé de lui par de véritables pleurs, ou du moins par les pleurs qu'on a achetés.

Pendant le deuil, qui est de quarante jours, on fait trois festins mortuaires, le troisième, le neuvième et le vingt-cinquième jour de la sépulture. Un prêtre payé pour le soulagement de l'âme du mort, doit employer les quarante jours à prier soir et matin pour le mort, dans une tente dressée exprès sur le tombeau. On célèbre aussi tous les ans la Commémoration des morts, laquelle consiste principalement à pleurer sur les tombeaux, et à les faire encenser par des prêtres mercenaires, qui, outre la pièce d'argent qu'ils reçoivent pour leur encens, ou plutôt pour la cire dont ils parfument les sépulcres, profitent aussi de plusieurs sortes de mets que l'on y porte, ou des aumônes qu'on y laisse pour les pauvres.

RELIGION ET COUTUMES

DES

PROTESTANS.

Beaucoup de calvinistes font, ou peu s'en faut, du corps de l'Eglise *un état purement démocratique*, où l'artisan pourrait, en cas de besoin et suivant ses idées particulières, discuter les droits de la foi contre ses ministres, et monter sur les bancs pour les attaquer. Les autres principes généralement reçus de ces sectes, consistent à nier l'infaillibilité de l'Eglise, et celle de ses décisions, à moins qu'elles ne soient conformes à l'Ecriture, *qui doit être la seule règle de la foi*. L'Ecriture, nous disent-elles ensuite, contient généralement tous les articles de la foi; elle contient clairement, et d'une manière proportionnée à l'intelligence de tout le monde, ce qui est nécessaire au salut. Enfin, elles permettent à chacun l'examen de la religion, de rechercher le sens des Ecritures, et de se l'expliquer à soi-même.

On a écrit, pour et contre ces principes, une infinité d'ouvrages depuis les schismes de Luther et de Calvin. Sur le droit de l'examen, on a répondu en général aux Protestans qu'il est peu raisonnable d'espérer de s'éclairer seul et par soi-même (sur-tout quand on n'a ni étude, ni loisir, ni vocation, ni moyen, ni capacité pour cela) dans la lecture d'un *recueil d'ouvrages*, saints et inspirés à la vérité, mais, quant aux dogmes, généralement très-obscurs, écrits dans des langues éloignées de notre temps, de nos manières et de nos mœurs, où l'on trouve souvent des allusions peu intelligibles, et même des contradictions apparentes, qui ont besoin de beaucoup d'éclaircissement. Si la cause des uns et des autres se plaidait immédiatement devant Dieu, nos différends seraient bientôt décidés, parce que Dieu nous demande moins que les hommes, et ce qu'il nous demande est bien différent de ce que les hommes exigent de nous. Les subtilités par lesquelles on a prétendu déterminer l'évidence de la foi, n'ont point d'autorité devant lui. Elles n'étaient bonnes que pour des hommes qui, dans un espace de dix-sept siècles, ont conduit les choses de telle manière, qu'il a fallu gouverner les Chrétiens par des symboles et des formulaires. Ces moyens ont augmenté l'autorité du clergé : il s'en est servi pour intimider les peuples, et la piété des peuples s'y est arrêtée. La paresse et l'ignorance lui ont remis le salut des âmes. Alors a commencé de s'établir cette intolérance fatale qui a fait du christianisme un joug dur et insupportable. Après la décadence de l'empire et la ruine du paganisme, ces ecclésiastiques intolérans commencèrent d'employer utilement le fer et le feu. N'entrons pas dans le détail de ces persécutions où l'on a pu récriminer contre les Chrétiens par tout ce qu'ils avaient reproché autrefois aux Païens.

Personne n'ignore que les Protestans n'ont cessé d'alléguer, comme des motifs de réformation, cette tyrannie et cette corruption des gens d'église. A ces deux motifs ils ont ajouté la prétendue corruption des dogmes et du culte extérieur. Dans les derniers temps, le christianisme était semblable à un marché, où l'on voyait des marchandises à vendre, des bateleurs et des charlatans qui amusaient le peuple, beaucoup de clinquant, beaucoup d'ornemens qui cachaient les défauts de la marchandise. Avant Luther et Calvin, on s'était plaint assez long-temps des maux que ces désordres causaient dans l'Eglise. Saint Bernard avait reproché aux ecclésiastiques de son temps, *qu'ils ne cherchaient point le salut des âmes ; qu'on prenait la tonsure, qu'on fréquentait les églises, qu'on célébrait la messe pour l'amour du gain.* Depuis saint Bernard, on n'avait pas moins crié contre la licence des mœurs du clergé, le relâchement de la discipline et le refroidissement de la véritable piété. On avait proposé la réforme de l'Eglise aux conciles de Pise, de Constance et de Bâle. Nicolas de Clémangis, qui vivait du temps de celui de Pise, avait composé un Traité *de l'Etat corrompu* de l'Eglise, dans lequel il représentait vivement la nécessité de la réformer. Alexandre V, qui fut élu pendant le concile de Pise, avait promis solennellement de travailler à cette réformation. Le second concile de Pise, tenu en 1505, devait aller au même but. A ce dernier, on se déclara expressément pour la nécessité de réformer l'Eglise *dans la foi et dans les mœurs, dans le chef et dans les membres, afin d'éteindre les schismes et les hérésies.* On voit par-là que les esprits étaient préparés à ces révolutions du seizième siècle, que Luther, Calvin et quelques autres eurent la hardiesse d'exciter en qualité de *réformateurs.* Pour autoriser le droit qu'ils s'attribuaient de *réformer* et de *retrancher*, ils alléguèrent, outre l'ignorance des peuples, la vie scandaleuse et l'avarice des ecclésiastiques, qui portèrent alors le trafic des indulgences à ces excès que chacun sait ; les mauvaises instructions qu'on donnait aux peuples, les superstitions, l'excès des cérémonies, les faux miracles, les fausses reliques, etc. Cependant Luther et les autres réformateurs ne pensèrent sérieusement à leur réforme qu'après que plusieurs considérations humaines eurent mis divers princes dans leur parti. Ainsi l'ouvrage de la réformation fut en général le fruit de la politique ; et la *mission* des réformateurs, celui de la haine qu'on avait conçue par toute l'Europe pour la monarchie du Pape et pour les émissaires de la cour de Rome.

Avant que de suivre la religion des communions protestantes et de décrire leurs usages, il faut donner en peu de mots un abrégé historique de leur réformation. Lorsque Luther commença de se déclarer en 1517, il y avait environ cent deux ans que Jean Hus et Jérôme de Prague avoient été brûlés au concile de Constance. Mais outre que les sentimens de ces deux hommes ne périrent pas avec eux, comme cela parut assez par les guerres et les désordres qui suivirent leur supplice, il y eut toujours, depuis eux jusqu'à Luther, comme une fermentation des esprits. On ne cessait de déclamer contre *la corruption de la cour de Rome*, contre *le pouvoir sans bornes* de cette cour et les *excès de ses partisans*. Souvent aussi l'on allait jusqu'à attaquer, sans aucun ménagement, divers usages établis par la discipline, ou du moins par la prescription du temps. On n'épargnait pas des superstitions et des abus qu'une longue ignorance avait rendus vénérables. Enfin, l'on osait même attaquer les points de doctrine. J'ose inférer de là que le *désir d'examiner la doctrine*, et la *hardiesse de l'examen*, sont deux choses dues à la corruption des chefs de l'Eglise ; car rien n'est plus capable de rendre une doctrine suspecte que les déréglemens des pasteurs et les vues intéressées qui les guident dans l'exercice de la religion, dans l'observation de la discipline et dans la pratique des autres usages de l'Eglise. Aussi n'a-t-on jamais vu que les auteurs des schismes aient oublié de déclamer contre ces excès, pour se former plus légitimement de nombreux partis. Cependant ce levain, qui forma les schismes de Luther et de Calvin, venait de plus loin encore. Longtemps avant le concile de Constance, les Vaudois, les Albigeois, et leurs chefs Valdo, Pierre de Bruys, Arnaud de Bresse, Amaury, etc., en répandant et enseignant des choses absolument contraires aux dogmes et aux décisions de l'Eglise, mêlaient dans leur doctrine des plaintes continuelles contre les *désordres de cette Eglise*, bien plus, sans doute, pour se faire des sectateurs que par le véritable désir de voir l'Eglise purgée. Il est trop ordinaire à ceux qui veulent abandonner un parti, de s'en plaindre et de le décrier, pour qu'il ne soit pas nécessaire d'examiner de bien près les motifs de leurs invectives. Les Bégards, les Apostoliques et les Lollars, vinrent ensuite. On dit des Bégards qu'ils déclamaient vivement contre les papes et contre leur autorité ; des Apostoliques et des Lollars, qu'ils méprisaient outre cela les sacremens et les jeûnes ; qu'ils niaient l'intercession des Saints, et qu'ils préparèrent

les voies à ceux qui réduisirent en signe et figure le sacrement de l'eucharistie. Arnaud de Villeneuve avança, vers le milieu du quatorzième siècle,
que les moines seuls ont corrompu la doctrine de J. C.; que la fondation des
messes est inutile. Les Fratricelles soutinrent aussi alors l'antichristianisme
du Pape et de Rome. *Wiclef*, qui n'était pas moins ennemi du Pape que
tous ceux dont je viens de parler, alla bien plus loin qu'eux vers la fin de ce
même siècle. Mais le système des dogmes de ce dernier était beaucoup mieux
lié que ceux de tous ses prédécesseurs, qui, s'il en faut croire les auteurs
contemporains, et ce qui nous a été conservé de ces systèmes, y avaient
mêlé beaucoup d'extravagances et de fanatisme. Soixante-dix ans après Jean
Hus et Jérôme de Prague, Jean Laillier, licencié en théologie, n'en fit guère
moins que Wiclef en pleine Sorbonne, en 1485. Je ne dis rien de Jérôme
Savonarole, qui fut brûlé le 23 mai 1498, pour avoir parlé trop librement
sur la nécessité de réformer *l'Eglise dans le chef et dans les membres.* Entre
les erreurs de Pierre d'Aranda, qui vivait dans le même temps, on remarque
sur-tout qu'il soutenait *l'inutilité des indulgences , et que les Papes les avaient
inventées pour le profit qu'ils en retiraient ; qu'il niait le purgatoire , et qu'il
n'observait point le carême.* Les *frères de Bohème*, qui avaient succédé aux
Hussites et aux Taborites, continuèrent aussi de se multiplier, jusqu'à ce
que nous les verrons se confondre avec les premiers Luthériens, en 1504.
Cependant ces sectaires parlaient encore en plusieurs choses comme les
Catholiques; mais ils niaient que J. C. dût être adoré dans le sacrement , et
rejetaient divers cultes comme des superstitions. En 1509, ils s'éloignèrent
encore plus de la doctrine de l'Eglise. Je passe simplement sur l'appel de
l'Université de Paris contre le concordat du roi de France avec le Pape. Cet
appel fut interjeté au mois de mars de l'année 1517. Non-seulement il attaquait vivement l'infaillibilité du Pape, ce qui n'est pas extraordinaire en
France; il attaquait aussi personnellement Léon X ; il l'accusait de ne penser
qu'à la ruine de l'Eglise, en conférant les bénéfices à des gens indignes, sans
aucun égard pour les personnes de mérite.

Ce petit détail suffit pour montrer quelle était depuis long-temps la disposition des esprits, lorsque Léon X, voyant ses trésors épuisés par des
dépenses excessives, et par des magnificences plus convenables sans doute
à des princes temporels qu'au vicaire de J. C. , s'avisa de mettre, pour ainsi
dire , *le salut de tous les Chrétiens en monopole.* Résolu d'achever le somp-
tueux édifice de la basilique de Saint-Pierre, commencé par Jules II , et se
trouvant hors d'état de fournir à cette dépense, il s'avisa de proposer à prix
d'argent des indulgences plénières à toute l'Europe, « à des conditions si
» aisées, dit un auteur, qu'il aurait fallu n'être guère soigneux de son salut

» pour ne pas les gagner. » Pour faire cette levée d'argent, « le Pape divisa
» toute la chrétienté en divers départemens, et l'on établit dans chacun des
» collecteurs qui devaient recevoir l'argent. De plus, on fit choix de certains
» prédicateurs, qui étaient chargés d'instruire les peuples de la vertu des
» indulgences, *et des dispositions nécessaires pour les gagner.* » C'était bien
le moins qu'on donnât de belles couleurs à un trafic qui avilît alors si hon-
teusement le christianisme et la dignité du premier chef de l'Eglise. Ceux
qui furent commis pour ces levées travaillaient uniquement à persuader au
peuple *qu'on était assuré de son salut quand on avait compté la somme requise
pour gagner l'indulgence.* On tenait les bureaux dans les cabarets, et l'on y
voyait ces prédicateurs consommer en débauches une bonne partie de l'argent
qu'ils recevaient.

Ce fut contre ces indulgences que s'éleva *Martin Luther* en 1517, soutenu
de *Jean Staupitz*, vicaire-général des Augustins. On a dit généralement que le
vicaire et son ordre avaient vu avec chagrin qu'une si riche commission fût
tombée en partage aux Dominicains; mais d'autres croient que *Staupitz* fut
touché véritablement de ces abus. Soit zèle ou ressentiment, Luther servit
utilement l'un ou l'autre, et alla infiniment au-delà de ses espérances ; car,
en commençant, il n'aurait jamais osé espérer de se voir honoré un jour du
titre de *Réformateur du Christianisme.* Vraisemblablement les choses ne
seraient jamais allées si loin, si l'on avait apaisé les murmures des peuples
chrétiens, qui depuis plusieurs siècles, ainsi qu'on vient de le faire voir, et
sur-tout depuis le concile de Constance, n'avaient cessé de souhaiter une
réformation dans l'Eglise, souvent promise, à la vérité, mais toujours adroi-
tement éludée. Je ne saurais m'empêcher de rapporter à ce sujet la remontrance
que faisait le cardinal Julien à Eugène IV. Elle renferme une prédiction de
la révolution excitée par Luther dans la religion. « Les désordres du clergé,
» disait-il au Pape, excitent la haine du peuple contre tout l'ordre ecclésias-
» tique.... On doit craindre que les laïques ne se jettent sur le clergé à la
» façon des Hussites... et qu'après l'hérésie de Bohême il ne s'en élève une
» autre plus dangereuse..... Les esprits des hommes sont en attente de ce
» qu'on fera.... Ils semblent devoir enfanter bientôt quelque chose de tra-
» gique.... Ils croiront faire un sacrifice agréable à Dieu en maltraitant
» ou en dépouillant les ecclésiastiques, comme des gens odieux à Dieu et
» aux hommes.... »

Luther commença par invectiver contre les abus de la quête qui se faisait
pour les indulgences, sans y vouloir distinguer le bon du mauvais, etc. Les
écrits de l'autre parti étaient pleins d'exagération sur l'infaillibilité du Pape.
Dans les dénonciations, on exhortait le Pape à employer le fer et le feu contre

Luther. Luther, pour se justifier, écrivit au Pape avec une soumission qui, dès-lors, était plus affectée que véritable. Il insinuait, avec de grands ménagemens et une modestie apparente, la pureté de sa doctrine, comme on en peut juger par ces lettres mêmes. Léon X eut si peu d'égard aux protestations de Luther, qu'il le fit citer à comparaître, dans soixante jours, à Rome, devant les juges qu'il lui assigna. Mais Luther avait la protection de l'électeur de Saxe et celle du vicaire-général de son ordre, sans parler de l'Université de Wittemberg, qui commençait de prendre parti pour le religieux augustin, auquel, sur les pressantes sollicitations de l'électeur, l'on accorda des juges en Allemagne, sans être traduit à Rome ; mais, en même-temps, Léon X lui donna pour juge le cardinal Cajetan, auparavant dominicain, par conséquent partie intéressée dans cette affaire, et, outre cela, livré aveuglément aux volontés du siége de Rome, et du Pape en particulier. Ces dispositions faisaient du cardinal un homme inflexible, et peu propre à ramener un esprit comme Luther ; ainsi les conférences de celui-ci avec le légat se terminèrent sans aucun fruit. Il est remarquable que Luther, toujours modeste et docile en apparence, écrivit à ce légat une lettre pleine de cette soumission qui contribua beaucoup à lui attirer la confiance des Saxons, et qu'après lui *avoir demandé pardon de n'avoir pas assez ménagé la personne et la dignité du Pape*, il offrit de se taire sur la matière en dispute, et même de se *rétracter publiquement de tout ce qu'il avait avancé au préjudice du saint Siége et des indulgences, sans pourtant révoquer ses sentimens particuliers, ne pouvant le faire en conscience*. Dans l'appel qu'il fit après cette lettre, il parla à-peu-près avec le même ménagement. Un second appel de Luther suivit le décret que Léon X avait donné sur la fin de l'année 1518, pour maintenir la validité des indulgences.

Le second appel de Luther fut du Pape au concile général : le premier était simplement au Pape mieux informé. Après ce dernier appel, Luther commença de garder moins de mesures ; et, voyant que ses compatriotes se prévenaient de plus en plus en sa faveur, il osa enfin enseigner publiquement sa doctrine à Wittemberg, et défier ses ennemis de venir disputer contre lui. Dans le même temps, il acquit deux disciples, dont le nom est célèbre dans l'histoire du schisme d'Allemagne, Melanchton et Carlostad. En l'année 1517, Ulric Zwingle avait aussi commencé de se déclarer en Suisse *contre la corruption de l'Église, et sur la nécessité d'en retrancher les abus.*

Enfin, après bien des sollicitations réitérées inutilement auprès de l'empereur Charles V pour faire arrêter Luther, le Pape donna sa bulle contre lui le 13 ou le 15 juin 1520. Cette bulle contenait, en quarante-un articles, les sentimens de Luther contraires à la doctrine établie. Luther ne garda plus de mesure, et publia, peu de temps après, son livre sur la *Captivité de Babylone :* nouveau fruit des lumières qu'il acquérait, disait-il, de jour en jour. Il est remarquable que les réformateurs du seizième siècle n'ont reçu leurs lumières que par une inspiration successive ; ce qui montre leur dépendance des moyens humains, et peut-être aussi des causes physiques, comme le tempérament, etc.; au lieu que les lumières des fondateurs du christianisme étaient infiniment supérieures à ces causes et à ces moyens. Les Protestans conviennent du moins d'une partie de ma réflexion.

Jérôme Aleander, que le pape Léon X envoya cette même année à l'électeur, ne put rien gagner sur l'esprit du prince. Le crédit du réformateur augmentait de jour en jour ; l'Université de Wittemberg s'était aussi déclarée en sa faveur. Tous ces succès déterminèrent Luther à faire un second appel au concile ; après cet appel, il publia la défense des articles condamnés par la bulle de Léon X, et déclara fièrement au Pape qu'il approuvait tout ce que lui Pape avait condamné dans Jean Hus, comme, au contraire, il condamnait tout ce qu'il avoit approuvé, ajoutant à cette réponse altière : *Voilà toute ma rétractation.* Ce fut alors qu'il prit le titre d'*Ecclésiaste* et Prédicateur de Wittemberg ; qu'il commença de soutenir que sa mission était extraordinaire et divine ; qu'il déclara que les excommunications, les bulles et les anathèmes avaient effacé en lui *le caractère de la bête ;* et que, se prévalant de l'augmentation de ses forces, il menaça de ne comparaître aux citations qu'avec cinq mille cavaliers et vingt mille hommes de pied. Enfin il brûla publiquement, à Wittemberg, la bulle du Pape et les décrétales, au mois de décembre de la même année : ce qui fut bientôt imité en d'autres endroits de l'Allemagne.

Cette action de Luther fut suivie d'une prédication très-vive, où il exhortait les Saxons, avec beaucoup de véhémence, à secouer le joug du Pape, et d'un manifeste dans lequel, après avoir justifié son action, il appelait le Pape *tyran de l'Eglise, usurpateur de la puissance légitime des magistrats, et corrupteur de la doctrine chrétienne.* L'Université de Wittemberg condamna aussi les décrétales.

Luther se rendit à la diète, à Worms, au mois d'avril de l'année 1521, par ordre de l'empereur, et avec un sauf-conduit de sa part. Il soutint hardiment sa doctrine devant la diète, protestant néanmoins que si l'on pouvait le convaincre par l'Ecriture, il se rétracterait aussitôt ; mais, ajouta-t-il, « je ne » me crois obligé de croire ni au Pape, ni aux conciles, ni de reconnaître » leur autorité, puisqu'il est certain qu'ils se sont trompés. »

Le nouveau docteur passa neuf mois dans un château de l'électeur de Saxe, après son enlèvement supposé. Ce fut dans cette *île de Pathmos* qu'il mit la dernière main à la réforme projetée. Les messes privées furent abolies dans Wittemberg, et ensuite dans toute la Saxe. Cette abolition fut le résultat d'une conférence que Luther eut avec le diable, qui lui reprocha que, pendant quinze ans, c'est-à-dire, environ jusqu'à l'année 1521 ou 1522, il avait commis idolâtrie en célébrant des messes privées : sur quoi les Catholiques objectent qu'à proprement parler, le diable est le réformateur de cet abus. Carlostad renversa les images, ôta l'élévation du sacrement, rétablit la communion sous les deux espèces. Des changemens si rapides parurent déplaire à Luther, peut-être à cause qu'ils avaient été faits pendant sa retraite. Carlostad se maria bientôt après, et fut le premier qui montra l'exemple aux ecclésiastiques qui renoncèrent à la communion romaine.

En l'année 1522, Luther donna la version du nouveau Testament en allemand. En l'année 1523, il prescrivit un nouveau formulaire de messe à l'Eglise de Wittemberg. Par ce formulaire, il rejetait le canon de la messe romaine, les offertoires, les collectes, les proses, excepté celle de Noël et du Saint-Esprit. Il rejetait aussi les messes des morts et les messes votives. Pour la communion, il laissait la liberté de mêler de l'eau avec du vin, ou de n'en pas mêler. Il faisait suivre immédiatement les premières paroles de la préface de celles de l'institution, après quoi le chœur devait chanter le *Sanctus*, et l'on devait élever le pain et le calice au *Benedictus*. Suivait l'oraison dominicale, et immédiatement après, sans autre oraison, *Pax Domini*. Cette prière, qui est une espèce d'absolution, étant prononcée, le prêtre devait se communier et communier le peuple, pendant le chant de l'*Agnus Dei*. « L'évêque, disait Luther, pourra tenir les deux espèces, et se communier lui et le peuple de l'espèce du pain, avant que de bénir celle du vin. Le célébrant pourra se servir de la formule ordinaire, *Corpus Domini*, etc. Mais, comme dans les dernières collectes il est presque toujours parlé de sacrifice, on les omettra, en substituant à leur place quelqu'autre oraison. Au lieu d'*Ite Missa est*, on dira *Benedicamus Domino*. On finira par la bénédiction qui est en usage, ou par une autre, tirée de la sainte Ecriture. » Il exhorta de se préparer à la communion par le jeûne et la prière; et, quoiqu'il ne crût pas que la confession secrète fût nécessaire, ni qu'on la dût exiger, il la tint pourtant pour utile, et ne voulut pas qu'on la méprisât. Il ne blâma pas les heures canoniales; mais il ordonna que l'on s'assemblât le dimanche deux fois à l'église, le matin pour la messe, le soir pour vêpres; que le matin on expliquât l'évangile du dimanche, et le soir l'épître; qu'on retranchât toutes les fêtes des Saints, ou qu'on les transférât au dimanche. Il écrivit cette même année contre la profession des religieuses. Il disait du vœu de chasteté, qu'il était aussi peu possible de l'accomplir que de se dépouiller de son sexe.

Ce fut sans doute l'impuissance d'accomplir ce vœu, qui porta l'apôtre de la Saxe à se marier avec une des neuf religieuses qu'un de ses sectateurs tira du couvent, le Vendredi-Saint de cette année. Les imitateurs ne manquèrent pas à Luther : cette permission donnée aux ministres de sa réforme de se marier, fut certainement un des moyens le plus efficace pour l'accroissement du parti. Ces ministres, défroqués pour la plupart, couraient alors si rapidement au mariage, qu'Erasme n'a pu s'empêcher de s'en divertir : « Il » semble, disait-il, que la réforme doive aboutir à défroquer des moines et » à marier des prêtres.... tout finit en se mariant, comme dans les comédies. » Après le traité contre la profession des religieuses, Luther en fit un pour la suppression des ordres monastiques et des couvens. Il voulait que les revenus des communautés religieuses fussent employés à l'entretien des pasteurs, des écoles, des vieillards, des orphelins, des pauvres, des étrangers, etc. Ce qui était en effet bien plus digne du christianisme que l'entretien de tant de gens inutiles, et souvent même pernicieux à l'Etat.

La secte des Anabaptistes commença dans ce temps-là par *Thomas Muncer* et *Nicolas Storck*. Luther objectait contre ces sectaires, qui furent chassés de Wittemberg, « qu'ils étaient obligés de déclarer de qui ils avaient » reçu charge d'enseigner, au lieu de les recevoir à prouver la vérité de » leurs sentimens par l'Ecriture. S'ils disent, ajoutait Luther, qu'ils tiennent » leur charge de Dieu, qu'ils le prouvent par un miracle. C'est ainsi que » Dieu se déclare quand il veut changer quelque chose dans la forme de la » mission. »

Zwingle, qui avait commencé comme Luther, continuait de même en Suisse. Je laisse le détail des conférences de Zurich. Le résultat fut qu'on abolirait la doctrine et le culte extérieur des Catholiques romains. Tout fut supprimé, jusqu'à l'usage des orgues ; mais on ne rejeta la messe qu'en 1526. L'année 1523 fut aussi remarquable par l'établissement de la réformation luthérienne en Danemarck et en Suède. Avant ce changement public, le luthéranisme avait déjà commencé de se faire connaître dans ces deux royaumes. Gustave Ericson fit assembler les Etats de Suède pour le recevoir, et pour abolir la vieille religion. *Olaus Petri*, qui avait apporté le luthéranisme de Wittemberg dans sa patrie, lui communiqua le nouveau Testament en suédois, d'après la version de Luther en allemand. Ce même luthéranisme se fit aussitôt connaître en France et en Flandre. Jean le Clerc, premier ministre de la nouvelle religion en France, et, selon Bèze, restaurateur des Eglises de Metz et de Meaux, fut brûlé pour avoir brisé les images. En Pologne, où le luthéranisme se manifestait comme ailleurs, Sigismond donna un édit rigoureux contre les nouvelles opinions, et défendit de lire les ouvrages de Luther. En France, le Parlement les condamna au feu, et l'Université censura ceux de Mélanchton. Malgré ces précautions, le luthéranisme fit des progrès.

L'abolition du célibat des prêtres, enseigné et autorisé dans la nouvelle religion, commença de se faire aussi connaître à Strasbourg, en 1524, et fut goûtée de plusieurs ecclésiastiques de cette ville. Luther s'était marié avec la religieuse Catherine Borre. OEcolampade l'imita l'année suivante 1526; et, pour mieux résister à l'humanité, qu'il ne haïssait pas, non plus que Luther, il épousa une belle jeune fille. Les soins du mariage n'empêchèrent pas le docteur saxon d'écrire, en termes fort peu mesurés, contre Erasme sur le libre arbitre.

Pendant que les deux partis s'aigrissaient l'un contre l'autre en Allemagne, l'Université de Paris continuait ses censures. Elle censura une seconde fois le nommé Louis Berquin, gentilhomme artésien, qui se fit enfin brûler à Paris le 22 avril 1529.

La nouvelle réforme était divisée alors (en 1527) en Luthériens et en Zwingliens. Ils écrivaient et disputaient fortement pour la défense des opinions qui les avaient désunis. Zwingle fut tué le 11 octobre 1531, combattant à la tête des Suisses protestans, contre les cantons catholiques. OEcolampade mourut le 1er décembre de la même année. Les Protestans et les Catholiques traitent bien différemment ces deux chefs des sacramentaires; mais il y a à rabattre sur ce que disent les uns et les autres. Moins emporté que Luther, Zwingle ne fut pas moins hardi dans sa manière de réformer.

Bucer eut ordre du Landgrave de Hesse de travailler à réunir les Luthériens et les Zwingliens. *Bucer* alla jusqu'à adoucir ou pallier le sentiment des Sacramentaires sur l'eucharistie; et, pour cet effet, il mit inutilement en usage des expressions vagues qui paraissaient favorables aux Luthériens, mais qui, au dire de Mélanchton, n'établissaient qu'une *présence* de vertu du corps et du sang de J. C., puisque, selon les Sacramentaires, ce corps et ce sang ne sont point ailleurs que dans le Ciel. On met aussi à l'année 1531 les commencemens de Servet, et ceux de la réformation de Genève. La Faculté de Paris continua de condamner cette même année les propositions qui lui étaient dénoncées comme hérétiques; mais les nouvelles opinions s'établissaient d'autant mieux en France, que Marguerite de Valois, reine de Navarre, favorisait assez ouvertement tous ceux qui les soutenaient. Cette Princesse fit traduire et imprimer les Heures avec des retranchemens, qui, selon le style du temps, *sentaient le fagot*. Elle publia aussi de sa façon le

Miroir de l'âme pécheresse, où l'on ne parlait ni de saints ni de purgatoire. Une si puissante autorité contribua infiniment à la propagation de ce qu'on appela bientôt après Calvinisme.

Ce fut en l'année 1533 que Calvin, soupçonné de donner dans les nouvelles opinions, se sauva de Paris, et se retira en Saintonge. Pendant son évasion, la nouvelle doctrine fit de grands progrès, et se glissa même à la Cour et dans l'université de Paris ; mais ceux qui voulaient l'établir, entendirent aussi mal que les Luthériens l'intérêt de leur réforme. Au lieu d'imiter l'humilité des apôtres, et cette douceur si nécessaire et si utile au chef de parti qui veut amener les hommes à ses principes en les dépouillant de leurs vieilles opinions, les premiers docteurs de la réforme de France se jetèrent dans une controverse aigre et pointilleuse, où l'on donnait des qualifications odieuses à la vieille religion. Les livres portaient souvent des titres injurieux. On rechercha ceux qui s'étaient déclarés pour la réforme, et l'on en brûla impitoyablement autant que l'on en put découvrir.

Jean Bugenhagen ou Pomeranus, fut, en 1535, le réformateur de Lubeck, Hambourg, etc. Genève se déclara cette même année sous la direction des deux ministres Farel et Viret. Farel prêcha publiquement la nouvelle religion, le jour de sainte Madeleine, 22 juillet. Il prêcha encore plusieurs fois de suite, pendant que le peuple abattait les images et les croix. Le décret qui établissait la réformation passa le 27 août. Cette même année, Mélanchton, le plus modéré de ceux qui travaillaient à la réformation, envoya ses douze articles à François Ier, par lesquels il paraissait proposer les moyens de parvenir à une réconciliation, mais qui ne parut pas acceptable à la Faculté de Paris, comme on peut le voir par la réponse qu'elle donna. Cependant on poursuivait d'autre côté le projet d'union entre les Luthériens et les Sacramentaires. Il se fit en 1536 une assemblée à Bâle pour dresser une autre confession de foi, dans laquelle les ministres de cette ville disaient : « Que » le corps et le sang ne sont pas naturellement unis au pain et au vin, mais » que le pain et le vin sont des symboles, par lesquels J. C. nous donne une » véritable communication de son corps et de son sang, non pour servir au » ventre d'une nourriture périssable, mais pour être un aliment de vie » éternelle. » Luther ne se paya pas de ces expressions. Il voulut quelque chose de plus précis. Bucer avoua « que le vrai corps et le vrai sang de J. C. » étaient rendus présens, donnés, et pris avec les signes visibles du pain et » du vin, qu'ils croyaient aussi que le ministre offre le corps et le sang de » J. C. à tous ceux qui les reçoivent, etc. » Enfin Luther s'engagea de reconnaître Bucer et les siens pour ses frères, pourvu qu'ils approuvassent les six articles d'union qui furent dressés par Mélanchton. Ce Protestant, naturel-

lement doux et pacifique, avait toujours le génie conciliateur. Un de ces
articles portait, « qu'encore qu'on rejetât la transubstantiation et ses suites,
» il ne fallait pas laisser d'avouer que le pain est le corps de J. C., par une
» union sacramentelle qui veut que, le pain étant présenté, le corps de J. C.
» soit présent et donné tout ensemble. » Strasbourg accepta la formule
d'union ; mais la Suisse la rejeta : ce qui ne découragea point Bucer. Il revint
à la charge en 1538, et on s'assembla pour l'examen des points en dispute ;
mais les Suisses ne voulurent se réunir qu'à condition qu'ils conserveraient
la doctrine qu'ils avaient reçue de Zwingle sur la cène.

Le Pape (Paul III) indiqua un concile général à Mantoue pour le mois de
mai de l'année 1537. Sur quelques difficultés faites par le duc de Mantoue,
qui étaient un véritable refus, il fut indiqué ensuite à Vicenze ; mais on ne
le tint pourtant qu'à Trente, et le Pape donna sa bulle de convocation au
mois de mai de 1542. En l'année 1536, Calvin publia son *Institution de la
religion chrétienne*, et se fixa la même année à Genève : en sorte que cette
ville a toujours été regardée, depuis cet établissement de Calvin, comme une
Rome protestante, ou du moins comme le centre du Calvinisme. Ce fut
encore cette même année, ou la suivante, que le Luthéranisme devint tout-
à-fait dominant en Danemarck, par les soins de Bugenhagen.

Les Vaudois s'unirent alors avec les Zwingliens et les Calvinistes. Farel
fit cette union. Calvin se donnait beaucoup de mouvement pour fortifier la
réforme à Genève, en Suisse et en France. Une cabale qui se fit à Genève
contre lui le chassa de cette ville avec Farel, qui se retira à Neuchâtel.
Calvin alla à Strasbourg, y fut ministre, et y épousa la veuve d'un ana-
baptiste. Il revint à Genève en 1541, lorsque son parti fut devenu le plus
fort.

On met à l'an 1545 l'établissement de la première église réformée de
France à Paris. Le ministre de cette église fut un nommé la Rivière. Le
dixième de janvier de l'année suivante, la messe fut abolie à Heidelberg, et
le sacrement de la cène administré en langue vulgaire et sous les deux
espèces, selon l'usage des Protestans. Les ministres furent établis dans tout le
Palatinat. A Ratisbonne, il se tint une conférence entre les théologiens
catholiques et des protestans. Luther mourut pendant cette conférence, qui
ne dura qu'environ huit ou dix jours, à la compter du cinq février, qu'elle
commença. Le parti des Protestans ne souffrit aucune diminution par la perte
de ce réformateur hardi, qui durant le cours des révolutions qu'il excita
dans la religion, se fit un mérite devant Dieu et devant les hommes de ne
rien céder ni aux Catholiques ni aux Zwingliens.

Calvin donna des preuves de son intolérance en faisant brûler Servet à

Genève, le 27 octobre de l'année 1553. Les Protestans ont essayé de justifier cette action, et le moins qu'on ait dit chez eux pour excuser le réformateur, a été que cette excessive sévérité *était un reste de papisme*. Quoi qu'il en soit, les Catholiques se prévalurent de ce supplice pour justifier la manière dont ils traitaient eux-mêmes les hérétiques, sur-tout en France, où les dénonciations des hérésies et les censures réitérées de la Faculté contribuaient à allumer les bûchers destinés à brûler les Protestans.

Le nombre des Calvinistes augmentait si fort en France vers l'année 1558, que les anciens Catholiques commencèrent de craindre une révolution de religion. Plusieurs grands de la cour étaient à la tête des Calvinistes, et même le roi de Navarre; ce qui donna beaucoup de courage au parti, jusque-là que, dans Paris, on chantait assez publiquement les psaumes de Clément Marot. En Allemagne, l'empereur Ferdinand essaya de persuader aux Protestans de s'en rapporter à un concile général; mais ceux-ci répondirent, comme auparavant, que le concile devait être libre, convoqué en Allemagne, sans la présidence du Pape; en un mot, ils refusèrent ce qu'ils appelaient *un concile papal*, et demandèrent la confirmation de leur religion, selon le traité de Passau et le décret de la diète d'Augsbourg. Dans les Pays-Bas, le fer et le feu que l'on employait contre les partisans des nouvelles opinions n'en empêchèrent pas l'accroissement, parce que ces pays étant devenus le théâtre de la guerre entre la maison d'Autriche et la France, les Suisses et les autres Protestans qui servaient dans les armées contribuaient ainsi à entretenir la nouvelle religion dans ces provinces. Ce fut là le premier motif de l'établissement de l'inquisition en Flandre et dans les autres provinces des Pays-Bas; mais ce ne fut pourtant qu'après la paix de Cambrai, conclue au commencement de l'année 1559, que Philippe II, roi d'Espagne, prince également bigot et impitoyable, pensa sérieusement à établir ce redoutable tribunal chez les Flamands. Pour mieux en venir à bout, on érigea trois évêchés en archevêchés, et l'on fit treize nouveaux évêchés, sous prétexte, disait-on, que le pays étant investi d'hérétiques, il lui fallait de nouveaux pasteurs pour le garder. De son côté, Henri II, roi de France, poursuivit les Luthériens et les Calvinistes de son royaume beaucoup plus rigoureusement qu'auparavant. Entre ces derniers, Anne du Bourg, conseiller au Parlement, souffrit le supplice du feu, autant peut-être pour avoir parlé trop librement devant le roi à la mercuriale du Parlement, que pour l'hérésie qui lui était attribuée. Il se fit un si grand nombre d'exécutions, que les princes protestans d'Allemagne crurent devoir intercéder pour ceux de France; mais les persécutions n'empêchèrent pas ces religionnaires de tenir leur premier synode à Paris, le 15 mai de l'année 1559, et François

Morel de Colonges y présida. On régla dans ce synode la forme et la discipline des Églises : dans la suite, on y fit plusieurs changemens. Cependant les persécutions et les supplices irritaient les esprits au lieu de les intimider. La haine et la fureur de parti commencèrent d'éclater en 1560, par une conjuration contre les Guises. Cette haine et cette fureur continuèrent long-temps de part et d'autre, et causèrent de grands désordres dans le royaume.

J'ai dit que les Vaudois s'étaient unis de sentiment avec les Zwingliens : on les persécuta dans le même temps qu'on persécutait en France leurs frères Calvinistes et Luthériens. Ils prirent les armes, du consentement seulement d'une partie de leurs *barbes* ou ministres, tous n'ayant pas voulu approuver cette espèce de rebellion, et ils maltraitèrent les troupes du duc de Savoie, qui leur accorda, au mois de juin de l'année 1561, la liberté de conscience, avec quelques endroits pour prêcher et tenir leurs assemblées. Cela déplut si fort au Pape, qu'il ne put s'empêcher de déclamer contre le duc de Savoie, opposant à sa conduite celle du roi d'Espagne, Philippe II. Les ministres de ce dernier ayant découvert un nombre considérable de Luthériens dans les montagnes de Naples, le roi catholique avait fait pendre, ou brûler, ou périr dans les galères tous ces Luthériens. Il croyait sans doute en passer pour meilleur chrétien à la cour de Rome, et avoir beaucoup édifié par cette action les partisans de l'ancienne religion. Quelques mois avant la tolérance accordée aux Vaudois par leur souverain, le pape avait résolu, en partie malgré lui, de r'ouvrir le concile de Trente, et s'était déterminé d'envoyer des nonces à tous les princes protestans pour les inviter à ce concile ; mais tous les protestans refusèrent, en déclarant qu'ils ne connaissaient point la juridiction du Pape, ni ce pouvoir qu'il s'attribuait d'assembler un concile général.

En France, il y eut, la même année, au mois d'août, un colloque à Poissy, dans le temps que les Protestans étaient presque les plus forts, et au milieu des plaintes qui éclataient assez ouvertement dans tout le royaume contre les excès de la cour de Rome et l'ignorance du clergé. Un député du tiers-état osa bien se déclarer contre ces excès, et demander dans l'assemblée qu'on diminuât les revenus du clergé, et d'autres choses pareilles, beaucoup plus capables de l'effrayer qu'un changement dans la religion. La politique de Catherine de Médicis la faisait agir alors pour cette nouvelle religion, quoique, dans le cœur, la vieille et la nouvelle lui fussent également indifférentes. Elle écrivit au Pape en faveur du colloque de Poissy, et lui demanda, dans sa lettre, la réformation de divers points, qui auraient pu réunir les Calvinistes de France aux Catholiques, si la cour de Rome eût accordé ce qu'on demandait. On a dit que cette lettre fut écrite à la per-

suasion de Jean de Montluc, évêque de Valence, qui favorisait le calvinisme ;
mais, malgré des dispositions si belles en apparence, le colloque de Poissy se
rompit sans que, de part et d'autre, on se fût rapproché sur le moindre article. Cependant chacun ne s'en glorifia pas moins d'avoir battu en ruine les
argumens opposés. C'est là le sort de ces disputes où l'on veut mettre certaines
matières au niveau de l'esprit humain. Si, de part ou d'autre, on croit avoir
gagné des prosélytes à la cause débattue, on se félicite, et c'est beaucoup
si l'on ne se croit un apôtre. Bèze, qui présidait pour les réformés, ne put
assez se modérer sur l'eucharistie au gré des prélats présens. Le cardinal
de Tournon parla de rompre dès la première conférence *avec ces nouveaux évangélistes.* Le cardinal de Lorraine voulait, à la vérité, qu'on joignît
la Sainte Ecriture aux décisions de l'Eglise Romaine, des conciles et des
Pères ; mais c'était l'*Ecriture expliquée selon le sens de l'Eglise.* Il voulait
aussi que les Protestans se rendissent sur le point de l'eucharistie. Claude
Despenses attaqua la vocation des ministres, et Bèze récrimina par la
simonie qui se mêle dans l'ordination des évêques. Le jésuite Lainez dit
des injures aux Protestans, et les appela des loups, des singes, des ser-
pens. Cependant ces mêmes Protestans, qui voyaient à leur tête des
princes et d'autres grands seigneurs de la cour, obtinrent un édit assez favorable au commencement de l'année 1562. Cette tolérance, quoiqu'incertaine
et toujours exposée à de fâcheuses révolutions, comme on l'éprouva bientôt
après, multiplia tellement les Protestans, que, selon *Fra-Paolo,* ils avaient
alors deux mille cinquante prêches. Le prince de Condé, un de leurs chefs,
proposa aux Luthériens de s'unir pour travailler tous ensemble à obtenir
un concile libre qui repassât, ou, pour mieux dire, qui détruisît tout ce qui
s'était fait jusqu'alors à celui de Trente. Il est certain qu'on jouait à ce dernier
une espèce de *comédie papale,* où l'*intrigue,* qui paraissait se former au désa-
vantage de la cour de Rome, devait se *dénouer* en sa faveur dans le *dernier
acte.* Outre l'union, le prince de Condé demandait quelques secours aux
Protestans d'Allemagne pour continuer la guerre contre les Catholiques. La
bataille de Dreux, où les deux chefs, Condé et le Connétable, furent réciproquement pris prisonniers, et l'assassinat du duc de Guise, furent ce qu'il
y eut de plus remarquable dans cette guerre, à moins qu'on ne veuille y
joindre, à la honte des deux partis, la destruction et la profanation des choses
sacrées, le massacre des prêtres et des ministres, les persécutions antichré-
tiennes qu'on fit souffrir aux hérétiques que l'on voulait ramener, etc. La
paix se fit au commencement de l'année 1563, plus à l'avantage des Catholiques que des Religionnaires. Malgré cela, les Romains et les autres partisans
du Pape furent mécontens *d'une paix donnée à des hérétiques.*

La dernière session du concile de Trente se tint le 3 décembre de l'année 1563. Toute espérance de réunion entre les Catholiques et les communions séparées d'eux finit avec le concile. Depuis ce temps-là, les guerres, les controverses outrées, les persécutions, et les autres excès qui sont dus à cet esprit de parti qui nourrit et entretient les schismes, mais que l'on couvre du beau prétexte de sauver les âmes et de faire fleurir le royaume de J. C.; tout cela, dis-je, a rendu la réunion impraticable. A la haine réciproque, et aux autres passions qui empêchent la réconciliation des Chrétiens, il faut ajouter l'intérêt des grands et la politique du siècle, qui veut que les choses restent au point où elles sont. Il y a tel pays dans le monde où *papiste* signifie moins un homme de la religion du Pape, qu'un homme élevé dans des maximes trop favorables au pouvoir des rois; et l'on oserait presque assurer que le progrès du *papisme* y paraît d'une conséquence plus affreuse que celui du déisme et de l'indifférence dans la religion.

RELIGION ET COUTUMES

DES

LUTHÉRIENS.

———

Il serait fort à souhaiter que l'Eglise n'eût point été divisée, et que l'on se fût supporté les uns les autres avec autant de charité dans la *Bergerie du grand pasteur*, que l'on est obligé de le faire dans un état où l'on se reconnaît tous sujets d'un seul maître. Mais, puisque les choses sont venues à un tel point, que les Catholiques ne sauraient céder aux Protestans sans abandonner leur autorité absolue, et que d'autre côté les Protestans ne sauraient se passer de l'examen pour soutenir la justice de leur réforme, il me sera bien permis de laisser à J. C. seul la décision du salut des uns et des autres, et de déclarer cependant, *qu'un Luthérien ou un Calviniste honnête homme et vertueux est infiniment préférable devant Dieu à un Catholique vicieux qui se couvre du bouclier de la foi qu'il ne connaît pas, et fait gloire de haïr tous ceux qui ne portent pas ce nom de Catholique qu'il déshonore.* Avec cette même liberté, je continuerai de rapporter le bon et le mauvais des partis : la religion de J. C. ne perd rien à employer cette vérité, qui expose simplement le bien et le mal ; mais il n'en est pas ainsi chez les hommes. Plus ils se croient dépositaires des droits divins, plus ils la maltraitent ; et c'est à cause de cela qu'elle n'ose peindre les vices cachés sous le diadême des rois, souvent même sous la tiare des pontifes et sous la mître des prélats.

Je pouvais donner un détail historique des conférences, des colloques et des controverses qui auraient pu devenir des voies de réunion, si l'un des deux partis eût voulu céder, ou qu'il y eût eu de part et d'autre, dans ces combats de religion, autant de bonne foi, de générosité, de vrai courage que les gens de guerre en exigent dans une querelle qui se vide d'homme à homme par les armes ; mais, outre que ces détails ne sont guères du ressort de cet ouvrage, je ne crois pas que j'apprisse rien de fort intéressant au lecteur, en lui disant, par exemple, qu'en divers temps un Jacques-André

Schmidlin, théologien fort emporté et fort turbulent, et qui méritait plutôt de rester à l'atelier de son père que de présider à des conférences de religion, chercha toute sa vie à opprimer et les réformés et les catholiques romains, sous le poids de cette *autorité persécutrice* que les Luthériens reprochaient à Rome; qu'en l'année 1564, il y eut un colloque à Mulbrun, sous l'autorité de l'électeur palatin et du duc de Wirtemberg, entre les deux partis luthérien et réformé, pour chercher à s'accorder sur l'eucharistie, cette pierre d'achoppement, qui arrête depuis si long-temps tous les partis du christianisme; mais que, pour défendre un sentiment non moins incompréhensible que celui qu'on reproche aux catholiques, ce Schmidlin employa les plus absurdes sophismes, et avança hardiment toutes sortes de paradoxes insoutenables; qu'enfin, le colloque fait, il fut suivi d'une foule d'écrits passionnés, qui ne produisirent d'autre effet que celui d'irriter encore plus les uns et les autres, et de montrer au grand jour les excès de cet esprit théologique qui, plutôt que de céder, se retranche sous les expressions les plus dures, pour ne rien dire de pis. Donnons-en ici un exemple. Un certain Marbachius, zélé luthérien, écrivant contre un sacramentaire, s'exprime ainsi : « Nous croyons non-seulement que J. C., après être monté au ciel » dans sa nature humaine, et s'y être assis à la droite de son père, est per- » sonnellement (c'est-à-dire, dans cette humanité) avec le pain et le vin (de » la cène); mais nous croyons même qu'il est par son humanité dans » l'enfer, qu'il est de même dans chaque verre de bière, etc. » Voilà bien, certes, du spinosisme. Dans un autre livre, il disait encore, *que les diables sont dans le même ciel où J. C. est monté :* paroles par lesquelles, à la vérité, il ne prétendait que soutenir avec exagération *l'ubiquité de l'humanité de J. C.*; mais l'expression n'en était pas moins choquante, ni moins capable de révolter les âmes simples. Qu'on eût demandé à ce luthérien s'il entendait ce qu'il disait, il aurait bien osé l'affirmer : qu'après cela on lui eût parlé de la transsubstantiation, il n'aurait pas craint de se déchaîner contre l'absurdité de ce dogme, et de traiter les *Papistes* de gens qui trahissent leur conscience, qui se moquent dans le cœur du dogme qu'ils défendent de bouche, qui n'oseraient dire qu'ils s'entendent, et qui font du mystère du sacrement une opération de magie.

Je n'ai pas jugé à propos de faire l'histoire du formulaire et du livre de la *Concorde*; elle est du ressort de l'histoire ecclésiastique : je me contenterai eulement de donner une idée générale du formulaire, qui fut en 1574 le fruit d'une assemblée, à Torgau, de quinze théologiens luthériens, outrés. Le formulaire a dix articles affirmatifs et vingt négatifs contre les Catholiques romains et contre les Sacramentaires. Les dix affirmatifs contiennent le sentiment des Luthériens touchant la présence réelle, *véritable et essentielle*, du corps et du sang de J. C. dans la cène. Les vingt négatifs rejettent les doctrines opposées; mais qu'on ne s'attende pas d'y trouver des termes apostoliques et des sentimens de charité. On devait du moins attendre cela de la part de ces théologiens évangéliques, sortis seulement depuis environ cinquante ans de Rome, qu'ils traitaient de persécutrice et d'ennemie de la charité. Mais point du tout : le formulaire s'exprime avec toute la passion de ceux qui veulent régner sur les consciences. Le sentiment de Carlostad y est traité de bouffonnerie, celui de Zwingle de folie, et ainsi des autres. Les uns sont des enragés, les autres des fanatiques. Calvin, Bèze, Bullinger, en répandant leurs sentimens, ont répandu partout des blasphèmes. Le dernier article négatif qui rapporte douze ou quinze objections assez fortes contre la présence réelle de l'humanité de J. C., contient en même-temps un déchaînement violent contre les Sacramentaires et contre la messe. Mais, toute compensation faite, les Catholiques romains diront toujours qu'il ne leur coûte pas davantage de soutenir la transsubstantiation, qu'aux Luthériens le dogme de la présence réelle. Au reste, ce n'est pas aller trop loin que de traiter ces théologiens de persécuteurs, puisqu'à la suite du formulaire vinrent l'exil, l'emprisonnement, le bannissement de ceux qui refusèrent de le souscrire. C'était faire une conspiration contre l'Etat que de communiquer avec des Sacramentaires, de divulguer leurs livres, et d'écrire pour la défense de leur opinion. Peucer, célèbre par ses écrits, et quelques autres de ce temps-là, pensèrent être les victimes de cette violence, et je dois faire surtout remarquer ici les trois chefs d'accusation intentés contre ce Peucer, quelques mois après que le formulaire eut été fabriqué à Torgau : 1.°. on accusa ce médecin *anti-ubiquiste* d'avoir conspiré contre l'Etat, et on le somma, sous peine d'être mis à la question, de déclarer ses complices; 2°. on voulut aussi le forcer de déclarer les théologiens et les conseillers de la cour de Saxe avec lesquels il s'était entretenu au préjudice du sentiment luthérien; 3°. on l'accusa indirectement d'infidélité envers son prince, ou tout au moins on voulut soutenir à Peucer qu'il ne pouvait lui être fidèle, parce qu'il ne pensait pas comme lui sur l'eucharistie. Il convenait bien à de telles gens de crier contre l'Eglise Romaine !

Il se fit en 1576, à Torgau, un second formulaire de concorde, par lequel on acheva de *canoniser*, c'est ainsi que s'exprime Hospinien, l'ubiquité si chère au parti. Mais, en 1577, six autres théologiens, assemblés dans le monastère de Berg, près de Magdebourg, mirent la dernière main à cette concorde; et c'est ce formulaire de Berg qu'on appelle maintenant le *livre de la Concorde*, où quelques puissances protestantes blâmèrent que l'on condamnât tout autre sentiment que celui de l'ubiquité , comme on peut le voir dans l'ouvrage que je cite. C'est aussi à cet ouvrage que je renvoie ceux qui voudront apprendre à fond l'histoire de la concorde , et des querelles qu'elle eut à soutenir en Allemagne et avec les étrangers. Je passe à une chose beaucoup plus essentielle à cette Dissertation , c'est à la description de la religion luthérienne.

Pour bien rapporter la croyance des Luthériens , il faut l'extraire de leurs livres symboliques , entre lesquels la confession d'Augsbourg tient le premier rang ; mais , auparavant , il est nécessaire que le lecteur sache quels sont les écrits symboliques qui parurent successivement depuis la réforme commencée par Luther. La confession d'Augsbourg fut présentée à Charles V , en 1530 ; elle fut dressée par Mélanchton de concert avec Luther , et , fort peu de temps après , le même Mélanchton fit l'apologie de cette confession. Les *articles de Smalcalde* vinrent ensuite. Je ne m'arrêterai pas à tout ce que l'histoire nous apprend des motifs qui engagèrent Luther à dresser , à la fin de l'année 1536 , ces articles , connus dans toute l'Allemagne protestante sous le nom d'*articles de Smalcalde ;* je dirai seulement qu'ils furent présentés à l'assemblée de Smalcalde au commencement de l'année 1537. L'apologie et les articles servaient à justifier et expliquer la croyance des Luthériens ; mais les articles devaient être présentés au concile général. Mélanchton les souscrivit , avec cette exception remarquable « que , si le Pape » reçoit l'évangile (c'est-à-dire la doctrine luthérienne), on pourra lui » accorder , pour l'amour de la paix , et pour la tranquillité du christianisme » et des Chrétiens qui lui sont soumis, la supériorité sur les évêques , supé- » riorité qui lui est acquise déjà de droit humain. » Les Catholiques trouvent plusieurs variations des premiers réformateurs dans ces trois écrits. Je renvoie à M. Bossuet qui les a exactement rapportées.

Je ne dois pas oublier ici deux actes authentiques du luthéranisme, qui sont le grand et le petit catéchisme de Luther. Quoiqu'on ne sache pas bien en quel temps il fit ces deux catéchismes , je les place après la confession d'Augsbourg , parce qu'il y a beaucoup d'apparence que le docteur Saxon ne pensa au corps de doctrine qu'après avoir fait tous les changemens qu'il croyait nécessaires à sa réforme.

La confession saxonique est de l'année 1551 , de même que celle de Wittemberg. La première fut dressée par Mélanchton , et l'autre par Brentius. Mélanchton appelait sa confession une répétition de celle d'Augsbourg : on assure que Wittemberg donnait le même nom à la sienne. Cependant il y avait quelque chose de plus ; et si l'on en croit les auteurs catholiques et quelques sacramentaires , elles n'étaient exemptes ni de variation , ni de contradiction.

On pourrait mettre à la suite de ces confessions le catéchisme de Wittemberg, qui est de l'année 1571 ; le *Consensus* de Dresde, qui est du mois d'octobre de la même année, et le *Grondfest* ou *fondement*, aussi de 1571, dont le *Consensus* de Dresde est l'abrégé. Celui-ci est en forme de confession de foi ; mais ces écrits ne regardent pas le corps entier du luthéranisme. Après cela je ne trouve plus que le formulaire de la Concorde, dont j'ai parlé, et diverses assemblées qui suivirent la publication de ce formulaire, dans une desquelles il fut signé, dit-on, par plus de huit mille ministres.

C'est de ces écrits que j'extrais le précis qui suit de la croyance particulière des Luthériens, tant en ce qui les éloigne des Catholiques romains, qu'en ce qui les sépare des Réformés, étant inutile de toucher aux articles de croyance qui leur sont communs avec les uns et les autres. Ils ne reconnaissent que quatre conciles œcuméniques : de Nicée, tenu en 325 ; de Constantinople, en 381 ; d'Ephèse, en 431 ; et de Calcédoine, en 451. Ils rejettent absolument le mérite des œuvres dans le salut, jusques-là même qu'ils regardent les vertus des sages païens comme des vices. Mais il est nécessaire de rapporter un peu au long les sentimens des Luthériens sur cette matière si épineuse. Ils croient généralement que J. C. est mort pour tous les hommes pécheurs en Adam ; mais que ceux-là seuls qui croient en J. C., et persévèrent dans leur foi, seront sauvés. *La prévision* que Dieu a eue de toute éternité de cette foi est le fondement de l'*élection* ou *prédestination* des fidèles : ainsi ils n'admettent pas le décret ou la prédestination absolue des Réformés, parce qu'ils ne croient pas, comme ceux-ci, que la prédestination soit un simple effet de la volonté de Dieu : comme si Dieu n'avait absolument choisi de toute éternité qu'un certain nombre de personnes, pour les faire des objets de sa grâce et de sa miséricorde ; et cela, sans aucun égard pour leur foi. Ils considèrent l'élection de la même manière que la justification. Si la cause instrumentale de la justification est la foi, la prévision qui est en Dieu, de cette foi des fidèles, l'est de leur élection. Pour le franc arbitre, le luthéranisme nie son pouvoir avant la conversion du pécheur, et soutient que l'homme n'est converti que par le secours tout seul de la grâce. Cependant, ajoutent-ils, cette grâce n'est pas irrésistible. La distinction entre la grâce *efficace* et la grâce *suffisante* ne les satisfait point. Ils soutiennent que toute grâce divine est efficace ; mais que, si elle n'est pas suivie de son effet, c'est la faute du pécheur. Les Luthériens raisonnables avouent que ce système est plein de difficultés. Avouons aussi qu'il est plein de contradictions ; et, pour ne rien garder sur le cœur, avouons enfin que tous les théologiens du christianisme auraient bien dû nous laisser la permission de nous sauver, sans leur obscur et inutile verbiage touchant le *décret d'élection*, la *grâce efficace*, *particulière*, *universelle*, *irrésistible*, *admissible*, *inadmissible*, *suffisante*, *qui ne suffit pas*, le *pouvoir prochain*, etc. Les Luthériens ne reconnaissent que deux sacremens ; le baptême et la cène. Ils rejettent la transsubstantiation, la messe, l'élévation et l'adoration du sacrement, les cérémonies et tout le culte extérieur que l'Eglise romaine observe à l'égard du corps et du sang de J. C. ; mais ils croient la présence réelle de l'humanité de J. C., *avec*, *dans* et *sous* le pain et le vin de la communion, et avancent, pour la défense de leur *ubiquité*, que toutes les perfections de la divinité de J. C. ont été communiquées à son humanité. Ils rejettent le culte des saints et des reliques. Nous devons, disent-ils, imiter les saints, et nous les proposer pour modèles ; mais nous ne devons point les invoquer, ni attendre aucune vertu de leurs reliques, etc. Ils condamnent les peines et les satisfactions humaines ; vœux, pélerinages, neuvaines, macérations, œuvres de surérogation, c'est-à-dire, ces œuvres qui vont au-delà de ce qu'on doit faire par devoir, etc. Ils rejettent les distinctions des viandes et le carême, les vœux monastiques et les couvens, le célibat des ecclésiastiques, le service en langue inconnue au peuple, et généralement toutes les cérémonies qui sont observées dans l'Eglise catholique. Voilà principalement ce qui distingue la religion des Luthériens de celle de l'Eglise romaine. Voyons leurs usages et leur discipline.

Cérémonies religieuses, et Disciplines des Luthériens.

Je commence par la dédicace des églises, telle qu'on la fait en Saxe. On s'assemble, pasteurs et fidèles, à la maison du curé, ou même près de l'église qui doit être consacrée, et l'on s'arrange ensuite deux à deux pour faire une fois, et quelquefois trois, la procession tout autour, en chantant des hymnes et des cantiques. Après cette dévotion préliminaire, on entre dans l'église, l'on y chante encore, et l'on y écoute des lectures saintes, et un prêche propre à la cérémonie du jour. Si le revenu de l'église le permet, ou si les fidèles sont assez riches, on prie le *Surintendant* de la capitale d'assister à la cérémonie, de bénir l'église, de la consacrer par un prêche solennel de sa façon ; et, pour lors, on lui fait un présent convenable et un régal. Mon auteur rapporte ensuite la dédicace d'une église du faubourg de Dresde appelé *Fredericstat*, qui fut faite en 1730. La procession partit de l'endroit où se faisait auparavant le service luthérien. Les étudians et les écoliers allaient devant en chantant. Suivaient après, celui que les Luthériens nomment *surintendant*, portant la bible ; le pasteur ordinaire, portant le calice et la patène ;

deux diacres, dont l'un portait le trône, l'autre le livre de la discipline. Un grand nombre de fidèles luthériens, de tout âge et de tout sexe, achevait de former cette procession. L'on se rendit ainsi à l'église, on y chanta des cantiques au son des instrumens de musique ; après quoi le *surintendant* prêcha sur la solennité de la cérémonie ; et, afin que les sens eussent aussi leur part de la fête, un festin en fit la clôture, où l'on se régala des mieux. Mais cependant, s'il faut en croire notre historien, tout *s'y passa dans la crainte de Dieu.* Il décrit une autre consécration, qui est celle d'une église de Pilnitz, très-remarquable, selon lui, et très-digne de passer à la postérité. Mais comme je ne fais pas profession d'ennuyer les lecteurs par des répétitions inutiles, il suffit de leur apprendre que cette consécration de Pilnitz fut honorée d'une procession plus nombreuse, et qu'après la prédication la communion fut administrée aux principales personnes de la procession par le pasteur ordinaire du lieu, qui avait pour son assistant un autre pasteur, le *Te Deum* ayant été chanté auparavant en musique. Passons à quelque chose de plus digne d'attention, à quoi donne lieu l'anniversaire de la fondation d'une église. C'est, dit-on, l'usage dans presque toute l'Allemagne de célébrer ces anniversaires en automne, sous le nom de *Kirchweie* (dédicace de l'église), et de là sont dérivées ces fêtes connues en allemand sous le nom de *Kirch-misse.* Elles consistent d'abord en quelques dévotions, mais l'essentiel est toujours de s'assembler entre parens et amis pour se régaler. L'historien des Cérémonies ecclésiastiques de Saxe écrit que ces fêtes se célèbrent en automne plutôt qu'en une autre saison, parce que, d'ordinaire, *les nouvelles églises sont achevées de bâtir en automne.* Quoi qu'il en soit, ces *Kirch-misse* ont donné leur nom aux foires, parce que les assemblées des parens et des amis, et sans doute aussi la dévotion, qui faisaient l'ouverture de l'anniversaire, attirant insensiblement beaucoup d'étrangers, on jugea que ce temps était très-propre pour négocier, etc. Ajoutons d'autres circonstances très-propres à établir les foires sous les auspices de ces fêtes anniversaires. C'est que les seigneurs des lieux donnaient alors des festins au peuple ; on faisait des réjouissances à l'honneur des Saints auxquels les églises étaient dédiées, on faisait des processions solennelles. Enfin le clergé, sous le beau prétexte de servir Dieu et d'exciter la piété des peuples, leur étalait alors, avec les reliques et les autres objets de dévotion, toutes ses richesses et la magnificence des églises, sur-tout dans les endroits où les prélats étaient devenus seigneurs temporels. Cette origine n'empêche pas que ces fêtes ne soient conformes en certaines choses aux *Feriæ* et aux *Nundinæ* des Romains, qui avaient comme les nôtres leurs plaisirs, leurs priviléges, leurs exemptions de certains droits, etc.

Je ne touche ici ni aux droits et priviléges des églises, ni à leurs revenus. Les églises ont perdu la plus grande partie de ces avantages depuis la réformation. Quoique quelques bonnes âmes de la réforme regardent comme un acte de piété de faire du bien aux églises et à leurs ministres, il ne leur est jamais permis de ruiner leurs familles et de faire des donations injustes pour enrichir des pasteurs, pour bâtir des temples, ou pour d'autres semblables motifs, moins fondés souvent sur la piété d'un mourant que sur la crainte de l'avenir ou sur la faiblesse de l'esprit. Peut-être que la réforme porte trop loin sa sévérité sur cet article; mais aussi dans quel excès ne tombe-t-on pas quelquefois chez les Catholiques? Je ne saurais m'empêcher d'en remarquer un qui a fait beaucoup de mal en France. Autrefois, celui qui ne léguait rien par testament à l'église, était privé des honneurs de la sépulture; et, si l'on mourait sans tester, un prêtre, autorisé par le Pape, suppléait à ce défaut, dressait un testament, et faisait la part de l'église telle qu'il le jugeait à propos. L'église était en trop bonnes mains pour devoir craindre que la portion fût petite. Le parlement abolit enfin ce pernicieux usage, qui était dû sans doute à la maxime secrète de la plupart des ecclésiastiques, *que la république est dans l'église*, au lieu que, selon l'ordre naturel du gouvernement, *l'église est dans la république.*

Les églises ont des administrateurs de leurs revenus, et, afin que tout se passe dans les règles, ils sont obligés de rendre compte de leur administration et de leur recette au magistrat. Il faut, dit un auteur allemand, considérer les églises comme des pupilles, et ces administrateurs comme leurs tuteurs et leurs curateurs, qui doivent conserver et augmenter même les biens dont ils sont dépositaires, s'en servir pour les besoins de leurs pupilles, les employer à des réparations et à des embellissemens convenables nécessaires. Venons aux ministres de ces églises.

Il ne s'agit ici pour nous ni de leur vie, ni de leurs études. Cela est du ressort de l'examen qu'ils doivent subir, lorsqu'ils se présentent comme *candidats* pour être admis au ministère. Ordinairement deux théologiens sont commis pour l'examen du *candidat.* Outre le mérite et les talens corporels, par exemple, l'étendue et la beauté de la voix, la santé, etc., on examine quelle est leur capacité dans les langues et dans la controverse, tant *offensive que défensive*; sur-tout on examine l'habileté du *candidat* dans cette controverse, que j'oserais bien nommer *bilieuse*, qui touve par-tout les *papistes*, et par-tout les attaque sans ménagement. On examine aussi la doctrine du *candidat*; il est important et juste qu'elle soit orthodoxe, c'est-à-dire, qu'elle soit conforme à la religion qu'il doit enseigner, à l'église qu'il desservira, et au temps qu'il exercera son ministère. Ces trois circonstances

sont absolument nécessaires pour définir justement l'orthodoxie. Après tout
cela, on donne un texte au *candidat*, afin qu'il prêche devant les exami-
nateurs. Depuis quelques années, dit l'historien saxon, le *candidat* qu'on
examine prêche deux ou trois fois devant des Juges qu'on lui donne d'entre
les théologiens du consistoire, lesquels censurent tour-à-tour le prêche. Le
candidat ayant été trouvé capable, on peut lui donner une église : cependant
la discipline de Saxe veut qu'avant de le déclarer ministre de tel ou tel lieu,
on l'y fasse prêcher plusieurs fois, et qu'ensuite on sache du troupeau qu'on
lui destine s'il l'agrée pour pasteur. Il n'est pas dit que cela s'observe si rigoureusement qu'on n'emploie jamais ni intrigues, ni cabales, ni surprises ;
mais une chose que je ne dois pas oublier, c'est que le nouveau ministre
doit souscrire en personne, et jamais par procuration, le *formulaire de la
concorde*.

Dans le siècle passé, il y avait en Saxe et en d'autres pays protestans un
ordre de ministres tout particuliers. C'étaient de vieux candidats âgés de
quarante ou cinquante ans, pour la plupart fugitifs de Bohême et de Mo-
ravie, qui allaient prêcher le dimanche de lieu en lieu, et principalement
à la campagne. Ils faisaient leur prêche après que la dévotion du dimanche
était finie, et, pour le faire, ils demandaient seulement une table et une
chaise, l'une pour y poser leur bible, l'autre pour s'asseoir ; après quoi ils
prononçaient sur-le-champ, et sans avoir médité auparavant leur texte, un
très-long discours au milieu d'un auditoire presque tout composé de gens du
commun. Le zèle et la véhémence de ces prédicateurs étaient, dit-on, des
plus surprenans. Ils tonnaient contre les péchés, ils dénonçaient les jugemens
de Dieu aux méchans, etc., et tout cela peut-être dans une simplicité de cœur
infiniment plus agréable à Dieu que la délicatesse d'un scrupuleux orthodoxe
qui tonne au milieu d'une Cour. Le ministre ambulant fréquentait ordinairement les villages où il n'y avait point d'église. C'est là que l'auditoire était
nombreux et la dévotion animée. Après le prêche, les auditeurs apportaient
à ce prédicateur du pain, de la viande et autres provisions, qui récom-
pensaient assez bien ses peines.

Pour venir à l'ordination des ministres luthériens, je ne ferai mention
qu'en deux mots de cette fameuse question qui roule sur la validité des ordinations protestantes. De nos jours, celle des Anglicans a excité de grands
débats pour et contre, et causé enfin la fuite ou l'exil du savant qui plaidait
pour elle. Les Catholiques objectent à-peu-près la même chose aux Luthériens qu'aux Anglicans : *Vos ministres*, disent-ils aux Luthériens, *n'ont
point de vocation légitime, parce qu'ils n'ont pas été ordonnés par des
évêques*. Les Luthériens répondent, entre autres choses, qu'il n'est pas abso-

lument nécessaire qu'un évêque ordonne ; que ce droit d'élire et ordonner appartient à toute l'assemblée des fidèles ; que , comme ces fidèles sont en droit d'éviter *le pasteur qui se métamorphose en loup* , *ils ont de même celui d'élire un autre pasteur à la place de ce loup* ; qu'une preuve qu'il n'est pas nécessaire qu'un pasteur inférieur soit élu par le supérieur , c'est que les évêques élisent et ordonnent le patriarche , et que les cardinaux élisent le Pape. Le jour étant pris pour l'ordination , le *candidat* se rend à l'église où il doit être ordonné en présence des ministres, des juges ecclésiastiques , et de l'assemblée des autres fidèles. Il commence par se confesser avant ou pendant le prêche. Dans la prière qui suit le prêche, on fait expressément mention de ce *candidat* , et l'on prie pour lui en ces termes : *Un tel* devant *être reçu et ordonné ministre par l'imposition des mains selon l'usage apostolique, prions tous pour lui que Dieu lui veuille donner son Saint-Esprit et le combler de ses dons,* etc. Le prédicateur étant descendu de chaire, on entonne le *Veni Spiritus Sancte* ; et, pendant le chant, le *surintendant,* qui est le plus éminent du clergé luthérien, se rend à l'autel, accompagné de six collègues (je les nomme ainsi après l'auteur allemand), et suivi du *candidat,* qui se met à genoux devant lui. Ici , le *surintendant,* s'adressant à ses six collègues, après leur avoir communiqué le désir du postulant, les invite à joindre leurs prières aux siennes, et lit ensuite le formulaire de l'élection, qui est suivi d'une autre prière, après laquelle il parle en ces termes aux six pasteurs : « Mes chers frères en J. C. , je vous exhorte à poser » vos mains sur ce postulant qui se présente ici pour être reçu ministre de » l'Eglise de Dieu , selon l'ancien usage apostolique, et de concourir avec » moi pour le revêtir du saint ministère. » En achevant ces derniers mots, il pose le premier les mains sur la tête du postulant, et lui dit : *Sis , maneasque consecratus Deo ;* ce qui veut dire à la lettre, *soyez et demeurez consacré à Dieu.* Les six collègues répètent, après le *surintendant,* la cérémonie de l'imposition des mains avec les mêmes paroles : après quoi, le *surintendant* s'adresse de la manière suivante au nouveau pasteur : « Etant » assemblés ici avec le secours du Saint-Esprit, nous avons prié Dieu pour » vous , et nous espérons qu'il aura exaucé nos prières. C'est pourquoi je » vous ordonne , je vous confirme , je vous établis, au nom de Dieu, pasteur » et conducteur des âmes dans l'église de…. etc. ; gouvernez-la dans la » crainte de Dieu , veillez sur elle en pasteur fidèle, etc. » Ces paroles sont proprement l'essence de l'ordination. En achevant de les prononcer, le *surintendant* descend de l'autel, et le prédicateur ordinaire s'en approche, revêtu de ses habits sacerdotaux, pour lire l'institution de la cène , et consacrer le pain et le vin dont il communie le nouveau ministre , qui reçoit la

Tom. III. Nº 22.

L'IMPOSITION des mains faite à un CANDIDAT Lutherien reçu MINISTRE dans l'Eglise de Sᵗᵉ ANNE à AUGSBOURG, en presence de 14. MINISTRES, et des MAGISTRATS qui ont la juridiction Episcopale.

RÉCEPTION d'un nouveau MINISTRE Lutherien
dans L'EGLISE de St. JAQUES à AUGSBOURG. 23.

Le CATECHISME des ENFANS dans L'EGLISE
des MINORITES, à AUGSBOURG. 24.

Caterine Sperling del.

La CONFESSION.
dans le Chœur de L'EGLISE de Ste. ANNE à AUGSBOURG.
25.

B. Picart sculp. dir. 1732.

L'ABSOLUTION.
26.

communion à genoux. Quelques cantiques et la bénédiction ordinaire font la clôture de cette cérémonie. Après cela, tous ces pasteurs rentrent dans la sacristie. On félicite en latin le nouveau pasteur sur sa vocation : le *surintendant* lui fait de nouvelles représentations touchant les devoirs de la charge pastorale. Voici quelques-unes des obligations de cette charge, telles que je les trouve dans quelques livres des Luthériens. Le pasteur luthérien doit se regarder comme le père de son troupeau ; il ne doit pas s'écarter de l'Ecriture, ni abandonner le grand chemin de l'orthodoxie, pour suivre de nouveaux systèmes, ni inventer de nouvelles routes, sous prétexte d'aller à la vérité. Il ne doit point négliger son église, ni la quitter légèrement pour une autre. Il ne doit point se mêler de politique ni d'affaires d'Etat, ni d'affaires de famille, à moins qu'il ne s'agisse de mettre la paix dans un ménage et de réconcilier les esprits. Il ne doit point lui être permis de trafiquer, ni d'exercer aucune profession mécanique, ni de s'intéresser dans quelque commerce que ce soit. A la vérité, s'il a des vignes ou des jardins, ou des champs, etc., il est juste qu'il en débite le provenu. Enfin, pour abréger le détail, et finir par un article qu'on peut appeler la *croix* des ecclésiastiques, il doit vivre en paix avec ses collègues, et les supporter charitablement. Il leur est aussi défendu à tous de s'accuser mutuellement d'hérésie, pour des mots mal entendus, et de cabaler les uns contre les autres dans les consistoires et dans les synodes.

Le ministre ordonné est *investi*, c'est-à-dire mis en possession de son troupeau, s'il est permis de s'exprimer de la sorte. Le *surintendant* lui donne cette investiture en présence de tout le troupeau dont il va devenir le pasteur. Je ne dois pas oublier ici en passant un privilége dont les pasteurs jouissent, en Saxe ; c'est d'avoir la boisson franche.

Pl. 22. *L'Imposition des mains faite à un Candidat reçu Luthérien*, etc.

Pl. 23. *Réception d'un nouveau Ministre luthérien*, etc.

Pl. 24. *Le Catéchisme des enfans dans l'église des Minorites*, etc.

Pl. 25. *La Confession chez les Luthériens.*

Pl. 26. *L'Absolution des Luthériens.*

Les *surintendans* sont comme des évêques chez les Luthériens. Ils ont sous leur administration un diocèse, où les peuples et les pasteurs sont obligés de reconnoître leur autorité, et d'avoir recours à eux dans les discussions épineuses et embarrassées, ou dans les affaires de conséquence. Je ne dis rien des autres grades ou charges ecclésiastiques, à savoir des diacres, archidiacres, etc. C'est dans le consistoire que sont traitées les affaires ecclésiastiques ordinaires, en sorte pourtant que, s'il y survient des difficultés importantes, la puissance séculière en prend connaissance, sans préjudicier à ce pouvoir ecclésiastique essentiel à la vocation pastorale, qui est la prédication, l'administration des sacremens, l'examen et l'ordination des sujets qui se présentent au ministère, et le pouvoir des clefs. Ces droits ne sortent point de l'Eglise luthérienne : appelons-les donc le *pouvoir intérieur*. Pour le droit d'établir de nouvelles constitutions dans l'Eglise, d'y changer et réformer certains usages, de convoquer les synodes, on ne le conteste point non plus à l'Eglise, pourvu que la puissance civile donne son approbation ; et voilà le *pouvoir extérieur*, que les églises séparées de la catholique sont obligées de reconnaître. Il appartient encore à cette puissance *extérieure* de concourir avec l'*intérieure* à la propagation de la foi, à la défense de la religion évangélique, et aux besoins de ses pasteurs. Toutes les sectes réformées ont adopté sans réserve la décision que prononçait Constantin en parlant aux évêques de son temps : *Vous êtes évêques dans l'église, et je suis hors de l'église.* Autrefois, il y avait quatr econsistoires en Saxe, *Wittemberg*, *Leipsick*, *Misue*, *Swiekow*. Dans la suite, on a supprimé les deux derniers, et ajouté Dresde aux deux premiers. Celui de *Dresde* est aujourd'hui le *consistoire suprême*, auquel on a incorporé ce qu'on appelle le *Kirchen Rath*, ou conseil ecclésiastique, composé d'un président qui représente la puissance séculière, et de conseillers, que l'on qualifie aussi du titre de *Seigneurs consistoriaux*. Le président signe les décrets sous le nom du prince. On peut appeler du consistoire au Souverain, mais le sénat ecclésiastique juge sans appel, et il peut y avoir aussi révision dans le *suprême consistoire* des causes jugées dans les deux autres.

Les ministres inférieurs de l'Eglise luthérienne sont compris généralement sous le nom de clercs. Les premiers sont établis et gagés pour instruire la jeunesse, emploi nécessaire et difficile, qui demanderait des gens raffinés, capables de pénétrer dans tous les replis du cœur, au lieu qu'il est communément occupé par des personnes sans éducation et sans connaissance. On devrait bien se ressouvenir que l'école est un séminaire où commencent de se former les princes et les bourgeois, les nobles et les roturiers, les philosophes et les artisans, les savans et les généraux d'armées, les conquérans et les inventeurs des arts ; enfin, les gens de bien et les fripons, les juges et les criminels. Les autres ministres inférieurs sont les sacristains, les marguilliers, les chantres et les organistes, etc. Il appartient aux pasteurs d'examiner la conduite et la capacité des uns et des autres : l'examen se fait en plein consistoire.

En entrant dans l'église, le fidèle luthérien doit élever son cœur à Dieu, et, comme il y a toujours quelque cérémonie dans les choses qui en demandent le moins, voici la forme extérieure de cette petite dévotion préliminaire. Le Luthérien fait une prière jaculatoire ayant le chapeau devant son visage, la Luthérienne la fait de même derrière son éventail : la même chose s'observe en sortant de l'église. La prière ordinaire de ces fidèles, c'est l'oraison dominicale ; mais comme il n'arrive que trop au Luthérien, ainsi qu'aux fidèles des autres communions, de brusquer cette dévotion, il fait lui-même, dans le chapitre qui traite des *Collectes*, une paraphrase des trois premières demandes de l'oraison dominicale pour les dévots de sa religion. Un autre écrivain allemand a trouvé la manière de *prier sous le chapeau* si importante, qu'il en a fait un chapitre exprès dans son rituel ecclésiastique. Ces *Collectes* que je viens de nommer se chantent : personne n'ignore que se sont des prières destinées à certaines circonstances de l'année, et aux fêtes du calendrier des Luthériens. Le fidèle luthérien étant dans l'église doit s'y acquitter de toutes les dévotions établies dans sa communion : je vais les détailler par ordre. D'abord il faut remarquer, comme en passant, qu'ici comme ailleurs, l'on compte beaucoup sur *l'opus operatum*, c'est-à-dire, sur le mérite intrinsèque des pratiques de dévotion acquittées régulièrement, comme un compte s'acquitte par un débiteur qui voudrait bien rester insolvable avec honneur. L'*opus operatum* suppose que tout acte de dévotion est virtuel, et que sans contribuer du sien, celui qui s'acquitte de cette dette religieuse ne laisse pas de faire son devoir devant Dieu. Toutes les religions fourmillent de dévots de ce caractère, parce qu'il n'en est aucune qui n'ordonne ou ne suppose la nécessité de servir Dieu : en quoi l'homme se trouve combattu, d'un côté par ses passions, de l'autre par ses infirmités. Attribuons à cette malheureuse situation l'indévotion que notre pieux historien reproche à ceux de sa communion ; indévotion qui consiste à se rendre tard au sermon, et à sortir immédiatement après, sans faire cas des prières, ni des cantiques ; qui consiste encore à rire, à se jeter des œillades, à jaser indiscrètement, pendant que l'on devrait se recueillir en soi-même ; à sortir enfin de l'église avec beaucoup d'impatience pour se rendre à des plaisirs souvent illicites. Je ne pense pas qu'une communion soit en droit de rien reprocher à l'autre sur tous ces articles. Lorsque l'assemblée des fidèles s'est formée pour vaquer aux exercices de dévotion, soit qu'il y ait prêche, ou seulement lecture et prière, on chante d'abord des psaumes et des cantiques spirituels. Les Luthériens ont beaucoup de prières publiques et de fréquens prêches, sur-tout à Dresde et à Leipsick : on y prêche et l'on y fait les prières tous les jours; sur quoi le dévôt M. *Gerbert* s'écrie : *Heureux celui qui habite dans une ville où l'on prie Dieu tous les jours !* Je ne sais si à Dresde et à Leipsick il y a beaucoup plus de gens de bien qu'ailleurs, ceux qui ont quelque chose à démêler dans ces deux villes peuvent en juger ; mais, quoi qu'il en soit, il y a généralement prédication deux ou trois fois par semaine dans toutes les villes de Saxe, et presque tous les jours prière publique. Cette prière est précédée du chant d'un cantique, et de la lecture que fait le ministre de quelques chapitres de la Bible : les fidèles prient à genoux. Ensuite on chante un autre cantique, le ministre lit une collecte et finit par la bénédiction.

Je ne dis rien de la prière dominicale répétée si souvent, et même chantée chez les Luthériens dans les exercices publics et particuliers de dévotion, ni des différentes lectures des évangiles et des épîtres, selon les divers temps et les différentes fêtes de l'année ; seulement, il est à remarquer que le ministre chante souvent les évangiles et les épîtres au lieu de les lire. Je remarquerai aussi, comme moitié usage et moitié pratique de dévotion, que les fidèles sont debout à la lecture de l'évangile et de l'épître, avant la prédication, lorsque la lecture de l'évangile se fait en chaire, et lorque le ministre donne la bénédiction. Le même usage d'être debout par dévotion s'observe en plusieurs endroits, pendant que le ministre communie les fidèles.

Le prêche se fait au moins deux fois le dimanche aux grandes fêtes, à savoir avant et après midi : l'on prêche aussi le dimanche sur le catéchisme, à quoi est annexé l'examen de la jeunesse. Souvent même on diffère les enterremens jusqu'au dimanche pour profiter d'une oraison, ou tout au moins d'un sermon funèbre qui, chez les Luthériens, ne manque jamais au mort, de quelque âge et de quelque condition qu'il soit. Les textes sur lesquels on prêche sont rarement pris dans les livres que les Luthériens et les Réformés nomment apocryphes. Le dernier usage que j'observerai ici au sujet des prêches, c'est celui des *prédications circulaires.* Les Luthériens appellent ainsi des prêches que les pasteurs sont obligés de faire en de certains temps dans la métropole en présence du *surintendant,* afin qu'il puisse juger par lui-même de leur méthode et de leur progrès dans le ministère, examiner leur doctrine, empêcher qu'ils ne s'écartent de l'orthodoxie, etc.

On fait, après le prêche, les supplications ou recommandations à Dieu, les actions de grâces et les publications. Par les premières, on recommande à Dieu les malades, les femmes en couche ou en travail, les voyageurs, les personnes affligées, etc. En Danemarck, on recommande aussi aux prières

ceux qui sont sur le point de consommer leur mariage. Cela n'est pas mal,
et, pour plus d'une raison, soit physique, soit morale, toutes les Eglises
chrétiennes devraient observer cet usage. En voici un autre qui n'existe
encore nulle part, mais qu'il ne conviendrait peut-être pas moins d'établir,
ce serait de prier Dieu pour la réconciliation des ecclésiastiques et des théologiens, de le supplier qu'il leur donnât un esprit de paix et de charité, etc.
Par les actions de grâces, des particuliers font remercier Dieu des biens
qu'ils ont reçus de lui. Les publications servent à annoncer des choses qui
regardent l'Eglise, soit dévotions extraordinaires, ou avertissemens, etc. En
certains endroits, on annonce du haut de la chaire les ordres du magistrat.
Dans le Holstein, on a la mauvaise coutume d'annoncer un crime commis et
d'y ajouter la malédiction du coupable. Ceux qu'on accuse injustement s'y
servent du même moyen pour se purger de l'accusation devant le public,
et le formulaire contient à-peu-près ce qui suit : « N. N., ayant sujet de
» se plaindre des mauvais bruits qu'on a répandus contre lui, comme s'il
» avait volé, et ne pouvant découvrir la cause d'une calomnie si injuste,
» s'adresse, pour recouvrer son honneur, aux prières de l'Eglise, et prie les
» fidèles de demander avec lui à Dieu qu'il punisse le coupable par la perte
» de son honneur, de sa vie et de ses biens, qu'il le sépare éternellement
» des bienheureux, etc. »

L'Eglise luthérienne a conservé l'usage de l'autel pour la communion, elle a
aussi conservé les cierges allumés dans les temples, l'encens et le crucifix à
l'autel, le signe de croix, les images, etc. Plusieurs docteurs luthériens avouent
que ces choses donnent de la majesté au culte et fixent même l'attention
du peuple. D'autres se plaignent que le peuple en fait trop de cas ; que, non
content de leur donner plus de valeur qu'elles n'en méritent, il les regarde
aussi comme des parties essentielles du culte religieux, que les gens même
qui devraient être au-dessus des idées populaires par l'éducation ou par la
naissance, respectent tellement ces usages qu'ils s'amuseront, dit l'auteur
saxon, à faire bâtir un autel, par un principe de dévotion mal entendue,
ou, tout au moins, pour laisser après eux un monument de leur piété, au
lieu de consacrer cette dépense au besoin des pauvres. « On ne s'attache que
» trop, continue t-il, à ces choses qui ne sont qu'extérieures ; mais qu'il y
» en a peu qui s'élèvent jusqu'au sacrement de l'autel ! ou qui, voyant un
» crucifix, pensent à ce qu'ils doivent au crucifié ! »

La Réforme luthérienne a conservé le chant d'une partie des Litanies
dans l'Eglise, c'est-à-dire, de celles seulement qui s'adressent à Dieu et à
J. C. La discipline ordonne de les chanter le mercredi et le vendredi après
le prêche : on y chante la *Préface* en latin à la plupart des grandes fêtes ; à

Noël, l'hymne qui commence, *Puer natus in Bethleem*; à Pâques, *Surrexit Christus hodiè*; à la Pentecôte, *Spiritus Sancti gratia*; à l'autel, après la communion, *Gloria in excelsis*.

Les coutumes qui suivent sont bien moins essentielles au culte religieux : cependant elles sont généralement utiles et même nécessaires. Dans les Etats luthériens, on ne sonne les cloches ni pour vêpres, ni pour matines, mais pour assembler les fidèles, et les inviter à se rendre au prêche ou à la prière. On les sonne à midi, non en vertu de l'institution du Pape Calixte III, les Luthériens ne veulent pas reconnaître cette origine ; mais par une coutume originaire de l'ordre donné par l'empereur, en 1529, pendant que les Turcs assiégeaient Vienne, pour avertir chacun d'implorer le secours divin, tant en public qu'en particulier. On sonne aussi les cloches à l'honneur des morts, et dans le temps de leurs funérailles. On a l'usage des orgues dans les églises, non-seulement pour la mélodie, et, s'il faut ainsi dire, pour la majesté du chant des fidèles, mais aussi pour les guider et pour soutenir leurs voix. Aux fêtes solennelles de l'année, les cathédrales et même plusieurs autres églises des grandes villes ont, outre les orgues, le chant en musique et la symphonie. 'historien des cérémonies de Saxe rapporte, qu'à la première fois que la Passion fut chantée avec une symphonie de douze violons et de plusieurs autres instrumens dans une grande ville de cet électorat, beaucoup de fidèles furent scandalisés d'une nouveauté qui convenait mieux aux fêtes d'Isis ou de Cybèle, dans un opéra, qu'aux mystères du christianisme.

Les Luthériens ont des lieux de retraite pour les femmes et pour les filles, que l'on ne peut pas appeler couvens, malgré la conformité entre les uns et les autres. Il y a de ces maisons religieuses en Danemarck, dans les Etats du roi de Prusse, de Saxe, et ailleurs. « On voit à Roschild un couvent de » religieuses luthériennes, mais elles n'ont point de vœux qui doivent durer » autant que leur vie... Il y avait en tout une abbesse et six religieuses, qui » couchent deux à deux dans des chambres assez propres. Chacune a son » petit cabinet où elle travaille, s'applique à la lecture, ou prie Dieu, comme » elle le juge à propos. Elles ont une chapelle.... où l'on prêche les dimanches » et les vendredis.... Leur prêtre se sert d'une espèce d'étole de velours cra- » moisi, avec un crucifix brodé d'argent sur la poitrine, quand il lit les » prières devant l'autel...; mais, pour monter en chaire, il ne garde que le » surplis.... Ces religieuses sont habillées comme les autres Danoises...., et » peuvent sortir de leur retraite pour se marier... » Je ne trouve rien qui ressemble à ces établissemens dans les pays qui reconnaissent la réforme de Calvin, que ces petites communautés qui se formèrent en Hollande, au commencement du refuge des Protestans Calvinistes de France, sous le nom de *Sociétés*. Elles furent composées de filles et de femmes, presque toutes dévotes et déjà sur l'âge, sous la direction de quelques dames réfugiées comme les autres, mais d'une condition qui pouvait leur attirer du respect dans le refuge, et la qualité d'abbesse de la communauté, autant que la communion des Réformés le peut permettre. On y priait Dieu et l'on y faisait la lecture de la Bible et des livres de dévotion en commun; mais on n'avait dans ces Sociétés ni prédication, ni administration du sacrement de la cène. Dans ces retraites, ces pieuses réfugiées devaient aussi renoncer à la médisance et à la curiosité du siècle, et à fuir les *tracasseries* mondaines, etc. Quelques-unes de ces *Sociétés* subsistent encore. Je ne dois pas oublier quelques autres communautés établies depuis long-temps en Allemagne et en Hollande, et qui tiennent en quelque chose de la retraite des couvens. Ce sont des maisons où se retirent les personnes âgées et infirmes, ou qui se trouvent trop peu de bien pour subsister sans rien faire, et qui n'ont plus ni courage, ni capacité pour entretenir ce bien et vivre du travail de leurs mains. Ces personnes *achètent leur vie*, c'est-à-dire, se retirent dans ces maisons pour le reste de leurs jours, moyennant une somme qu'elles donnent à la communauté. Cette somme est proportionnée à leur âge, et il est à remarquer encore que le reste de leur bien appartient à la communauté après la mort, à moins qu'elles n'aient disposé de ce bien par testament avant que de se mettre en retraite.

Les Luthériens ont retenu beaucoup de fêtes après leur réformation. Il y a beaucoup d'apparence que cet usage a subsisté malgré le réformateur, et que, ne pouvant venir à bout de le supprimer, de peur de révolter le peuple en exigeant trop, il a cru devoir condescendre de bonne grâce à la faiblesse des âmes vulgaires. Plût à Dieu, dit-il quelque part, qu'il n'y eût d'autre fête chez les Chrétiens que le dimanche, et que toutes les commémorations, etc., fussent renvoyées à ce grand jour! Les occupations des jours ouvrables empêcheraient les gens de mal faire, et le pays s'appauvrirait moins. Ce raisonnement est fort juste. Cependant il est nécessaire d'avoir au moins certaines fêtes solennelles, non pour ces *âmes de haute volée*, qui, pour ainsi dire, s'unissent à Dieu tous les jours, et comme il leur plaît, mais pour ces âmes grossières qu'il faut comme contraindre de penser à leur devoir en les tenant sous le joug de la coutume et de la cérémonie. En un mot, je ne crois pas qu'un Etat s'en trouvât beaucoup mieux pour gagner tous les ans une douzaine de jours sur le calendrier : d'ailleurs, je ne connais aucun pays dans le monde où les hommes se retranchent la liberté de prendre autant de temps qu'il leur plaît pour faire exception à leurs devoirs. Le suprême législateur a laissé des fêtes aux Juifs, comme pour les délasser de ces devoirs. L'Eglise chrétienne a prescrit les fêtes pour la sanctification de ses fidèles, mais elle n'a pas laissé de comprendre que les *fidèles du commun* avaient besoin de se délasser comme les Juifs. Concluons donc que les fêtes ne sont pas absolument inutiles, pourvu qu'elles ne soient pas à charge à la Société par l'excès, et venons à celles des Luthériens. Ils célèbrent trois jours de fête à Noël. En quelques pays luthériens, la nuit de la Nativité de N. S., chacun s'en va à l'église avec une chandelle ou une bougie allumée à la main. Les fidèles assemblés dans l'église y passent la nuit à chanter et à prier Dieu à la lueur de leurs bougies. Souvent même on y brûle de l'encens en si grande quantité que la fumée forme une espèce de tourbillon, dans lequel on dirait que les dévots sont renfermés. C'est aussi l'usage en Allemagne de régaler ses enfans et ses amis à Noël, et de faire des présens aux uns et aux autres; surtout aux enfans, que l'on amuse en même temps par des imaginations assez ridicules, en leur disant que Notre Seigneur descend du ciel, la nuit de Noël, avec toutes sortes de jouets. Une imagination toute aussi folle est celle d'emmailloter un petit enfant, et de le coucher dans un berceau, pour imiter l'enfance de Notre Seigneur. Une autre, enfin, qui n'est pas moins extravagante, c'est de se masquer et de se déguiser de toutes sortes de manières également ridicules et indécentes, souvent même dangereuses, le jour qui précède Noël. N'oublions pas les noëls chantés dans les rues par certains prétendus dévots, qui méritent bien plutôt d'être appelés mendians de profession. Ils chantent souvent ces noëls en faisant des sauts ridicules et des gestes extravagans. En Hollande, cette prétendue dévotion approche d'une mascarade complète. Les chanteurs choisissent trois des mieux tournés de leur troupe pour représenter les trois rois qui marchent de front. Celui du milieu marche gravement avec une grande étoile de papier blanc qu'il porte au haut d'une perche: dans le corps de l'étoile il y a une ou deux chandelles allumées. Celui qui la porte la fait tourner en chantant. Les trois rois sont revêtus de chemises blanches, et couronnés d'une manière de bandeau orné de clinquant. Un d'eux porte un masque noir sur le visage, quelquefois il est seulement barbouillé de noir, et souvent ils le sont tous les trois. Cette superstition commence à-peu-près à la mi-novembre et finit aux Rois. Mais ne nous arrêtons pas davantage à ces folies populaires.

COUTUME de la PENTECÔTE, à la HAYE.

27.

L'ÉTOILE des ROIS promenée dans AMSTERDAM.

Tome. III. Nº 28.

COUTUME observée à SCHERMERHORN à la PENTECÔTE.

Pl. 27. *Coutume de la Pentecôte à la Haye.*
Pl. 28. *L'Étoile des Rois promenée dans Amsterdam.*
Pl. 29. *Coutume observée à Schermerhorn , à la Pentecôte.*

On a trois fêtes à Pâques et à la Pentecôte, comme à Noël. Ces fêtes n'ont rien de particulier du côté des cérémonies, mais, du côté des superstitions, il y a quelque chose à remarquer, comme, par exemple, cette *eau pascale,* qui guérit le mal des yeux et rétablit les membres rompus. L'eau pascale n'est autre chose que de l'eau commune, puisée à la rivière le jour de Pâques, avant le lever du soleil. On a la même superstition pour les chevaux : on s'imagine que les faire nager dans une rivière, le jour de Pâques, avant le lever du soleil, les préserve d'être boîteux ou éclopés, etc.

A Dresde, dit notre Saxon, et généralement par toute la Saxe, l'on plantait ci-devant des mais dans toutes les églises le jour de la fête de l'Ascension. On en remettait d'autres à la Pentecôte, et l'on ne les ôtait que le jour de la Trinité. Le roi de Pologne abolit cette coutume en 1715, parce qu'elle causait la destruction des forêts, et qu'il se commettait beaucoup d'insolences sous ces mais; qui d'ordinaire étaient les plus gros et les plus hauts bouleaux des forêts; en sorte qu'il semblait que les églises fussent, comme dans les premiers temps, au milieu des bois. Les autres fêtes des Luthériens sont : le jour de l'an ou de la Circoncision, fête incomparablement moins ancienne que les quatre précédentes; la fête des trois Rois, ou autrement l'Epiphanie; la Purification de la Sainte Vierge, ou la Chandeleur; et l'Annonciation. Ces deux dernières fêtes n'ont ni culte, ni office de la Sainte-Vierge, ni processions, ni autres cérémonies en usage chez les Catholiques. On solennise la fête de la Trinité le dimanche d'après la Pentecôte; celle de saint Jean-Baptiste, le 24 juin; et la Visitation de la Vierge, le 2 juillet, comme chez les Catholiques. Enfin on célèbre la fête de saint Michel-Archange, ou plutôt les dévotions luthériennes de ce jour de saint Michel ne sont qu'une suite de l'ancien usage, qui est resté chez eux, je ne sais comment; puisque leur communion ne rend aucune sorte d'hommage aux anges. Voilà les principales fêtes des Luthériens. Je dois remarquer ici qu'en quelques endroits le peuple observe entre Pâques et la Pentecôte un usage aussi ridicule que les superstitions de Noël. Des filles, parées selon leur moyen, et couronnées de toutes sortes de fleurs de la saison, s'en vont, en chantant, quêter dans les rues, autant peut-être pour faire les honneurs de la saison, que pour honorer

14*

la fête (voir la Pl. 29) : je suis persuadé que cet usage est un reste de paganisme, et que la Pentecôte n'est que le prétexte de ce peu de dévotion qui paraît encore dans cette coutume. Elle s'est aussi conservée dans quelques villes des Pays-Bas. Dans la Nord-Hollande, quatre jeunes filles en portent une cinquième debout sur une civière. Celle qu'on porte est ornée, à la manière du pays, de plusieurs colliers d'ambre et de corail, de bourses, de chaînes de ceinture, et, par-dessus tout cela, de dix ou douze grelots d'argent. Pour rendre, à ce que je crois, l'assortiment plus grotesque, elle tient dans sa main droite une petite gondole d'argent, et dans sa gauche un petit sifflet de même métal, avec lequel elle siffle quand on fait la revue de la petite récolte. Un auteur hollandais assure que cette cérémonie bizarre fut interdite à Amsterdam, à Enchuse et en d'autres endroits, dans les années 1612, 1635 et 1646, à cause de certains abus qui s'y glissaient. On la voit représentée ici de deux diverses manières.

Je ne dis rien des fêtes que la secte a conservées après Luther, et que l'on a supprimées peu-à-peu, comme l'invention de la Croix, la fête de tous les Saints, celle des Trépassés, et plusieurs fêtes particulières des Saints, etc. En voici de plus importantes pour les Luthériens.

Ils ont célébré jusqu'à présent le Jubilé de leur réforme. C'est ici que les beaux-esprits de cette réforme luthérienne distillent ingénieusement leur cervelle pour trouver des chronographes et des chronostiches, etc., à l'honneur de Luther et de ses travaux. Du reste, il n'y a rien de réglé pour la solennité de ces Jubilés. Ce sont des réjouissances publiques mêlées de dévotion : chaque état y met plus ou moins, selon qu'il le juge à propos, comme l'on fait généralement lorsqu'on célèbre une victoire remportée sur l'ennemi. Pour marquer leur triomphe spirituel, et la *défaite de la papauté* dans une partie considérable de l'Allemagne et du Nord, *par les armes victorieuses de l'antipape Luther*, quelquefois les Luthériens ouvrent le grand jour du Jubilé par une grande assemblée des premiers de la ville ou de l'Etat en manteaux noirs, laquelle se forme à l'Hôtel-de-Ville, et de là part de grand matin en procession pour se rendre à la principale église, où se trouvent aussi le clergé et les colléges qui viennent de même en procession à la rencontre des autres. On se range ensuite dans l'église pour participer à la dévotion de la fête, qui consiste à chanter des psaumes et des cantiques au son des instrumens et des voix qui chantent au chœur, à prier Dieu et à écouter un prêche composé exprès pour la circonstance du temps. Les églises sont parées de fleurs, etc., et souvent on communie pendant la célébration de ce Jubilé : il n'est pas non plus d'égale durée partout. En 1730, les Luthériens d'Augsbourg célébrèrent pendant quatorze jours entiers celui de leur confession.

Le premier jubilé des Luthériens a été celui de 1617 : ainsi on l'a déjà célébré deux fois. Les jours destinés à cette fête furent le 31 octobre et les deux premiers jours de novembre, en mémoire de la réformation commencée deux cents ans auparavant par Luther. Ce jubilé de la réformation est généralement observé dans tout le luthéranisme. A ce jubilé il faut joindre celui de la confession d'Augsbourg, qui n'est pas si généralement observé, et les jubilés particuliers des Etats qui ont reçu le luthéranisme, par lesquels ils célèbrent les siècles révolus de leur réforme.

Tel fut celui que la Suède ordonna en 1693, après cent ans révolus depuis le concile d'Upsal, qui avait achevé d'établir le Luthéranisme dans toute la Suède et d'en bannir l'ancienne religion. L'ouverture de ce jubilé se fit le 26 février par le son des cloches. Dès le matin, tous les fidèles se hâtèrent d'aller aux églises entendre les prêches du jour, qui furent suivis d'une prière d'actions de grâces que le roi Charles XI avait fait composer pour être lue ou récitée après ces prêches. La prière fut suivie aussitôt du chant des fidèles; et, pendant que les timbales et toutes sortes d'instrumens se mêlaient avec les voix dans l'Eglise, le canon tonnait sur les remparts de Stockholm, comme si Luther fût revenu foudroyer le pape. Le soir, et pendant la nuit, il y eut partout des illuminations et des feux de joie. Les jours suivans furent aussi des jours de réjouissance.

Lorsqu'en 1617 la ville d'Ulm célébra le grand jubilé, on fit une prière exprès pour cette solennité ; toute la jeunesse des écoles de la ville fut conduite en cérémonie à l'église, et catéchisée après le sermon devant toute l'assemblée : ensuite on pria Dieu pour leur persévérance dans la religion luthérienne et pour celle de leur postérité. La semaine d'après la fête, on régala chaque écolier d'une médaille et d'un exemplaire de la prière du jubilé. Ces usages ont subsisté plus ou moins dans les jubilés qu'on a célébrés dans les Etats luthériens. Joignons à ces trois sortes de jubilés ceux des universités et celui du formulaire de la concorde.

Avant que de venir à la communion, il est bon de parler un peu en détail des Liturgies luthériennes. J'ai déjà dit quelque chose de certains changemens faits par Luther : ceci pourra mieux instruire notre lecteur. En 1523, Luther donna un formulaire de messe et de communion à l'église de Wittemberg. Dans la préface de ce formulaire, il appelle la messe et la communion du pain et du vin un rite divinement institué par J. C. ; mais il déclame contre l'*autel de l'impie Achaz*, *cet abominable canon*, *qui est un recueil de lacunes bourbeuses*, etc. Voilà comme il traite le canon de la messe; et, niant ensuite qu'elle soit un sacrifice, il veut que l'on n'en conserve que ce qui suit : « On conserva, dit-il, les introïts des dimanches et

» des fêtes de Noël, de Pâques et de Pentecôte.... On renverra aux sermons
» des dimanches les actes des saints qui mériteront la commémoration de
» l'Eglise. Outre les fêtes de Noël, etc., on mettra aussi au nombre des
» fêtes de J. C. la Circoncision, l'Epiphanie, etc. On conservera les *Kyrie*
» *eleison*, avec les chants différens selon les temps; le *Gloria in excelsis*, la
» collecte, pourvu qu'elle soit selon la véritable piété, comme la plupart
» des collectes du dimanche. » Cette oraison sera suivie de la lecture de
l'épître. (On taxe en passant l'auteur de l'ordre des épîtres d'avoir été un
*insigne ignorant, et un estimateur superstitieux des œuvres. Il aurait bien
mieux valu, dit-on, ordonner la lecture de ces endroits des épîtres qui enseignent la foi en Christ.* C'est ici un de ces excès que les disputes théologiques
ont établis, et qui jettent dans les contradictions. Suivez la foi au préjudice
des œuvres, ou les œuvres au préjudice de la foi, les extrémités sont également dangereuses, les deux principes peuvent devenir également vicieux :
l'un peut nous asservir à cette pieuse ignorance que certaines gens ont cano-
nisée sous le nom d'Orthodoxie; l'autre peut nous assujétir à cette belle et
pompeuse superstition qui trompe beaucoup de Chrétiens sous le nom de
religion. Mais ne dogmatisons point sur cette matière, et, pendant que nos
maîtres ne se débattent que trop souvent entre eux pour assortir leurs contradictions, soyons constamment fidèles à cette vertu qui ne saurait avoir
d'autre principe que Dieu seul, ni d'autre mérite que l'imitation de l'Etre
suprême.) Luther ordonne ensuite, « de chanter le graduel composé de
» deux versets d'Alleluia ou d'un seul, à la volonté du *surintendant*; il
» n'approuve que la courte prose de Noël, qui commence *Grates nunc
» omnes*; il n'y en a presque point de spirituelle que celle du Saint-Esprit,
» et le *Veni spiritus sancte*, avec fort peu d'autres.... Le symbole de Nicée
» ne lui déplaît pas, et, pour le sermon en langue vulgaire, il est indifférent
» qu'on le fasse avant le symbole ou avant l'*Introït* de la messe.... Il rejette
» l'offertoire, qu'il appelle abomination. J'exclus, continue-t-il, tout ce qui
» ressent l'oblation avec le canon. Nous retenons seulement ce qui est pur
» et saint, et nous commençons ainsi notre messe.... Pour la communion,
» j'incline à ne mettre que du vin pur sans eau, parce que, selon le reproche
» qu'Isaïe fait aux Juifs, l'eau ne me paraît signifier rien de bon. Le vin pur
» signifie admirablement la pureté de la doctrine évangélique, etc. Le pain
» et le vin étant préparés, on dira : *Dominus vobiscum.* ℟. *Et cum spiritu
» tuo. Sursum corda.* ℟. *Habemus ad Dominum*, etc., avec les paroles de
» J. C. Je souhaite qu'elles suivent la préface après une petite pause, et
» qu'elles soient récitées du ton de voix dont on chante l'oraison dominicale
» dans le canon. La bénédiction finie, le chœur chantera *Sanctus* et *Bene-*

» *dictus;* finissant *Benedictus*, on élevera le pain et le calice.... Après cela
» on dira l'oraison dominicale........ On ne rompra point l'hostie, on ne la
» mêlera point dans le calice. D'abord, après l'oraison dominicale, on dira
» *Pax Domini*, qui est une absolution publique des péchés des commu-
» nians.... Ensuite le célébrant se communiera lui-même, et communiera
» le peuple. Pendant la communion, l'on chantera *Agnus Dei*, etc.... On
» chantera, si l'on veut, la communion; mais, au lieu de la dernière col-
» lecte, *complenda*, qui ressent le sacrifice, on lira dans le même ton :
» *Quod ore sumpsimus, Domine :* on pourra dire aussi, *Corpus tuum, Do-*
» *mine, quod sumpsimus*, etc., en mettant le singulier au pluriel, *Dominus*
» *vobiscum*, etc. Au lieu d'*Ite Missa est*, on dira, *Benedicamus Domino*,
» avec l'Alleluia en musique, qu'on prendra, si l'on veut, du *Benedicamus*
» des vêpres. On donnera la bénédiction accoutumée, ou celle que Dieu a
» lui-même dictée au chapitre 6 des nombres, *le Seigneur nous bénisse et*
» *nous conserve*, etc. » (Les Réformés se servent aussi de cette bénédiction
pour congédier leurs fidèles après les exercices publics de dévotion.) Luther
laisse ensuite la liberté des habits, pourvu que ce soit sans pompe et sans
luxe. De là, passant aux messes privées, il les condamne absolument comme
inutiles, peu édifiantes, et entièrement contraires à l'institution de J. C.,
qui appelle toute assemblée des fidèles à la Cène. Dans les messes privées, le
ministre de l'autel se prépare solennellement un festin qui appartient à toute
l'Eglise ; *c'est une table bien dressée, mais on n'y voit point de conviés.* Il veut
aussi qu'on examine avec soin ceux qui se présentent à la communion, et
qu'on exclue également, et ceux qui sont indignes de communier par leur
ignorance, et ceux qui le sont par leurs mauvaises mœurs. Sur la confession
privée avant la communion, il dit : « Elle n'est point nécessaire et ne doit
» point être exigée; cependant elle est utile, et il ne faut pas la mépriser...
» Je souhaite, dit-il aussi, que le peuple chante des cantiques en langue vul-
» gaire à la fin de la messe..... L'évêque pourrait régler les choses de telle
» manière, qu'on les chanterait tout de suite après le chant en latin, ou
» que l'on pourrait aussi les chanter, selon les jours, tantôt en latin et tantôt
» en langue vulgaire, jusqu'à ce que toute la messe se dise en une langue
» entendue de tous les fidèles. »
Tel était le formulaire que le réformateur Saxon avait dressé pour l'Eglise
de Wittemberg, et auquel il semblait que toutes les églises du luthéranisme
auraient dû se conformer entièrement. Cependant cela n'est pas absolument
arrivé. Non-seulement tous les pays luthériens n'ont pas le même rituel ;
mais ils ont aussi des différences dans la liturgie, bien que dans le fond la doctrine reste la même. On trouve de ces différences dans la liturgie danoise,

composée par Bugenhague , surnommé Pomeranus, et approuvée par Luther;
mais augmentée de plusieurs articles en 1542 ; changée ensuite, augmentée
encore et corrigée sous le règue de Chrétien V. On trouve aussi des différences
dans les liturgics de Suède , et l'on en trouverait enfin dans celles des autres
Etats , si l'on prenait la peine de les examiner attentivement les unes après les
autres. Dans plus d'une communion , l'on prétend se justifier à l'égard de
cette variation , et les Luthériens ne s'oublient pas sur cet article. Quoi
qu'il en soit, il ne convient point de faire ici la description de toutes ces
diversités. Je me contenterai de rapporter en peu de mots l'essentiel des
liturgies de Suède , sur quoi le lecteur pourra juger de la vérité du fait.

Personne n'ignore que la réformation de la Suède suivit de fort près celle
de la Saxe ; que le luthéranisme fut porté dans ce royaume par Laurent et
Olaus Petri ; que Gustave , roi de Suède , contribua de tout son pouvoir à
cette réformation ; mais que le roi Jean , son fils et son successeur, travailla à
la détruire autant qu'il fut possible , et que la faction opposée du Luthéranisme le lui permit. Pour ramener les derniers , et pour tâcher en même
temps de contenter les catholiques, on dressa une liturgie qui déplut presque
également aux deux partis : aux Luthériens , parce qu'elle retenait des choses
qu'ils rejetaient comme des abus; aux Catholiques, parce qu'elle en re-
tranchait qui, selon eux , étaient essentielles au christianisme. Lorsque des
opinions nouvelles ont commencé de changer la religion d'un Etat, et que
le peuple s'est frappé du mérite de ses nouveaux docteurs, il arrive presque
toujours que l'adresse et la subtilité qu'on emploie à rétablir l'ancien culte,
pendant qu'on y mêle en même temps beaucoup de ménagemens pour ceux
qui suivent le nouveau, fortifient celui-ci , et hâtent la ruine de l'autre.
C'est ce qui s'est vu dans les révolutions de religion en Angleterre et en
Suède. Comme le parti luthérien s'était rendu considérable pendant le
règne de Gustave , on n'osa pas proposer sous celui de Jean une liturgie
toute catholique. « Le père Herbert , Laurent Nicolaï , Fettenius et plusieurs
» autres en retranchèrent l'invocation des Saints , les prières pour les morts,
» la mémoire du Pape , le mot de sacrifice, les signes de croix. On mit à la
» tête (de la nouvelle liturgie) des prières pour servir de préparation , et
» d'autres qu'on devait dire en s'habillant. Après ces prières, on trouve
» l'introït, la messe des catéchumènes, un canon plus long et un autre
» plus court, des préfaces et des prières propres au temps , et le reste de la
» messe , le tout changé et transposé , de peur qu'on n'y reconnût la liturgie
» de l'Eglise romaine. Les auteurs de cette liturgie y ajoutèrent des scholies ,
» composées pour la plupart de passages des Pères, qui faisaient assez con-
» naître les articles qu'on ne voulait pas ou qu'on n'osait pas exprimer......

» On y fait voir *pourtant* qu'il est convenable que les prêtres gardent le
» célibat, et qu'ils ne s'occupent que du service de Dieu, sans se mêler des
» affaires du monde.... On appela cet ouvrage *Liturgie de l'église de Suède,*
» *conforme à l'église catholique et orthodoxe.* On l'imprima en latin
» et en suédois, afin qu'on pût dire.... la messe dans les deux lan-
» gues.... (dans l'intention *cependant*) que, lorsqu'on y serait accoutumé,
» on n'employât.... que la langue latine.... Les ecclésiastiques (luthériens)
» de Stockhlom censurèrent cette liturgie par la bouche d'Abraham, recteur
» de l'école.... Le roi, indigné, les priva de l'exercice de leurs fonctions....
» Ils en appelèrent à l'assemblée générale de l'église de Suède.»Pour abréger,
la liturgie rencontra tant de contradictions de la part des Luthériens et de
leurs fauteurs, que le roi fut obligé d'en dépouiller plusieurs de leurs bénéfices, et même de les exiler. On fit si bien, que les ordres séculiers du
royaume souscrivirent à cette liturgie, mais cela n'empêcha pas que l'on
ne la censurât toujours de vive voix et par écrit. Du côté des Catholiques,
on se plaignit des égards et des ménagemens que le nouveau formulaire
demi-luthérien et demi-catholique affectait pour des hérétiques. Le Pape
voulait aussi que le roi se déclarât ouvertement. Enfin, pendant que la
liturgie continuait d'avoir le sort de se faire désapprouver des uns et des
autres, l'archevêque d'Upsal (Laurent), que le roi avoit gagné, se repentit
de l'avoir signée et protégée ; et les Catholiques, qui faisaient encore tous
leurs efforts pour se maintenir sous l'autorité d'un roi déclaré pour eux,
furent enfin obligés de céder entièrement au Luthéranisme, après la mort
de ce prince. La liturgie en question fut imprimée à Stolkholm, et mise en
usage en 1570, environ huit ans après l'avénement du roi Jean à la couronne
de Suède. On la réimprima en 1588, et cela prouve que l'on s'en servait
encore alors. Elle est précédée d'une préface où l'on insinue d'abord qu'il
est à craindre qu'en voulant bannir la superstition, *l'on n'ait livré le troupeau*
à l'irréligion, monstre plus cruel que cette superstition. On s'y plaint aussi
du libertinage des Luthériens. *L'on aime mieux suivre ses passions, qu'écouter*
des remontrances. Exhortez-vous les gens à la confession, ils s'écrient qu'il
ne faut contraindre personne, etc. *Les apôtres et leurs disciples avaient or-*
donné des jeúnes et des prières à certains jours et à certaines heures; pourquoi
rejetons-nous ces règles anciennes si recommandées par l'Eglise ? On répond :
Dieu veut une piété libre.... mais, si l'on abandonne les règles de la disci-
pline, qui pourra se flatter de retenir les hommes dans les devoirs de la Reli-
gion? On établit aussi dans cette préface la nécessité des cérémonies, *les*
hommes ne se frappent pas assez de simples préceptes.... la piété se déclare
par l'extérieur.... s'il ne la manifeste pas, comment sera-t-on persuadé qu'elle

est dans le cœur ? C'est afin que le clergé rétablisse cet extérieur, dont la suppression a ruiné la plus grande partie de la dévotion, que nous lui rendons la liturgie dans une forme plus convenable, principalement dans l'administration de la cène du Seigneur, y retranchant ce qui paraît trop éloigné de la véritable manière de l'administrer, etc. Le motif de nos exhortations, continue-t-on, est de résister à la profanation.... que les Sacrementaires ont répandue dans plusieurs pays, et d'empêcher qu'elle ne gagne les Goths et les Suédois..... Après cela, on prévient l'*injustice* de ceux qui s'opposeront à cette liturgie, et qui la taxeront de n'être ni catholique ni apostolique. *Nous sommes toujours prêts,* ajoute-t-on, *à répondre à ceux qui nous demanderont des raisons, et pour cet effet nous avons inséré dans cet ouvrage beaucoup de remarques qui serviront à instruire les ignorans et ceux qui ont quelque doute dans l'esprit.... On ne donne point ici de nouvelles Constitutions inventées par des Pontifes romains. Ce sont des pratiques que l'Eglise orthodoxe et la sage antiquité ont constamment observées.... C'est par ces motifs que j'exhorte les gens de bien à se soumettre, et à se réjouir de ce qu'au milieu des troubles, l'Eglise suédoise se trouvera conforme autant qu'il est* (maintenant) *possible à l'ancienne Eglise catholique et orthodoxe.....* On peut voir cette liturgie toute entière dans le recueil de liturgies du P. Le Brun. Un des endroits les plus remarquables de ce formulaire se trouve dans la prière du canon, où le célébrant, en demandant la bénédiction de Dieu sur le pain et le vin de la communion, semble éluder la transsubstantiation, et se conformer au sentiment des Luthériens par ces paroles : « Bénissez, » Seigneur, et sanctifiez, par la vertu du Saint-Esprit, le pain et le vin » qui sont destinés au *saint usage* (de la communion), afin que, par ce » *saint usage*, ils deviennent pour nous le corps et le sang, etc. » A cette remarque il en faut joindre quelques autres, qui ne sont pas moins dignes d'attention : je les tire aussi du P. Le Brun : « On a, dit-il, omis les signes de » croix.... on n'a mis dans la liturgie aucune prière pour les morts, à cause » que les Etats de Suède, assemblés en 1529, avaient défendu de prier pour » eux.... Cette liturgie marque la communion des fidèles avant celle du » prêtre, ce qui est opposé à l'usage de toutes les Eglises latines, grecques » et orientales, etc.... au lieu qu'en retouchant, on devait, autant qu'il » était possible, s'appliquer à rétablir les anciens usages, et supprimer les » nouveautés; on autorise au contraire plusieurs nouvelles pratiques, comme » celle-ci, que le célébrant peut se répondre lui-même, et faire ainsi le prêtre » et le clerc, etc..... »

Je viens présentement à la communion, et je décris principalement la manière de la célébrer selon le rite des Saxons. Mon auteur commence ainsi

le chapitre qui traite de ce sacrement : « Nos petits enfans même n'ignorent
» pas qu'à la sainte cène nous recevons certainement le vrai corps et le vrai
» sang de N. S. J. C., et, quoique ce mystère soit tellement au-dessus de
» notre intelligence que nous ne puissions absolument le comprendre, nous
» croyons avec confiance la vérité de ces paroles de notre Sauveur : *Prenez*
» *et mangez, ceci est mon corps*, etc. Celui qui avec un peu de pain a pu
» rassasier plusieurs milliers d'hommes, qui a marché sur la mer, etc., peut
» aussi effectuer à la cène les paroles qu'il a prononcées » (quand il était
avec ses apôtres.) Certainement un Catholique s'exprimera dans les mêmes
termes pour défendre la transsubstantiation : « Depuis quelques années, dit
» ensuite l'historien saxon, le conseil ecclésiastique a réglé que ceux qui se
» destineraient à la communion seraient auparavant examinés par un pasteur,
» ou par un confesseur, sur la religion, sur l'état de leur conscience, et
» sur la nature, le mérite et la force du sacrement de la cène, etc. Et,
» comme tout cela ne se pouvait pas faire commodément (ni même avec
» une certaine bienséance) à la confession, soit à cause des autres pénitens,
» ou parce qu'on aurait pu s'apercevoir qu'il se passait quelque chose de
» plus entre le confesseur et le pénitent qu'une confession toute simple, il
» fut arrêté que ceux qui voudraient participer à la cène, se feraient an-
» noncer pour cet effet au confesseur ou directeur quelques jours avant que
» de communier. » Cependant, malgré ce réglement, il se commet encore
beaucoup d'abus et de négligence dans la communion, tant de la part de
ceux qui veulent communier, que de ceux même qui doivent examiner; mais
les directeurs vigilans choisissent ordinairement le mercredi et le jeudi de la
semaine qui précède la communion, parce que ce sont des jours de prière
publique, jours par conséquent très-propres pour cette annonce. Le dimanche
auquel on communie, le ministre, après avoir fait le prêche, prie Dieu pour
tous ceux qui doivent recevoir la communion; mais il n'y a point de formulaire de cette prière, et il est permis au ministre de dire ce qu'il juge
convenir en cette occasion. On chante aussi après le sermon un cantique,
ou des cantiques propres à la dévotion : pendant le chant, les fidèles qui
doivent communier se rendent devant l'autel, et s'y mettent à genoux,
autant du moins que l'espace le peut permettre ; car, selon l'historien saxon,
« ceux qui ne peuvent pas s'agenouiller restent assis (jusqu'à ce que les autres
» aient communié : s'il ne le dit pas, je le suppose.) » Le cantique étant
achevé, le ministre dit : *Prions*; il chante en même-temps l'Oraison Dominicale, et, lorsque l'assemblée a dit *Amen*, il chante les paroles de l'institution de la cène. En quelques endroits, toute l'assemblée chante à haute
voix avec le ministre de la prière et l'institution ; ce qui est un véritable

abus, puisque la voix de l'assemblée étouffe d'ordinaire celle du pasteur officiant. Un autre usage, mais qui n'est pas absolument essentiel, c'est de faire un signe de croix sur l'hostie, en prononçant ces paroles, *ceci est mon corps*, et un autre sur le calice, en disant, *ceci*, etc. Ce sont, après tout, des *signes commémoratifs de la croix de Jésus-Christ*, qui n'ôtent, ni n'ajoutent rien; mais cependant, comme le dit fort bien l'historien allemand, « que le mi» nistre oublie ces signes, des personnes auront la faiblesse de se former des » scrupules sur cet oubli, et croiront que le sacrement a perdu sa force. » Ce n'est pas seulement au signe de croix fait sur les espèces de la cène que le peuple s'attache comme à une chose essentielle : il ne lui arrive guères d'entamer un pain qu'il ne l'ait auparavant *signé* d'un signe de croix avec le couteau.

En plusieurs endroits de la Saxe, et même dans les villes considérables, lorsque le ministre consacre les espèces, on sonne deux fois assez haut d'une clochette. Cet usage est fort inutile à des gens qui n'adorent pas les espèces que leurs ministres consacrent, et qui même ont une telle horreur pour l'adoration, qu'au signal donné par la clochette à la messe, ils tremblent et s'effraient comme si le tonnerre ou le canon les allait atteindre. L'historien saxon, qui était ministre et par conséquent plus susceptible de frayeur dans un pareil cas, quoique peut-être fort courageux quand il s'agissait de quelque exploit théologique, ou de *livrer impitoyablement un assaut de controverse*; cet historien, dis-je, déclare fort ingénuement « que la première fois qu'il » lui arriva de faire la cène à Leipsick, le son de cette clochette le troubla » tellement, et sa dévotion en fut si distraite, qu'il en oublia l'*œuvre capitale*, » c'est-à-dire, la mort de Christ et la participation à son corps et à son sang. » Plusieurs fidèles de sa communion lui témoignèrent aussi que le son de cette clochette leur causait ordinairement la même frayeur et de semblables distractions, bien qu'ils dussent y être accoutumés. Un autre usage que cet auteur regarde comme un abus, c'est le changement d'habits ou d'ornemens pontificaux, qu'il appelle *un reste de papisme*.

Pl. 30. *La Communion des Luthériens dans l'Église des Minorités à Augsbourg.*

Dans la plupart des Églises luthériennes, le pasteur, avant que de donner la communion, met le surplis, et, par-dessus le surplis, un vêtement sur lequel il y a des croix, mais qu'il ne faut pourtant pas confondre avec l'étole des prêtres catholiques, puisqu'il ne lui ressemble nullement. En quelques

La COMMUNION des LUTHERIENS dans L'EGLISE des MINORITES a AUGSBOURG.

endroits, le pasteur, après avoir lu l'évangile devant l'autel, ôte le susdit vêtement par-dessus sa tête, et le pose sur l'autel. Après le chant du *Credo*, il monte en chaire, et prêche en surplis. Après le prêche, il retourne à l'autel et reprend le vêtement. Cependant il est beaucoup plus ordinaire de ne le prendre qu'au moment où la cène va commencer, et c'est là, nous dit le ministre que je copie, la manière la plus décente, dans une cérémonie qui n'a été retenue avec plusieurs autres par les auteurs de la réformation, que pour ne pas effrayer les âmes faibles, et sur-tout le peuple, qui s'attache tellement à ce qui frappe les yeux, qu'il ne faut pas espérer de pouvoir le désabuser facilement. Beaucoup de dévots, nous dit-il encore, croient avoir fait une œuvre excellente quand ils ont orné un autel, ou une chaire, ou quand ils ont revêtu le ministre de l'autel d'un magnifique habit de cérémonie. On en trouve quelquefois jusqu'à dix ou douze de *relais* dans les églises.

On allume des cierges sur les autels pour la cène, en plusieurs endroits, et entr'autres à *Wartburg*, « fort inutilement à la vérité : car y a-t-il rien » de plus mal avisé, dit mon auteur, que d'avoir de la lumière en plein » jour dans les églises? Mais, ajoute-t-il, ces cierges allumés sur l'autel » peuvent rappeler dans le souvenir des fidèles que le Sauveur fit et institua » la cène au commencement de la nuit, *et qu'alors on allume de la chandelle.* » La vérité est que les Luthériens ont retenu cet usage des Catholiques, comme ceux-ci l'avaient hérité des autres religions ; et c'est tout ce qu'on peut dire de raisonnable sur un tel sujet, sans avoir recours aux emblêmes et aux mystères. A Wittemberg, et dans toutes les églises soumises au consistoire de cette ville, on n'allume point de cierges pour la cène : en quoi vraisemblablement on suit le réglement de Luther ; mais, dans les endroits où cet usage a continué, il s'est glissé parmi le peuple la même superstition que l'on a remarquée dans les autres cérémonies, et l'on a même vu, dit l'historien saxon, des gens assez simples pour s'imaginer que les cierges faisaient une partie essentielle de la communion. *A celle des malades*, les personnes superstitieuses ne manquent jamais de faire mettre deux chandelles ou deux bougies sur la table.

Les Luthériens ont retenu des Catholiques l'usage d'employer des hosties au lieu de pain à la communion. Sur ces hosties, on voit la figure d'un crucifix. Mon auteur dit qu'il arrive quelquefois qu'on a trop d'hosties, et quelquefois aussi qu'on en a trop peu : sur quoi il fait ce raisonnement : « Il vaut » mieux en avoir trop que trop peu. S'il y en a trop, on en peut donner » deux aux derniers communians, afin de consumer par ce moyen tout ce » qui aurait pu rester, si l'on n'aime mieux les garder pour une autre cène. »

A la distribution de la cène, le ministre prononce les paroles de l'institution de la manière suivante : En donnant l'hostie, et faisant en même-temps un signe de croix sur la personne, « prenez et mangez, ceci est le véritable » corps de J. C. qui est mort pour tous vos péchés. Qu'il fortifie et nourrisse » votre âme et votre corps dans la véritable foi pour la vie éternelle. » En donnant le vin, « prenez et buvez, ceci est le véritable sang de J. C. qui a » été répandu, etc., comme pour l'hostie. » Le diacre ne fait point de signe de croix en donnant le vin, parce qu'il doit présenter le calice de la main droite. A l'occasion des paroles de l'institution que j'ai rapportées, le ministre saxon propose un doute assez singulier qu'il est bon de mettre ici, pour montrer que le point d'honneur de ceux qui sont nés ou élevé dans certains pays peut aller quelquefois jusqu'aux autels, et qu'il est fort possible que, dans un acte de religion, où l'humilité est essentielle, on conserve assez d'orgueil pour vouloir s'égaler à l'Homme-Dieu, que le prêtre ou le ministre représentent à l'autel en communiant les fidèles. Voici le doute : « Quoique ces paroles, *prenez et mangez*, etc. ne doivent point être » regardées comme une formule de cérémonie, et qu'au contraire il faille » les prendre en quelque manière pour une partie essentielle (de la cène), » puisque N. S. J. C. s'en est servi (pour l'instituer), on demande s'il faut » dire aux personnes qualifiées, *prenez et mangez*, etc. ou *que monsieur, ou* » *madame prenne*. J'ai vu disputer assez long-temps sur cet article ; mais, » pour dire ce que j'en pense, je crois qu'on ne doit gêner personne.... » Quand on s'adresse (en donnant la cène) à une personne qualifiée, on » pourrait bien lui dire, *que monsieur ou madame prenne* ; mais comme on » se sert toujours de l'impératif en s'adressant à des personnes de basse con- » dition, il semble qu'il ne conviendrait pas tout-à-fait de l'employer (en » donnant la cène) à des rois ou à d'autres princes, » et par conséquent il faudrait leur dire, *que votre majesté prenne*, etc. Voilà comment la sottise des hommes trouve le secret de mettre de l'absurdité dans ce que la religion a de plus grave, et de mêler le ridicule avec des choses qu'ils regardent comme essentielles à leur salut.

Celui qui a reçu la communion se met à genoux devant l'autel pour rendre grâces à Dieu : en plusieurs endroits, on a la coutume de se féliciter les uns les autres après la communion. A l'égard du nombre de fois que le fidèle luthérien doit communier dans l'année, on ne lui limite rien. La fréquence et la rareté de cet acte de religion sont absolument arbitraires. On peut même communier tous les dimanches. Je dois remarquer aussi une pré- caution qui, en même-temps qu'elle prouve le respect des Luthériens pour cet acte de religion si essentiel au christianisme, semble montrer qu'ils connaissent le défaut de leur système sur l'eucharistie. Deux clercs, ou deux enfans de chœur, qui sont à l'autel, tiennent ordinairement un linge (appelons-le un corporal) devant les communians, afin que, par la négligence du pasteur qui administre la communion, ou du fidèle qui la reçoit, il ne tombe point d'hostie à terre, et qu'il ne se répande point de vin. La communion étant faite, le pasteur chante un verset de psaume avec un Hallelujah, (*Alleluia*), auquel le chœur répond par un autre. Le pasteur continue ensuite les actions de grâce, et le peuple, se joignant au chœur, répond *Amen.*

Aucun ministre ne doit se communier soi-même, et cela est défendu expressément par la discipline de Saxe. Cependant il s'est trouvé, et il se trouve encore des exceptions inévitables : le défaut de pasteurs qui puissent communier le ministre officiant est une de ces exceptions. Enfin, pour achever ce qui concerne cette dévotion, je dois remarquer aussi que, non seulement la confession, dont je parlerai bientôt encore une fois, précède la cène ou communion, mais que, de plus, la veille de cette dévotion, il se fait un prêche préparatoire, auquel tous les communians doivent assister, et ceux qui manquent d'y assister sont jugés dignes des censures ecclésiastiques. Pour ce qui est de la manière de communier, on a vu qu'en Saxe on communie à genoux : cela se pratique de même en plusieurs autres endroits. Dans le Wittemberg, on communie debout, et de même à Augsbourg. On voit ici une de ces cènes luthériennes d'Augsbourg, d'après nature.

Les Luthériens emploient indifféremment du vin rouge ou du vin blanc à leur communion. Ils ne la donnent point aux enfans; mais ils la portent aux malades et aux mourans, et voici ce que l'on pratique alors : D'abord, je dois faire remarquer au lecteur que cette communion portée aux malades a toute la conformité possible (excepté pourtant l'adoration), au viatique des catholiques romains, et que cette communion pourrait bien aussi recevoir le même nom de *viatique*, puisque, s'il est permis de s'exprimer de la sorte, elle est donnée au mourant comme *une provision de voyage.* Le nom que les Allemands donnent au viatique exprime la même idée, et me rappelle le *Naulum*, ou droit de passage dû à Caron, qui était une obole, c'est-à-dire une pièce d'environ six deniers qu'on mettait dans la bouche du mort, pour payer à Caron le droit de passage aux enfers; à quoi Apulée ajoute un gâteau pour *broder* l'usage à sa mode. Je ne sais si le nom de viatique a paru trop superstitieux ou trop *papiste* aux Luthériens; mais, quoi qu'il en soit, ils ont jugé à propos de l'abandonner, et d'appeler *communion privée* cette communion donnée aux malades et aux mourans. Elle se réduit à ces trois choses pour ce qui regarde la cérémonie : 1°. A la confession du malade, précédée d'une prière , et suivie de l'absolution que le confesseur lui donne au nom et de la part de Dieu ; 2°. à la communion donnée au malade, précédée aussi d'une prière préparatoire, et suivie du chant d'un psaume, qui est , ou le 23e. ou le 103e. dans le psautier des Luthériens et des autres Protestans, et d'une collecte, ou prière convenable à la communion ; 3°. d'une bénédiction qui fait la clôture de la cérémonie. Mon auteur rapporte qu'en quelques endroits on fait un petit autel de la table qui se trouve dans la chambre du malade, c'est-à-dire que, sur un tapis, ou sur une nappe on met deux chandelles ou deux bougies, et un crucifix entre deux, avec la patène et le calice, ou des choses équivalentes. Il ajoute qu'il a vu de ces communions privées, administrées sans autres témoins que la femme ou le mari de la personne malade. Cependant l'ordre veut qu'elle soit administrée en présence des parens et même des domestiques du malade ; mais, si l'on n'a ni parens, ni domestiques, on doit appeler deux ou trois voisins pour témoins. Il est même permis à des parens ou à des amis du malade de communier avec lui, et, pour cet effet, on doit les avertir la veille, ou du moins quelques heures d'avance, afin qu'ils puissent se préparer à cet acte religieux. Ce n'est pas seulement aux malades et aux mourans que l'on porte la communion, il est aussi de l'usage des Luthériens de la porter aux personnes que le grand âge rend incapables de communier dans l'assemblée de leurs frères. A ces personnes, le ministre qui les communie, fait une exhortation que l'on pourrait appeler un *prêche* domestique, par rapport à la *communion privée* ou domestique.

Je dois parler à présent de la confession, dont j'ai déjà dit quelque chose. La confession est estimée très-nécessaire dans tout le luthéranisme. Ajoutons en même-temps qu'elle est très-avantageuse à l'autorité ecclésiastique : si elle calme les peines de l'âme et soulage les consciences, elle excite aussi la crainte, la vénération, le respect pour les pasteurs qui, par la confession, deviennent les directeurs et les médecins des âmes infirmes ; ils les guérissent au nom du Seigneur, mais, au nom du même, ils leur dénoncent la mort, si elles négligent les remèdes spirituels qu'ils ordonnent. Cependant, quelles que puissent être la vénération et l'autorité que les confesseurs luthériens s'attirent par la confession, ils sont restés fort au-dessous des confesseurs catholiques. Mon auteur fait médiocrement valoir le mérite et la nécessité de la confession, telle qu'elle est pratiquée dans son Eglise : « Il est, dit-il,
» sur le témoignage d'un théologien de sa communion qu'il cite, du devoir
» des ecclésiastiques d'écouter les confessions, et de donner l'absolution,
» conformément au pouvoir des clefs, etc. Ce pouvoir serait inutile, s'il ne
» fallait pas se confesser devant un ministre de l'Eglise, et recevoir (ensuite)

» l'absolution (de ce ministre). Ainsi, *quant au genre*, la confession par-
» ticulière ou privée, et l'absolution, sont (bien)..... d'institution divine ;
» (cependant) *quant à l'espèce*, la manière dont il se faut confesser, et le
» temps auquel on le doit, c'est l'Eglise (luthérienne) qui a droit de déter-
» miner ces choses. » La conséquence qu'il en faut tirer, c'est qu'elles sont
arbitraires, et qu'on pourra les changer comme les églises particulières le
jugeront à propos : c'est aussi ce qui arrive. M. *Maichelius* dit ce qui suit sur
la confession qui précède la communion : « Avant la communion, l'on se
» confesse devant le ministre, qui, conformément à la parole de Dieu,
» annonce la rémission des péchés aux vrais pénitens. Cette confession n'est
» pas *auriculaire*, mais générale ; cependant elle ne se fait pas de la même
» manière chez tous les Luthériens. En quelques endroits, plusieurs pé-
» nitens viennent tous ensemble devant le ministre confesseur. Un d'entre
» eux récite une confession générale, après laquelle le confesseur demande
» si tel est le sentiment de tous les autres. Après qu'ils ont répondu oui, le
» confesseur leur fait une exhortation plus ou moins longue, selon qu'il le
» croit à propos, et cela se termine par l'absolution. Cette coutume est des
» grandes villes, où il serait impossible d'entendre la confession de chacun
» en particulier. En certains endroits, le ministre qui confesse propose ces
» trois questions, qui sont comme autant de conditions requises pour
» être admis à la communion : 1°. Si l'on a une sincère repentance
» des péchés dont on se trouve coupable en sa conscience ; 2°. si l'on croit
» et professe que le corps et le sang de J. C. sont véritablement et réellement
» présens sous les symboles du pain et du vin ; 3°. si l'on promet de vouloir
» toujours demeurer dans la religion luthérienne. » (Cette dernière demande
renferme un principe d'intolérance ; et l'on sait assez que les Luthériens
penchent généralement de ce côté-là, non-seulement à l'égard des Catholiques romains, mais aussi à l'égard des Calvinistes qui leur ont fait si géné-
reusement des offres de fraternité.) « L'imposition des mains se pratique
» aussi à Hambourg, en Saxe et ailleurs, lorsque le ministre se dispose à
» prononcer l'absolution, et va commencer la rémission des péchés. » Cette
imposition des mains se fait de la manière suivante : Le ministre-confesseur
pose la main jusqu'à trois fois sur la tête de celui qui vient de se confesser,
en nommant à chaque fois une personne de la trinité ; après quoi il lui dit ces
paroles : *Allez en paix, que la grâce de* notre Seigneur Jésus-Christ *soit
avec vous* ; et fait en même-temps le signe de la croix sur lui.

Mon auteur saxon rapporte ce qui suit sur la confession : Le pénitent
récite assis, debout, ou à genoux, *en un mot*, dit-il, *comme il lui plaît*, le
formulaire de confession qui se trouve dans les catéchismes luthériens, ou

dans les livres de communion. Le peuple récite ordinairement la confession ecclésiastique qui se lit tous les dimanches après le sermon. Plusieurs emploient toute leur vie le formulaire de confession qu'ils ont appris à l'école ; et tout cela se pratique souvent avec une négligence que l'auteur luthérien ne manque pas d'insinuer. Le luthéranisme a des *automates* comme toutes les religions.

Quoi qu'il en soit, dans le petit catéchisme luthérien, l'on trouve quelques formulaires de confession pour ceux qui n'ont pas assez de capacité pour réfléchir et méditer par eux-mêmes sur leurs péchés. Tels sont, par exemple, les modèles de confession pour les maîtres et pour les domestiques. A la tête de ces formulaires, on lit ces paroles qui commencent l'entretien du pénitent avec le ministre auquel il va se confesser : *Vénérable et cher Seigneur, je vous supplie de vouloir écouter ma confession, et de m'accorder pour l'amour de Dieu la rémission de mes péchés.* Si le pénitent ne se trouve pas chargé des péchés marqués dans les formulaires, qu'il dise en gros quelques péchés qui lui sont connus ; s'il ne se connaît aucun péché, chose presque impossible, dit le catéchisme, *qu'il n'en récite donc point en détail, qu'il reçoive* (hardiment) *la rémission de ses péchés, après avoir fait une confession générale.* Le même catéchisme dit que le confesseur fait cette demande à son pénitent (apparemment entre la confession et l'absolution) : *Ne croyez-vous pas que cette absolution que je vous donne est l'absolution de Dieu ?* à quoi le pénitent ayant répondu oui, le ministre ajoute : *Ainsi s it-il.*

Je ne dis rien des prières, des cantiques, des psaumes de pénitence qui doivent préparer à la confession, ni du sermon prononcé la veille ou surveille de la confession, par lequel les pénitens sont exhortés à s'acquit'er chrétiennement de cet acte de dévotion.

On voit (pl. 25 et 26, pag. 99) ici dans une figure la manière dont on se confesse à Augsbourg, et celle de l'absolution. Il n'y a pas beaucoup de différence de cette manière à celle de Saxe : dans l'une et dans l'autre, on prendrait la confession pour auriculaire ; cependant elle n'est pas absolument telle, du moins s'il faut croire les Luthériens d'Allemagne, seuls juges sur cette matière. Un habile voyageur nous décrit celle qu'il a vue à Stockholm: « Le prêtre, dit-il, en bottes ou bottines, les éperons aux talons, et en » habit ordinaire, donnait l'absolution à une douzaine d'hommes et de » femmes qu'il venait de confesser : ils étaient autour de lui à genoux. » Après une interrogation à-peu-près semblable à celle que j'ai rapportée plus haut, il leur prononça l'absolution, et les embrassa. Ils s'embrassèrent de même les uns les autres : « De là, continue ce voyageur, j'allai dans une » église allemande, où je remarquai que les pénitens se confessaient à l'oreille du ministre. » Une chose bien plus digne de remarque , et qui , selon les rigides , est une espèce de simonie , c'est la gratification en argent que l'on donne en plusieurs endroits au confesseur, après s'être confessé. On remarque plusieurs abus que cet usage a introduits , comme d'empêcher les pauvres gens de communier, parce qu'ils n'ont rien à donner au confesseur , d'autoriser l'avarice des confesseurs , etc. Quelques savans luthériens ont tâché de justifier les confesseurs , en disant que l'argent qu'ils reçoivent à la confession est comme une partie de leur salaire.

Après avoir parlé de la confession et de l'absolution , il ne faut pas oublier que la Réforme luthérienne a des jours extraordinaires de pénitence que l'on passe à jeûner et à prier Dieu dans les temples. Autrefois , on n'en célébrait que deux par année en Saxe : depuis l'année 1707 , on en a ajouté un troisième , qui est l'anniversaire de la sortie des Suédois de l'électorat de Saxe. Les autres Etats luthériens ont aussi des anniversaires semblables à celui-là : ces jours s'annoncent la veille, comme les fêtes , par le son des cloches ; souvent on fait un prêche de préparation la veille , et le *surintendant* ou le ministre de la Cour donnent aux ministres des textes et même des formulaires tout imprimés de prêches pour ces jours solennels. On peut fort bien comparer ces pièces à ces petites amplifications que l'on donne aux écoliers en rhétorique. Avec ces formulaires, on donne aussi l'ordre qu'il faut observer dans ces jours de jeûne , et la manière de les célébrer. Il n'est pas nécessaire de dire que tout commerce est suspendu et interdit pendant ces jeûnes, que les boutiques sont fermées, etc. Il est plus nécessaire de remarquer que l'on fait alors des aumônes extraordinaires , et que toute la dévotion est beaucoup plus fervente que de coutume, ou du moins doit l'être.

Je viens à l'excommunication : elle est suivie d'une bien rude pénitence en Danemarck et en Suède. Le Rituel danois nous dit qu'un excommunié qui se présente à l'Eglise en est chassé par un clerc de la paroisse , à la vue de toute l'assemblée des fidèles. Cependant, si l'excommunication dure quelque temps, on ne l'empêche pas de se rendre à l'assemblée, afin qu'il puisse écouter les prêches et participer avec les autres à toutes les dévotions ; mais il est séparé des fidèles, et, lorsque le prédicateur descend de la chaire , le même clerc qui l'a introduit le conduit hors de l'Eglise. A l'égard de la Suède, on n'y est pas moins sévère sur cet article. Un voyageur(*Terpager*) raconte qu'il vit à Lincoping une fille tombée dans quelque désordre , et sujette par conséquent à l'excommunication , exposée à genoux depuis le grand matin jusqu'à midi à l'entrée de l'Eglise , dans une espèce de cage à barreaux de bois assez élevée. Il se peut que ce ne fût qu'une peine civile , et non pas une pénitence ecclésiastique. On punit à-peu-près de même , à La

Haye, les filles qui n'ont pas honte de faire profession de débauche : ce ne serait donc nullement par cet exemple qu'il faudrait juger de la sévérité des Luthériens de Suède. Quoique très-rigide, leur discipline renonce, comme celle des autres Etats qui font profession du Luthéranisme, à tout ce qui a la moindre apparence de peine civile ; car, selon la doctrine commune à tous les Luthériens, les ministres de l'Eglise ne doivent jamais confondre les peines ecclésiastiques, c'est-à-dire, l'exclusion de l'assemblée des fidèles, et l'interdiction de la communion avec les peines que le seul magistrat doit infliger. En un mot, les Luthériens n'approuvent que l'*excommunication mineure*, qu'ils appellent *vraie et chrétienne*. Qu'on ne croie pas que l'Eglise de Suède passe les bornes de cette excommunication, à cause de cette loi qui ordonne que celui qui demeurera excommunié au-delà d'un an sera prisonnier un mois entier au pain et à l'eau : ils prétendent que cette excommunication et la peine qui est à sa suite appartiennent au magistrat et aux tribunaux du royaume. Mais, dira-t-on, pourquoi la puissance civile s'attribue-t-elle le droit de punir d'une excommunication ? Je laisse à d'autres le soin de répondre à cette objection.

Pl. 31. *Le Baptême des Luthériens d'Augsbourg.*

Luther a donné un formulaire de baptême en langue vulgaire, afin que l'assemblée des fidèles entende les paroles de la Liturgie qui servent de préliminaire au baptême d'un enfant, celles que l'on emploie pour le baptiser, et les devoirs auxquels s'engagent les parrains et les marraines par cette *initiation* de l'enfant au christianisme. Voilà en peu de mots les raisons que le réformateur allègue de ce changement, dans la préface de son formulaire. Il a aussi retranché diverses cérémonies des Catholiques romains, comme de souffler sur l'enfant, de lui mettre du sel dans la bouche, etc., « parce que » ces choses, dit-il, ne sont nullement essentielles au baptême. Ce n'est » pas là ce que le *diable* craint ; il faut l'attaquer plus sérieusement. Ce qui » l'effraie est tout autrement important. » Mais il a retenu l'exorcisme et les signes de croix.

M. *Maichelius* dit ce qui suit du baptême de sa communion, et cela regarde particulièrement le Wittemberg sa patrie : « Les Luthériens baptisent leurs » enfans un ou deux jours après leur naissance. Au cas que l'enfant soit trop » faible pour être porté à l'église, ils le font baptiser dans la maison : ils ont » un ou deux parrains. L'exorcisme subsiste encore en quelques pays. Une » nouvelle cérémonie s'est depuis peu introduite dans le Wittemberg par

Le BAPTÊME des LUTHERIENS d'AUGSBOURG.

» les sages conseils de M. *Osiander*, qui, ayant fait un voyage en Angle-
» terre en qualité d'envoyé du duc, a trouvé la confirmation des enfans,
» qui s'y pratique quelque temps après leur baptême, si bonne, qu'il a con-
» seillé de l'introduire dans les églises de ce pays. » Avant que de reprendre
mon auteur saxon, voyons les usages répandus en quelques autres endroits,
touchant le baptême. Dans un danger évident de mort, un laïque et une
sage-femme peuvent baptiser l'enfant. Dans le droit ecclésiastique de Saxe,
il n'est permis à une sage-femme de baptiser l'enfant mourant qu'après qu'on
n'a pu trouver d'homme pour le baptiser. Je ne sais pas si cet usage est général. En Danemarck, on ne baptise pas les enfans non légitimes en même-
temps que les légitimes. Au baptême des bâtards, on n'offre rien sur l'autel.
Pour ce qui est des enfans trouvés, leur naissance étant seulement douteuse,
on les baptise à l'église comme les autres ; et, quand même on trouverait
avec eux un billet qui porterait qu'ils ont été baptisés, on ne laisserait pas
que de leur donner le baptême, parce qu'un témoignage de cette nature
est censé douteux. Dans un danger de mort, on ne baptise pas un enfant
avant qu'il soit entièrement sorti du sein de sa mère ; enfin l'on n'y baptise
point des adultes fous, ou furieux, à moins qu'ils ne reviennent dans leur
bon sens, et qu'ils puissent être instruits dans les principes du christianisme.
En Suède, le père n'assiste pas au baptême de son enfant, ou du moins il
n'y assiste pas toujours. On y baptise les enfans légitimes avant que le service
divin commence, et les bâtards, quand il est fini.

L'historien des cérémonies ecclésiastiques de Saxe rapporte qu'autrefois
ses compatriotes négligeaient tellement le baptême, que, souvent, on ne
baptisait les enfans que douze ou quinze jours après leur naissance, et cela,
continue-t-il, pour avoir le temps de préparer des festins, où l'on solen-
nisait le jour du baptême par des réjouissances tout-à-fait païennes. Ces
mêmes abus ne laissent pas que d'être fréquens dans divers pays soumis à la
domination luthérienne, et l'autre Réforme ne tombe pas moins dans la
même indifférence pour le baptême. Selon l'ordre établi dans les églises de
Saxe, on doit baptiser autant qu'il se peut le dimanche, parce qu'alors l'assemblée des fidèles est plus complète ; mais il n'est guères possible de suivre
exactement cet ordre, à cause de plusieurs inconvéniens qui l'empêchent.
Un rituel de ce pays-là ordonne de sonner une cloche pour appeler à l'église,
au cas que le baptême se doive faire un jour ouvrier.

On a des fonds baptismaux dans les églises luthériennes, mais non pas
généralement dans toutes. Dans plusieurs églises de Saxe, un ange tenant un
bassin descend du haut de la voûte par le moyen d'une poulie ou de quelque
autre ressort, et présente le bassin au ministre qui doit faire le baptême.

Ailleurs on apporte une table de la sacristie, on la pose devant l'autel, et l'on met un bassin dessus, ce qui se fait à-peu-près de même à Augsbourg, selon la figure 31, page 124.

Après les demandes préliminaires, qui sont connues de tout le monde, le ministre fait un discours en forme d'exhortation, après quoi il exorcise le démon par ces paroles : *Retire-toi d'ici, esprit immonde, et fais place au Saint-Esprit.* Le ministre fait alors le signe de la croix sur l'enfant, en lui disant : *Reçois le signe de la croix,* etc., et, posant la main sur lui, il récite les prières, et réitère l'exorcisme. (Du moins on le réitère en Suède et en plusieurs autres endroits.) Au moment du baptême, le ministre qui baptise demande aux parrains pour l'enfant, *s'il renonce au diable et à ses œuvres, s'il croit à Dieu le Père, au Fils et au Saint-Esprit,* etc. Ensuite il le baptise par une triple aspersion à l'honneur de la Trinité. Toute la cérémonie finit par une action de grâces, la bénédiction de l'enfant et une exhortation aux parrains.

Je serais tenté d'appeler honoraire du baptême cet argent que les parrains donnent après le baptême de l'enfant. Comment traduire autrement en français le mot allemand *Pathen-gel?* Et comment exprimer la nature de ce don? Je ne trouve que ce mot. Il me semble donc que le *Pathen-gel* est, pour l'enfant baptisé dans l'église de Saxe et des autres pays luthériens où il subsiste, ce que *l'honoraire* est pour l'avocat qui a plaidé au barreau. Ici, l'avocat reçoit cet argent, non comme salaire, mais comme un honneur d'avoir plaidé; là, on n'oserait dire absolument que c'est pour un pareil motif; mais l'abus et la vanité que le temps y a introduits doivent faire regarder ce *Pathen-gel* seulement comme un *honoraire* donné à l'enfant. Si je ne craignais de m'exprimer d'une manière qui ne paraîtrait pas assez noble, j'appellerais ce *Pathen-gel, denier à Dieu* plutôt qu'*honoraire* : car je crois que cet argent donné par les parrains n'était, dans sa première origine, qu'un engagement pris par eux pour élever et nourrir l'enfant au défaut de ses parens. Je répéterai ici ce que j'ai déjà dit ailleurs, que les usages religieux, même ceux qui sont d'institution divine, ne sont devenus que trop souvent des moyens honnêtes pour se faire donner des présens. Une preuve que les hommes cherchent tous les moyens possibles de satisfaire leur avarice, sans craindre même de leur donner un air de religion, se trouve dans deux usages assez profanes que j'indiquerai simplement. En quelques endroits d'Allemagne, les compagnons font passer par une espèce de baptême les jeunes gens qui ont fini leurs années d'apprentissage. Cela procure aux premiers de quoi se régaler aux dépens des autres. Les gens de mer obligent ceux qui n'ont jamais été dans certains parages, de se racheter à prix d'argent d'une cérémonie qu'ils ont aussi nommée baptême, et qui consiste à jeter de l'eau sur le corps de celui qui n'a pas de quoi payer.

Disons quelque chose de la confirmation des Luthériens. Elle diffère presqu'entièrement de celle des Catholiques. 1°. Les Luthériens n'y emploient point de chrême. 2°. Un simple ministre peut confirmer. 3°. L'enfant qui reçoit la confirmation doit rendre exactement raison de sa foi.

Mon auteur parle en ces termes de la confirmation des Luthériens de son pays. Un enfant qui a atteint l'âge de douze ou de quatorze ans, est réputé en état de communier (au premier âge les filles, au second les garçons), pourvu que l'intelligence et la raison se trouvent formées en même-temps. La première communion de ces enfans est fixée à Pâques ou à la Saint-Michel. On les annonce trois semaines auparavant du haut de la chaire, et on les instruit et examine deux fois par semaine pendant ce temps-là. On leur représente aussi les devoirs des communians et le mérite de la communion, etc. Enfin on les confesse la seconde fête de Pâques, et on les communie le jour suivant, qui est le mardi, quelquefois en particulier, et souvent aussi avec les autres fidèles. Ces jeunes communians se rangent en forme de demi-lune devant l'autel, à mesure qu'ils sont communiés par le ministre. Après cet acte religieux, le même ministre fait une prière, et se tournant ensuite vers l'assemblée des fidèles, il leur annonce que ces enfans vont rendre tout haut raison de leur foi, etc. Il les interroge sur divers points de religion ; après quoi, il leur fait une assez longue exhortation, et l'assemblée chante un hymne, qui est suivi d'une collecte et de la bénédiction. Voilà ce que je devais faire remarquer au lecteur touchant la confirmation des jeunes Luthériens de Saxe. Si j'ajoute que la jeunesse y est assez régulièrement catéchisée en public, ce n'est pas que cette pratique soit ni plus singulière, ni plus méritoire qu'ailleurs ; mais il faut tout dire autant qu'il se peut, quand on décrit une religion ; et même les *riens*, lorsqu'ils sont placés à propos, font souvent plaisir au lecteur. Finissons cette matière par quelques questions qui demandent une solution claire, accompagnée de preuves auxquelles il n'y ait point de réplique. D'où vient que l'on fait tous les jours de nouveaux catéchismes dans toutes les communions ? Cette méthode a-t-elle jusqu'à présent rendu la religion plus claire et plus populaire? Cette multitude de catéchismes a-t-elle diminué le nombre des ignorans dans la religion? Ceux qui font les catéchismes sont-ils d'ordinaire les plus habiles du parti? Ont-ils la justesse d'esprit nécessaire pour cela? Connaissent-ils bien eux-mêmes, par la conviction intérieure et par la pratique, la religion et ses devoirs? Enfin tant de catéchismes que l'on donne si hardiment pour complets et pour raisonnés, sont-ils toujours raisonnables?

MARIAGE DES LUTHÉRIENS.

Pl. 32. *Le Mariage des Luthériens d'Augsbourg.*

La discipline luthérienne est assez uniforme sur le mariage. Luther donna d'abord un formulaire de mariage, duquel on ne s'est pas éloigné dans la suite. On y commence par les bans ou les *annonces*, pour parler à la manière des Protestans. Le mariage ne trouvant aucun empêchement, on se présente à l'église devant le pasteur, qui demande aux époux le consentement mutuel, après quoi ils se donnent mutuellement la main droite, et font l'échange des anneaux. Alors ce pasteur dit à-peu-près ces paroles : *Tel et telle voulant se marier l'un à l'autre en présence de toute l'Eglise, je les déclare mariés au nom du Père,* etc. Ensuite il lit ou récite à l'autel diverses paroles de l'Ecriture, qui sont autant d'exhortations aux mariés, et tout finit par une prière qu'il fait pour eux. Voilà ce que Luther avait prescrit, et sur quoi l'on règle encore aujourd'hui ce qui est du ressort de l'Eglise dans le mariage.

A cela j'ajoute que l'Eglise luthérienne ne bénit point de mariage dans un temps de jeûne ou de préparation à la communion ; et même, en divers endroits où règne le Luthéranisme, on observe le canon d'un ancien Concile qui défendait de se marier le dimanche. M. Maichelius dit : « Que les » gens d'une condition médiocre, soit par la naissance, soit par le bien, se » marient généralement à l'église ; mais que les personnes distinguées se » marient de nuit chez eux... et la cérémonie est, de même que dans l'église, » précédée d'une longue exhortation et des prières convenables. » On a représenté ici la manière dont on se marie à Augsbourg.

Mon auteur saxon, avant que de décrire les cérémonies ecclésiastiques du mariage, employe beaucoup de paroles pour montrer à ceux qui veulent se marier qu'avant que d'en venir là, ils doivent avoir devant les yeux la crainte de Dieu, et examiner cet état avec toute la précaution et toute la prudence imaginables. Qui doute de cela ; mais qui prend toutes ces précautions, en Saxe non plus qu'ailleurs ? Le bon ministre croit mieux faire sentir les fâcheuses conséquences d'un mariage malheureux et mal assorti, en employant un proverbe trivial de son pays, dont le sens est *qu'il y a bien de la différence entre rechercher une fille en mariage et penser acheter un cheval.* La comparaison peut avoir ses agrémens dans le pays où elle est née ; mais, pour nous, qui observons la bienséance et la politesse, même à l'égard des

Le MARIAGE des LUTHERIENS d'AUGSBOURG.

choses que nous méprisons le plus, nous la trouverons toujours dure et choquante. Le ministre luthérien nous dit ensuite qu'en quelques endroits de
son pays ceux qui pensent à se marier se rendent avec leurs parens et leurs
amis chez le ministre de leur paroisse, et sont fiancés devant lui. Le reste du
chapitre n'a rien de particulier.

Si les cérémonies nuptiales ecclésiastiques sont assez uniformes par-tout,
il n'en est pas ainsi des civiles. En Saxe, et ailleurs aussi, l'artisan, et tout ce
qui s'appelle petit bourgeois, va se marier à l'Eglise, s'y fait escorter des
gens de la noce, et précéder de musiciens. Ailleurs, on fait plus ou moins; et
par-tout on mêle bien de la bizarrerie et souvent de l'extravagance avec le
mariage et tous ses préliminaires. Je remarquerai quelques-unes de ces coutumes. Dans quelques provinces du nord, après les informations faites touchant celui qui fait la recherche d'une fille, le père la présente gravement
au galant, et lui dit : « Je vous donne ma fille pour vous faire honneur,
» pour vous servir de femme, pour coucher avec vous, pour avoir la clé de
» votre porte, jouir du tiers de votre argent et de vos biens. » En beaucoup
d'Etats allemands, quoique les pères et mères des mariés se chargent ordinairement des frais des noces de leurs enfans, ceux qui sont invités à ces
noces font tous des présens à la mariée, « et les présens que les invités
» donnent à cette occasion sont souvent si grands, que, bien loin de perdre
» ils (les père et mère de la mariée) gagnent considérablement. » Je m'imagine que cet usage s'est introduit pour suppléer à l'abolissement du
Morgengab, c'est-à-dire, présent du matin. Ce *Morgengab* était un
présent que le nouveau marié faisait à sa femme, comme pour la remercier,
ou plutôt pour la récompenser de la virginité qu'elle lui avait donnée la nuit
précédente. Le *Morgengab* était, chez les Lombards, la quatrième partie
des biens du mari; mais ne compilons pas davantage le savant Du Cange,
chez qui l'on peut voir plusieurs autres choses concernant ce don, et con-
tentons-nous de dire que la manière de reconnaître à son épouse, par le
contrat de mariage, une somme d'argent souvent assez forte, et quelquefois
même surpassant huit ou dix fois la dot de l'épouse, manière établie sur-tout
en quelques provinces de France, en Hollande, etc., pourrait fort bien avoir
succédé au *Morgengab*. Aux usages nuptiaux que je viens de rapporter, il
faut ajouter celui de conduire les mariés de leur maison à l'église par des
chemins jonchés de fleurs, usage reçu dans quelques endroits de la Souabe,
et qui me rappelle ici celui qui se pratique dans une célèbre ville de Hollande; mais, pour ne pas en faire à deux fois, je décrirai ici toutes les sin-
gularités des cérémonies nuptiales de cette ville, si différentes des nôtres,

Pl. 33. *Félicitation telle qu'on la fait aux Fiancés à Amsterdam.*

On sait que la coutume des Réformés est de faire publier leurs mariages par trois *annonces*. Celui qu'on appelle lecteur ou chantre, lit ces *annonces* tout haut à l'assemblée le matin, avant le sermon, pendant trois dimanches consécutifs. Deux ou trois jours avant la première annonce, les mariés vont se faire enregistrer à l'Hôtel-de-Ville; et c'est presque toujours alors que l'on célèbre les fiançailles, que l'on fait le contrat de mariage, etc. Le dimanche de la première annonce, ou dans l'un des jours de la semaine qui suit, les mariés, placés d'ordinaire sous un grand miroir, et ayant à droite et à gauche leurs proches parens, reçoivent des visites de cérémonie, non-seulement de leurs amis, c'est trop peu dire, mais souvent même des principaux bourgeois de la ville, et de beaucoup d'étrangers, que la curiosité, l'envie de se divertir, et autres semblables motifs, attirent là.

Pl. 34. *Fiancés qui vont à l'Église pour se marier.*

Plus il se rassemble de beau monde pour voir deux personnes fort parées, exposées, s'il faut ainsi dire, en public pour être examinées en détail, presque toujours fort graves au milieu d'un grand cercle de personnes tout aussi graves, et plus les mariés et leurs parens se félicitent de tant d'honneur : aussi le mariage est-il annoncé solennellement chez les principaux bourgeois de la ville, par des valets d'église établis pour annoncer ceux qui sont morts, et pour faire les enterremens. Je laisse le reste du détail de cette première cérémonie que la taille-douce représente beaucoup mieux qu'il n'est possible de l'exprimer par des paroles, et je me contente de remarquer que les hommes ne sont point dans l'appartement où les mariés reçoivent les félicitations. Ils s'assemblent dans un autre, où je ne trouve rien de singulier que beaucoup de bruit, une joie quelquefois tumultueuse que la circonstance du jour autorise, et que le vin anime au milieu d'une tabagie perpétuelle. Le vendredi qui précède le mariage, ou la surveille de ce grand jour, on fait une autre cérémonie, trop bien exprimée dans la figure qui la représente pour que je m'amuse à y ajouter quelque chose. Le jour même de la noce, qui est assez souvent un dimanche, le marié sort de chez lui pour se rendre chez sa maîtresse; mais il faut dire auparavant que l'on a soin d'orner l'entrée de sa maison, et d'en joncher toutes les avenues de feuilles dorées,

FELICITATION
telle qu'on la fait. aux
FIANCÉS
a Amsterdam.

A. Le Fiancé. et la Fiancée sous un Miroir.
B. La Mere. et les Parentes de la Fiancée.
C. La Mere. et les Parentes du Fiancé.
D. Paranimphes qui vont au devant des Dames. et les presentent aux Fiancés.
E. Celles qui apres avoir fait leur Compliment se placent aux deux cotez de la Chambre.
F. Apartement. ou les Hommes vont feliciter les Parens apres avoir Complimenté les Fiancés.
G. Confitures que l'on presente de tems en tems aux Dames.
H. Homme destiné dans les Ceremonies Nuptiales pour servir les Confitures. le Vin. et l'Hipocras.

A. le Fiancé, et la Fiancée.
B. la Servante qui leur jette des fleurs &c.
C. la slée. ou Traineau, où les Fiancé vont entrer.

FIANCEZ
qui vont à L'EGLISE pour se
MARIER.

D. carosse pour les Paranimphes, et Amis qui les acompagnent à l'Eglise. E. celui qui jette des Dragées au peuple, FF. Sergens qui acompagnent le traineau pour ecarter la foule.

CEREMONIE du MARIAGE chez les REFORMEZ, à Amsterdam.

A. le Marié, et la Mariée. B. les Paranimphe, et Amis. C. le Ministre. D. le Diacre avec la bourse, pour recevoir les Aumones des Mariez.

Tom. III. N.º 35.

pour apprendre sans doute au public qu'il doit se marier ce jour-là. Quand il sort, une jeune fille lui jette de ces feuilles au visage ; après quoi il entre dans une voiture tirée par un cheval qui a la tête ornée d'une houppe ou d'une aigrette, couvert d'une belle housse, et paré souvent de beaux rubans et de fleurs. C'est une semblable voiture qui mène les mariés à l'église ; cette voiture, que les gens du pays nomment *Slée*, est toujours à quelque distance de la maison de la mariée, afin que les nouveaux mariés puissent être contemplés de tous les voisins et du peuple qui aborde de tous côtés à cette maison ; pendant qu'une jeune servante, et bien souvent même une jeune demoiselle, leur jette au visage et sur la tête des feuilles dorées qu'elle porte dans un petit panier d'osier garni de fleurs et de rubans ; mais l'usage ne permet pas de jeter des feuilles dorées, ni des fleurs, à un veuf ou à une veuve. Étant arrivé à l'église, un ministre les marie de la manière qu'on le voit dans la gravure.

Lorsque ces mariés ont le bonheur de parvenir à la vingt-cinquième année de leur mariage, ils renouvellent (au moins extérieurement) leurs premières noces, et cette cérémonie s'appelle les *noces d'argent*. S'ils accomplissent les cinquante ans, ils célèbrent les *noces d'or*. Aux unes et aux autres, on imite les plaisirs et les agrémens qui accompagnent les véritables noces ; mais l'amour ne revient guères dans un chemin si battu, et ces noces répétées ne servent tout au plus qu'à réchauffer l'amitié et fortifier l'habitude, qui, dans un long mariage, vaut d'ordinaire autant que l'amour. Les personnes riches distribuent des médailles à l'honneur de ces *noces d'or et d'argent* ; les poètes du pays font des épithalames souvent aussi froids que les mariés qu'ils chantent ; mais ces épithalames peuvent du moins servir d'épitaphes à des amours surannés.

Pl. 35. *Cérémonie du Mariage chez les Réformés, à Amsterdam.*

Un certain *Gaya*, qui a recueilli sans choix et sans jugement plusieurs cérémonies nuptiales, dit qu'on trouve fort mal séant chez les Flamands et chez les habitans des autres provinces voisines, qu'un jeune homme épouse une vieille, ou un vieillard une jeune fille. Voilà une remarque bien rare ! ces mariages sont blâmés par-tout, et cependant il s'en fait dans tous les pays du monde. Il ajoute : « Qu'on ne voit jamais (chez les Flamands et » leurs voisins), comme en France, qu'un maître épouse sa chambrière, » et une maîtresse son valet ; » la remarque est encore très-fausse. Ces mariages sont beaucoup plus communs et beaucoup moins déshonorans chez les Flamands et dans les Provinces-Unies qu'en France.

17*

Les noces de Dantzick sont plus remarquables que tout cela, selon la description que j'en trouve dans le Voyage de *Charles Ogier* : « Les dames, » dit-il, s'assemblent à midi dans la maison où se doivent faire les noces; les » hommes amènent l'époux dans le vestibule, et, pour cette cérémonie si » grave, il faut faire une espèce de procession ; car ils marchent deux à » deux. Il en est de même de la mariée, qui arrive conduite par un cortège » de filles; mais elle marche la dernière entre deux des plus âgées de la » troupe. Cette mariée est en noir ; les autres filles sont en habits de couleur. » Le ministre qui doit faire le mariage se tient vis-à-vis d'un banc qu'on met » au milieu du vestibule entre lui et les mariés. C'est là qu'il leur lit le for- » mulaire luthérien du mariage ; après quoi il fait une exhortation à ces » mariés, et achève la cérémonie par la bénédiction, qui ne manque pas » d'être suivie du chant et de la musique, sans parler des autres marques » ordinaires de joie. Après la bénédiction du mariage, l'on mène la mariée » tout près la porte, et c'est là que tous ceux qui sont invités aux noces » viennent la féliciter et lui apporter des présens. Cet usage n'est pas nouveau » chez les Allemands, mais on assure qu'il s'abolit peu-à-peu. Au repas » nuptial, auquel assista notre voyageur, les paranymphes servirent les » conviés... la musique et l'ivrognerie durèrent également pendant ce festin. » L'eau (dit encore notre compatriote) est tellement haïe dans ce pays-là, » qu'on n'y connaît ni les potages ni les bouillons. Dans les fumées du vin, » il s'éleva de tous côtés des félicitations et des santés tumultueuses, mêlées » de transports bachiques, et ce fut au milieu de ces transports que se fit » une distribution générale d'épithalames et d'odes nuptiales. » (Les Alle- mands, et en général toutes les nations du Nord, sont toujours pourvus de pièces de cette sorte pour le besoin. La poésie ne leur coûte pas davantage que la prose. Le poète qui a le bonheur de naître dans ces climats produit sans peine, en moins d'un jour, deux ou trois cents vers, qui, selon l'oc- currence, peuvent devenir épithalames, odes, épitaphes ou élégies.) « Dans » ces pièces de poésie, continue notre voyageur, les mariées sont toujours » des Vénus et des Hélènes, les mariés y sont plus spirituels qu'Apollon, » plus ingénieux que Mercure, plus prudens ou plus sages que Socrate. » Ne reprochons rien sur cet article aux Allemands : nos poètes et nos beaux- esprits ont, comme les leurs, un *fonds* de louanges, de phrases pompeuses et de comparaisons magnifiques, qu'ils appliquent indifféremment au grand- seigneur, au magistrat et au financier. Tout cela, cousu bout à bout, fait en certains temps une épître dédicatoire, en d'autres un discours acadé- mique; et si la verve seconde le bel-esprit, cela devient quelquefois un poëme héroïque, ou du moins une ode.

Tome III. N. 36.

CEREMONIE appellée chez les Hollandois PALMKNOOPEN.

Qui consiste à nouër et assortir des fleurs, et des feuilles de traînasse qu'on jette aux MARIÉS le jour de leurs NOCES. De jeunes gens de l'un et de l'autre Sexe et invités à cette Ceremonie, font cet assortiment deux jours avant le mariage. On y mêle des feuilles d'or & d'argent, et l'on en applique aussi sur les feuilles de la traînasse.

Pl. 36. *Cérémonie appelée chez les Hollandais* PALMKNOOPEN.

Je finis sur cette matière, en remarquant dans les mariages des Luthériens du Nord que, pour les rendre valables en Danemarck, il faut, outre le consentement de la femme, celui de ses parens ou de ses tuteurs ; que ceux-ci sont en droit de retenir l'administration de ses biens, et même de jouir de ses revenus pendant sa vie, supposé qu'elle se marie contre leur consentement ; mais que si un tuteur néglige de marier sa pupille après dix-huit ans accomplis, les parens peuvent se plaindre à l'autorité souveraine, afin qu'elle soit pourvue au plutôt ; qu'en Suède et en Danemarck aussi, les femmes et les filles ne peuvent ni vendre ni aliéner leurs biens de leur chef, et que même les veuves retournent sous la tutelle et perdent l'émancipation que leur avait donnée le mariage ; qu'en Suède, les mariages sont fort tardifs, sur-tout les mariages des personnes de qualité, et ne se font guères avant trente ans, non-seulement parce que *l'amour pénètre avec peine dans le cœur des septentrionaux*, mais aussi parce que, de part et d'autre, les pères et mères ne donnent que peu de chose à leurs enfans ; en sorte que ceux-ci sont obligés d'attendre la mort de leurs parens pour jouir du bien. Enfin, on ajoute que les querelles domestiques, les divorces et les infidélités y sont fort rares. L'autorité des maris et la soumission des femmes préviennent les premiers, et peut-être que le froid du climat, joint à cette soumission des femmes, prévient les autres. Un auteur nous dit pourtant « que, parmi les Suédoises, il » y en a qui sont en réputation d'avoir plus de chasteté avant de se marier, » que de fidélité après qu'elles le sont. » Pour moi, je crois de ce que je rapporte ici ce que j'ai toujours cru de tout ce qui s'appelle mœurs et usages, *qu'il y a par-tout des exceptions.*

On avait autrefois, en Frise, une coutume assez plaisante, qui était d'empêcher la nouvelle mariée d'entrer dans la maison de son mari. Lorsqu'elle était près d'entrer, un des plus proches parens du mari barrait la porte avec une perche ou un balai ; la mariée, après avoir enjambé par-dessus la perche, trouvait une autre personne qui s'opposait encore au passage avec une épée nue à la main, et la pauvre femme ne levait ce dernier obstacle qu'avec un présent qui lui procurait enfin la liberté du passage. Cette coutume s'est pratiquée de plusieurs manières différentes. En quelques endroits on tendait une corde d'un côté de la rue à l'autre, et, pour la franchir, la femme faisait un présent à celui ou à ceux qui avaient tendu la corde. Ces coutumes ont été abolies par divers arrêts.

Je ne saurais encore oublier une coutume remarquable des anciens Frisons. Ils mariaient leurs filles en habit de veuve, pour les faire ressouvenir que les liens du mariage sont indissolubles, et que la mort seule les doit rompre.

Après une assez longue description de plusieurs cérémonies nuptiales, il est bien juste de parler des accouchemens. Dans la réforme de Calvin, je trouve les femmes en couche recommandées tout simplement aux prières de l'Eglise, et de même celles qui font leur première sortie après les couches. Dans le Luthéranisme, au moins en plusieurs endroits, par exemple en Danemarck, je trouve des formulaires de prières tout exprès pour ces femmes accouchées ; je les trouve introduites en cérémonie dans l'Eglise, et je trouve enfin, à la suite de l'introduction, un présent en argent fait au ministre ou curé qui a la commission de les introduire. Mais, entre les usages civils qui peuvent regarder les accouchées, il y a quelque chose de plus singulier à remarquer en Hollande, c'est cet usage que je trouve appelé par les gens du pays *Van Beker*, qu'il faut, ce me semble, traduire par *le verre* ou plutôt *le gobelet de l'accouchement*. On présente en ce pays-là aux dames qui viennent rendre visite à la femme en couche et à son enfant un gobelet plein de vin du Rhin, où l'on a mis beaucoup de sucre et un bâton de canelle. Ce gobelet est présenté à la ronde, et la cérémonie se réitère pendant le temps des visites. Je m'imagine que cette coutume leur est restée du paganisme ; que *Van Beker* pourrait avoir signifié le *gobelet* de *Fan*, c'est-à-dire, *du Seigneur*, et que ce vin était bu à l'honneur de *Fan*, divinité champêtre si respectée dans le pays, que son nom signifiait le *Seigneur* par excellence.

Avant de toucher à ces cérémonies qui, dans toutes les religions, terminent toujours avec plus ou moins d'appareil le bon ou le mauvais sort de l'homme, il ne sera pas inutile de le considérer malade et mourant dans la communion luthérienne. Ici, l'on ne trouve ni extrême-onction, ni application de reliques ou de scapulaires, ni consolations données par un crucifix embrassé pieusement, ni espérance de se revêtir de plusieurs vertus religieuses en se revêtant d'une robe monastique, ni assurance de se soulager après sa mort par beaucoup de messes. Tout se réduit à des remontrances et à des exhortations pastorales, à des consolations entièrement spirituelles, à des lectures et à des prières. En quelques pays réformés, on a des consolateurs, qui ne sont d'ordinaire que des laïques d'une capacité assez médiocre, d'ailleurs gens de bien, qui lisent assidûment l'Ecriture-Sainte, et qui, par cette lecture souvent répétée, se sont fait la même routine dans leur Religion, qu'un médecin se pourrait faire auprès des malades par la

Les FUNÉRAILLES des LUTHÉRIENS D'AUGSBOURG.

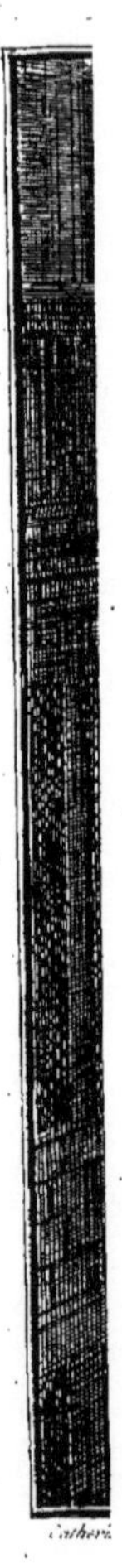

lecture réitérée d'une *Pharmacopée complète*, ou d'un *Recueil de remèdes domestiques*. Cependant, il ne faut pas trop presser la comparaison : il y a de la différence entre eux. Les discours des consolateurs, quand même ils seraient sans effet, ne sauraient jamais tuer l'âme. Au reste, ces consolateurs ne sont pas toujours des laïques : il s'en trouve aussi parmi eux qui, ayant été reçus ministres, n'ont pas eu ensuite les talens que demande la Réforme pour prêcher et pour desservir une église. Mais revenons aux Luthériens. Lorsque le malade est à l'agonie, ils redoublent leur zèle envers le mourant, comme dans toutes les communions du christianisme ; et ce zèle, qui n'a plus d'autre objet que l'âme de l'agonisant, n'est pas certainement un acte de cérémonie ; cependant il n'est pas impossible qu'il se *modifie* selon les usages et la religion du pays, et il l'est encore moins qu'il change de forme et de manière, selon l'âge et le tempérament des personnes. Quoi qu'il en soit, ces remarques tendent à montrer qu'il y a par-tout une règle et une méthode à observer, pour la mort comme pour la vie : et le génie des hommes est tel, qu'ils ne jugent que trop souvent de la destinée du mort par la régularité avec laquelle les usages religieux ont été observés à son agonie. Beaucoup de Luthériens donnent la bénédiction au mourant en lui prenant la tête, ou en le touchant seulement au front, faisant en même temps le signe de la croix sur lui.

Pl. 37. *Les Funérailles des Luthériens d'Augsbourg.*

On voit dans cette figure la manière la plus ordinaire d'enterrer les morts à Augsbourg ; mais cela seul ne satisferait pas le lecteur. Entrons dans un plus grand détail, et commençons par ce que nous fournit M. *Maichelius* sur cette matière : « Les funérailles sont toujours accompagnées de beaucoup de » dévotion et de piété, quelquefois aussi de beaucoup de magnificence. » C'est, outre cela, l'usage de faire une oraison funèbre à chacun, de quelque » extraction qu'il soit, et quelque médiocre que soit sa naissance. » On en fait même aux enfans qui meurent au berceau. Que peut-on dire sur de tels sujets ? Rapporter des consolations tirées de l'Ecriture-Sainte, citer des exhortations aux vivans. Si l'on n'a rien à dire des morts, ou si l'on a plus de mal que de bien à en rapporter, l'Ecriture-Sainte ne manque pas au besoin, et peut fournir de quoi nourrir la piété de l'assemblée. C'est ainsi que s'exprime mon auteur saxon. Il serait bien à souhaiter que tous les faiseurs d'oraisons funèbres et de panégyriques connussent cette méthode, au lieu de confondre si souvent et si hardiment des *vices*

fardés sous le nom de vertus chrétiennes. « Après que le sermon est fini,
» on lit encore en public un abrégé de la vie du défunt, on fait des éloges
» à ceux qui s'en sont rendus dignes par leur piété, et s'il y en a qui ont
» mal vécu, on ne laisse pas d'en faire mention pour la correction des
» vivans. La coutume est aussi de faire des processions funèbres pour accom-
» pagner le corps du défunt au tombeau. On chante alors des cantiques con-
» venables à cette cérémonie. En quelques endroits, on invite les prin-
» cipaux de la ville à ces processions funèbres, du moins si le mort était une
» personne distinguée ; et ceux qui assistent à cette cérémonie reçoivent
» une rétribution, chacun selon son rang et sa distinction. Les funérailles
» des personnes riches sont fort avantageuses aux docteurs et à d'autres
» personnes de cet ordre, et font pour ainsi dire une partie de leurs re-
» venus. »

Le jour de l'enterrement, dit l'historien des cérémonies de Saxe, les parens, les voisins, les amis s'étaient assemblés dans la maison du défunt ;
un ou plusieurs ministres luthériens s'y rendent aussi, avec un cortége
plus ou moins nombreux de jeunes écoliers, qui ont à leur tête leurs maîtres
d'école. Cette troupe d'écoliers chante d'abord devant la porte deux ou trois
hymnes ou cantiques funèbres ; après quoi ils marchent devant le convoi
funèbre, ayant eux-mêmes un grand crucifix devant eux, ou une croix
simple. Un petit clerc, ou quelque autre jeune écolier, marche près du
corps avec une petite croix que l'on met ensuite sur l'endroit du cimetière
où le mort a été enterré. Les parens et les amis suivent le corps, les hommes
les premiers, les femmes ensuite ; et, pendant la marche, on sonne ordinairement les cloches, ce qui se fait seulement pour honorer le défunt :
on chante des hymnes et des cantiques. L'usage est aussi, nous dit-on,
d'ouvrir la bière près de la fosse, et de regarder le mort ; après quoi on
la referme en chantant un cantique convenable ; ensuite le ministre dit
une collecte, et prononce la bénédiction. La procession funèbre se rend à
l'Eglise lorsqu'il doit y avoir un sermon à l'honneur ou à l'intention du mort.

Tous ces usages ont dégénéré, dit-on, à Hambourg et en d'autres endroits d'Allemagne, en des excès et des superfluités ridicules, et souvent
même onéreuses aux familles. S'il en faut croire un écrivain qui est lui-
même de Hambourg, les obsèques des habitans de cette ville y sont chargées
de petits détails auxquels on s'attache aussi sérieusement qu'à des actes de
Religion, et que la vanité de ces marchands a rendus comme essentiels à
leurs funérailles. Il paraît encore qu'on y a beaucoup d'attention à recom-
mander par des clauses testamentaires l'exacte observation de ces détails.
Il faut, à quelque prix que ce soit, un éloge funèbre au mort, et même un

éloge circonstancié, ou , s'il faut ainsi dire , l'on a grand soin de remplir par
des amplifications tous les vides de sa naissance et de sa vie. Quelque rotu-
rier que fût le défunt, son cercueil doit être armorié. Il s'y montre aux
spectateurs en belle perruque et en habits de cérémonie, éclairé de plusieurs bougies , et gardé par des femmes, qui, selon les termes de cet auteur allemand, *savent comme il faut vivre avec les morts , et se connaissent
en présages*. Le cercueil répond à la magnificence de l'appareil. On observe
toujours de le faire aussi riche et aussi propre qu'il soit possible. Je suis persuadé que le faste de cette cérémonie peut fort bien effacer dans l'esprit des
spectateurs plusieurs défauts capitaux du mort , et souvent même assurer le
mérite de sa vertu devant les hommes. Ce faste continue du même air lorsqu'on ferme le cercueil, à la collation que l'on sert alors , à l'égard des *porteurs* que l'on emploie pour porter le corps au cimetière , et même aux aumônes que donnent ceux qui mènent le deuil.

Passons à divers autres usages. Je ne sais si celui-ci est particulier aux
Danois : Quand le corps a été mis dans la fosse, le pasteur jette dessus trois
fois de la terre : à la première fois il dit, *tu es né de la terre ;* à la seconde ,
tu redeviendras terre , et à la troisième, tu ressusciteras de la terre. Après cela,
ceux qui ont porté le corps achèvent de remplir la fosse. L'oraison funèbre
suit la sépulture, si les parens la veulent payer , ou si le mort a laissé de
l'argent à cette intention. Quand on enterre tout-à-la-fois plusieurs morts ,
on peut se dispenser du détail et faire pour tous une seule oraison funèbre.
A Dantzick , le voyageur qui suivit le comte d'Avaux dans le Nord , vit un
enterrement dont la cérémonie était telle que voici : « Les écoliers mar-
» chaient à la tête avec leur maître , tous dans leurs habits ordinaires. Les
» principaux écoliers marchaient les premiers, et les moindres les derniers,
» Tout cela chantait à la luthérienne. Le corps suivait, porté sur un bran-
» card par huit hommes, tous honnêtes bourgeois, et portant à la main
» une manière de bouquet fait de fil d'or et d'argent. Après le corps, mar-
» chaient quatre fils de la défunte (c'était l'enterrement d'une mère de fa-
» mille), les aînés devant, les deux plus jeunes ensuite , tous en longs man-
» teaux de deuil, et le chapeau baissé sur les yeux. Le mari , qui venait
» après ses fils, était habillé de même , et se couvrait le visage avec son
» manteau. Il était accompagné et suivi des proches parens, qui précédaient
» immédiatement les principaux de la ville et les magistrats , et ceux-ci
» précédaient à une distance raisonnable la marche des femmes, A la tête
» de celles-ci on voyait les filles de la défunte, qui se cachaient le visage
» avec un mouchoir , et marchaient en s'appuyant sur des servantes. Les
» autres femmes venaient ensuite , toutes en noir et marchant gravement

» deux à deux. Les filles sont exclues de cette cérémonie. Après l'enter-
» rement, ce convoi funèbre entra dans l'Eglise. L'on y chanta et l'on y
» pria, etc. »

Pl. 38. *Cérémonie funèbre, comme on la fait à Amsterdam et en plusieurs villes de la Hollande.*

L'usage de couronner les morts, connu et pratiqué dans l'antiquité, est resté aux jeunes filles et aux jeunes garçons en Frise, du moins en quelques endroits. Divers Allemands l'observent aussi, mais principalement pour les enfans. Autrefois les Hollandais et les Frisons mettaient trois couronnes sur le cercueil de leurs morts : mais, comme l'on couronnait généralement tous les morts, on changea bientôt la couleur et l'arrangement de ces couronnes, selon la condition ou l'état dans lequel le mort avait vécu. On observe encore, et dans cette province, et dans les autres qui lui sont unies, plusieurs distinctions pour les garçons et pour les filles. Par exemple, en quelques endroits, on donne des bouquets de fleurs aux *porteurs*, l'on en jette sur le cercueil, et le poêle est garni de rubans. Souvent même, des jeunes hommes portent le corps du jeune homme ou de la jeune fille. Je vais rapporter, dans la description suivante, la plus grande partie de leurs autres cérémonies funèbres. On ferme les portes et les fenêtres des maisons où il y a des morts : après que le mort a été enseveli et couché dans son cercueil, on pose ce cercueil sur deux tréteaux dans le vestibule, que l'on tend ordinairement de noir, de même que l'appartement où les parens du défunt attendent debout, en habits de deuil et de la manière la plus méthodique et la plus grave, les visites de leurs amis, et souvent aussi d'un grand nombre de gens qui n'ont d'autre affaire dans la vie que celle de s'amuser, ou de satisfaire cette vaine curiosité que nourrit l'ennui. Ceux qui annoncent les morts ont aussi en même temps la commission d'annoncer le jour et l'heure de ces complimens de condoléance, et l'annonce de l'un et l'autre se fait ordinairement par des billets. Le jour destiné à cette condoléance précède ou suit l'enterrement du défunt, selon que les parens le jugent à propos. Pour ce qui est du convoi, il est fixé en quelques endroits à vingt-quatre personnes, toutes vêtues de noir, qui sont des parens et des amis choisis du défunt : et, si l'enterrement se fait de nuit, le convoi est éclairé d'autant de lanternes qu'il y a de rangs. Chaque lanterne renferme deux ou trois chandelles, et des gens gagés exprès les portent à côté des rangs. A La Haye, et en quelques autres villes, le mort est porté dans un chariot destiné aux enterremens, et couvert de deuil, suivi de plusieurs autres ca-

CEREMONIES FUNÈBRES comme on les fait a AMSTERDAM & en plussieurs villes de la HOLLANDE.

CEREMONIES FUNÉBRES comme on les fait à la HAYE, et en quelques autres villes de la HOLLANDE.

rosses où sont les parens et les amis. Je dois remarquer encore que le deuil de ces républicains est généralement plus long et plus lugubre qu'en France. Outre les habits de deuil et le manteau noir, ils portent assez longtemps au chapeau un crêpe fort large, qui descend jusques sur le milieu du dos; et les femmes, des coiffes de deuil qui leur cachent absolument le visage des mois entiers. Ils ont aussi la coutume d'inviter un certain nombre d'amis à assister en grand deuil au convoi de leurs parens, c'est-à-dire, le crêpe pendant au chapeau, et en longs manteaux de deuil. Autrefois, les femmes du pays assistaient aussi aux enterremens; mais aujourd'hui cet usage est resté chez les paysans, et à quelques endroits de la Frise.

Pl. 39. *Cérémonie funèbre à la Haye et dans quelques autres villes de la Hollande.*

Je ne dis rien des repas funèbres, dont il reste encore des traces en Allemagne et en Hollande, dans la manière dont on donne à boire à ceux qui ont conduit le mort au tombeau.

Finissons notre dissertation par certains derniers devoirs rendus aux morts chez les Luthériens, comme dans les autres religions; non pour soulager leurs âmes, selon l'usage de nos Catholiques, ou pour les mieux faire recevoir dans le ciel, selon l'opinion des Russes, mais pour conserver du moins leur mémoire parmi les hommes. Cela se fait par des épitaphes, des monumens de pierre, des images, et des armoiries suspendues dans les églises. Les discours et les oraisons funèbres des Allemands ne vont pas aussi loin que ces choses : s'il échappe de ces pièces de l'oubli par le moyen de l'impression, on sait assez qu'elles y retombent aussitôt par la manière dont le public les méprise. Il faut donc quelque chose de plus solide, et se dédommager d'une vie courte, qui s'use dans la peine et les soucis, par le moyen de certaines choses beaucoup plus durables que nous, et capables de résister aux influences d'une infinité d'objets qui nous détruisent. Quelque fausses et trompeuses que soient les idées que cette manière de s'immortaliser excite en nous, c'est pourtant ainsi que nous essayons de nous consoler, *de ce que l'ouvrage d'un Dieu dure moins que celui des hommes*, pour parler le langage d'un de nos poètes. Au-dessus des gens de cet ordre, qui d'ordinaire n'ont pas le moyen de se faire une réputation par eux-mêmes, on en trouve qui pensent plus noblement. Ils ne veulent ni deuil, ni épitaphes, ni monumens, ni décorations funèbres. Ils se sentent, ils sont persuadés que leur mérite consacrera leur mémoire dans les temps les plus reculés. C'est ainsi que se consolent la plupart des grands hommes et des beaux-esprits. C'est aussi à cela qu'il faut attribuer généralement la négligence extérieure des uns et des autres, et le peu de cas qu'ils font de tout ce qui ne saurait porter le nom de *vertu héroïque* et d'*élévation de génie. Ils ont presque toutes les vertus comme naturelles ; mais ils n'ont jamais le brillant* d'aucune, comme le disait M. de Retz du maréchal de Turenne. Enfin, si l'on monte encore plus haut, on trouvera d'autres gens, d'une foi extrêmement épurée, qui, connaissant toute la vanité des deux différentes manières de s'immortaliser des uns et des autres, se contentent de paraître devant Dieu dans la plus grande simplicité. *Ainsi soit-il.*

Pl. 40. *Deuil de Zurich.*

Pl. 41. *Deuil d'Augsbourg.*

Pl. 42. *Deuil des Frisons.*

Pl. 43. *Deuil de Sardam.*

DEUÏL de ZURICH.

DEUÏL D' AUGSBOURG.

DEUÏL des FRISONES.

DEUÏL de SARDAM.

Tom III N.°43.

RELIGION ET USAGES
DES RÉFORMÉS,
APPELÉS VULGAIREMENT CALVINISTES.

LE Calvinisme a raffiné sur tout ce que Luther avait trouvé supportable. J'oserais presque comparer ces deux réformations à deux prudes. L'une a renoncé à toutes sortes d'atours, même à ceux qu'elle pouvait conserver avec bienséance ; l'autre ne pouvant oublier entièrement ce qui la parait, lorsqu'elle ne s'attachait qu'à plaire, conserve encore dans sa réforme des ornemens assez éclatans pour faire connaître ce qu'elle était autrefois. Ces deux réformations ressemblent assez aux prudes : c'est la liberté qu'elles se donnent d'examiner tout, et de décider avec rigueur, en faveur de leur retraite, où toutes les autres religions leur paraissent autant de coquettes. On s'imaginera peut-être, en pressant trop la comparaison, que le caractère du Calvinisme doit être absolument opposé à la tolérance, parce que les prudes s'aiment et s'estiment seules : mais il faut se ressouvenir ici que les comparaisons ne sont jamais entièrement justes. Voici la différence : Le calvinisme étant une religion fondée sur l'*examen* et sur la *spiritualité*, il en résulte nécessairement une tolérance sans bornes et une liberté excessive : car, dira-t-on, si ma conscience et mes lumières me conduisent à d'autres opinions que les opinions établies, et si elles me dictent encore que je dois éclairer ceux qui sont dans l'égarement, pourquoi me refusera-t-on la tolérance ? Pourquoi me refusera-t-on la liberté de dogmatiser ? Je n'ai changé de système ou de religion qu'après l'examen ; un mouvement de charité m'induit à persuader les autres, et, quand même mes lumières seraient bornées, je suis pourtant toujours excusable d'avoir obéi à ma conscience. On ne saurait empêcher ces effets de l'examen. Le permet-on à tous les hommes sans distinction ? Il sera juste de tolérer aussi toutes les nouveautés qu'ils débiteront, quand, avec une simplicité apparente, ils nous auront persuadé qu'ils obéissent à leur conscience. Ces excès pourraient mener loin : cependant le calvinisme ne veut pas les croire dangereux. Comme il s'est établi par l'examen, il continue dans la même liberté, et se moque hardiment de ces *timides papistes* qui se contentent de trembler à la vue des *profondeurs du christianisme*, sans avoir la force de faire usage de leur raison.

La tolérance et la liberté ne sont pas moins inséparables de la *spiritualité* des Calvinistes : la description seule de cette *spiritualité* pourra convaincre les lecteurs. J'appelle ici *spiritualité* cette *réduction* du culte à la méditation, à la prière et au sermon, sans admettre aucun extérieur, aucune cérémonie, aucune pompe qui fixe l'attention du peuple. Assemblés entre les quatre murailles d'un temple, où rien ne frappe qu'un ministre dans une chaire, ils se croient tous également capables d'*adorer Dieu en esprit*, et d'arrêter leur méditation sur l'Etre suprême, sans aucun secours extérieur ; mais les réformés ne présument-ils pas un peu trop de la capacité des moindres fidèles ? et cette grande *spiritualité* ne flatte-elle pas agréablement ceux qui n'aiment rien de gênant dans la religion, ou qui se croient supérieurs à tout le reste des chrétiens par leur esprit ? Ajoutons que les hommes sont trop exposés à l'influence des objets qui les environnent, trop attachés à leurs sens, et trop dissipés dans une infinité de pensées qui occupent plus agréablement que la religion, pour qu'ils ne tombent insensiblement dans la nonchalance à son égard. Cette forte contention de l'âme qui l'élève au dessus des sens, et fort rare dans le cours de la vie civile, le serait-elle moins dans la religion ?

Je n'ajouterai rien à ce que j'ai déjà rapporté des commencemens de la réformation de Calvin : mais j'ajouterai au caractère de ce réformateur qu'avec la hauteur et cette obstination mêlée d'aigreur et d'emportement qu'on lui a toujours connues depuis le commencement ju qu'à la fin, et qu'il a eu en commun avec Luther, il fut pourtant moins sujet aux variations dont on accuse le réformateur saxon, et que, malgré ce fiel qu'il répand en beau latin contre ses adversaires, soit Catholiques ou Luthériens, il ne s'est jamais laissé aller aux injures basses et aux bouffonneries plates que l'on reproche à Luther. On doit même cette justice à Calvin, qu'il a soutenu par sa manière de vivre et la modestie de son état le culte sec et décharné qu'il a laissé en partage à ses sectateurs : culte, au reste, dont on peut dire qu'il convenait assez bien à l'humeur et au tempérament de Calvin, qui ne s'accommoda jamais d'aucun éclat extérieur.

Je n'entreprendrai point de faire passer en revue les articles de toutes les confessions de foi qui, depuis le commencement de la réformation calviniste, ont servi à justifier, expliquer et établir la doctrine de l'église réformée : encore moins entreprendrai-je de suivre ces confessions dans les incertitudes et les ambiguités qu'un célèbre prélat leur attribue dans un des ouvrages les mieux suivis et les plus ingénieux qu'on ait vus dans tout le siècle passé. J'indiquerai donc simplement plusieurs de ces confessions dans une remarque, et je donnerai ici un petit détail de la croyance particulière du parti, pour passer ensuite aux usages religieux.

Ils rejettent les livres *apocryphes*, c'est-à-dire, ceux qui ne sont pas du canon hébreu de la Bible; ce qui n'empêche pas que ces livres ne fassent partie de la Sainte-Ecriture chez les Catholiques. La Sainte-Ecriture est l'unique règle de foi, et le seul juge que les réformés reconnaissent dans la religion. Ils n'admettent dans le salut que la justification par la foi, sans aucun mérite, ou, pour mieux dire, sans aucun concours des œuvres. Les plus rigides Calvinistes vont plus loin encore; car ils établissent cette rigoureuse prédestination des hommes, et ce décret éternel de Dieu, en vertu duquel ils sont, ou sauvés ou réprouvés. Cette doctrine, qui renverse si absolument la liberté, et déshonore la bonté de Dieu, a produit un nombre infini de traités et d'objections pour et contre. Elle est même si incompréhensible et si difficile à soutenir, que ses défenseurs sont obligés de se contredire quelquefois. Voici du moins comme ils s'expliquent dans une de leurs confessions : « Il est impossible que cette sainte foi soit oiseuse en » l'homme.... nous parlons de cette foi que l'Ecriture appelle foi ouvrante » par charité, laquelle induit l'homme à s'exercer ès œuvres que Dieu a » commandées par sa parole, lesquelles œuvres, procédantes de la bonne » racine de foi, sont bonnes et reçues devant Dieu, d'autant qu'elles sont » toutes sanctifiées par sa grâce. Cependant elles ne viennent point en » compte, etc... nous faisons de bonnes œuvres, non point pour mériter, » mais plutôt nous sommes redevables à Dieu pour les bonnes œuvres que » nous faisons.... c'est lui qui met en nous le vouloir et le parfaire..... » Nous ne voulons pas cependant nier que Dieu ne rémunère les bonnes » œuvres, mais c'est par sa grâce qu'il couronne ses dons.... nous ne pou- » vons faire aucune œuvre qui ne soit souillée par notre chair et aussi digne » de punition. » La foi n'est point *oiseuse en l'homme*, par conséquent l'action de l'homme concourt à la foi : elle induit l'homme à s'exercer aux bonnes œuvres qui sont reçues devant Dieu, parce qu'il les a sanctifiées par sa grâce : par conséquent, la grâce coopère avec l'homme, trop faible à la vérité pour agir seul. Mais enfin il agit, et n'est pas un être créé pour obéir machinalement à son créateur, après avoir été monté comme une montre l'est par l'ouvrier. Après cela, comme si l'on craignait d'en avoir trop dit, on ôte encore une fois à l'homme le pouvoir d'agir librement : *Nous sommes rede-*

vables à Dieu, etc.; *c'est lui qui met en nous le vouloir et le parfaire.* Ensuite on lui rend la liberté : *Dieu rémunère les bonnes œuvres par sa grâce,* mais ce sont ses dons qu'il couronne, c'est-à-dire, encore une fois, que la grâce de Dieu accompagne les œuvres de l'homme. Dans la confession de foi des Eglises de France, on trouve les mêmes idées et à-peu-près les mêmes expressions. Mais il suffit d'exposer cette doctrine au lecteur, afin qu'il en juge.

Les réformés rejettent aussi toutes les cérémonies, parce que les ombres ayant pris fin, l'usage en doit être ôté entre les chrétiens. Ils rejettent la subordination dans le ministère ecclésiastique, en déclarant, *que tous vrais pasteurs, en quelques lieux qu'ils soient, ont une même autorité et une égale puissance sous un seul chef*..... J. C. Sur le sacrement de la cène, la confession s'explique de la manière suivante : « Pour entretenir la vie spirituelle, laquelle est aux fidèles, Dieu leur a envoyé un pain vif qui est descendu du ciel, à savoir Jésus-Christ, lequel nourrit et entretient la vie spirituelle des fidèles, étant mangé, c'est-à-dire, appliqué et reçu par foi en esprit. Pour nous figurer ce pain spirituel et céleste, Christ a ordonné un pain terrestre et visible, qui est sacrement de son corps, et le vin, pour sacrement de son sang. Pour nous certifier qu'aussi véritablement que nous prenons et tenons le sacrement en nos mains, et le mangeons en nos bouches, dont puis après notre vie est substantée; aussi vraiment par foi (qui est la main et la bouche de notre âme) nous recevons le vrai corps et le vrai sang de Christ..... en nos âmes pour notre vie spirituelle, etc. »....Ensuite on ajoute : « Nous ne faillons pas en disant que ce qui est mangé est le propre et naturel corps de Christ, et son propre sang qui est bu, mais la manière par laquelle nous mangeons n'est pas la bouche, ainsi l'esprit par la foi,...... Outre cela, jaçoit que les sacremens soient conjoints à la chose signifiée, ils ne sont pas toutefois reçus de tous avec ces deux choses. Le méchant prend bien le sacrement à sa condamnation, mais il ne reçoit pas la vérité du sacrement... » Je ne parle point ici de ce que les réformés ont de commun avec les Luthériens, et en quoi ils sont également contraires aux dogmes et au culte de l'Eglise romaine : mais il faut seulement dire en passant que Calvin et tous ceux qui se sont attachés scrupuleusement à sa doctrine, en allant plus loin que Luther dans le dogme de la grâce, se sont aussi exposés à des difficultés très-dangereuses : toute la faveur qu'on peut leur faire, c'est de dire qu'ils n'ont pas senti les conséquences de leur doctrine, ou qu'ils ne les admettent pas. On vient de voir qu'ils ont établi la *Prédestination éternelle* : l'*inamissibilité de la justice,* c'est-à-dire, l'impossibilité de perdre la grâce, et la certitude du salut accompagnent nécessairement cette *prédestination éternelle.* En conséquence de ces dogmes, on oppose aux calvinistes que le baptême n'opère pas, qu'il est seulement le sceau du christianisme, et même que, la grâce précédant le baptême, il n'est pas absolument nécessaire pour être sauvé. La liturgie réformée du baptême ne paraît pas s'opposer à cette doctrine, à laquelle on attribue le délai du baptême, assez ordinaire chez les réformés. Toutes ces difficultés ont fait faire le raisonnement suivant contre la doctrine de Calvin : Si les enfans des fidèles sont dans l'alliance, et conséquemment dans la grâce avant le baptême, toute la descendance du fidèle doit être prédestinée; parce que qui a la grâce, n'en pouvant déchoir, et la transmettant à ses enfans, à cause qu'ils naissent dans l'alliance, établit dans sa famille une perpétuité de salut, etc.; si l'on met la réprobation au lieu de la grâce, il y établit au contraire une perpétuité de damnation. On peut voir ce que le synode de Dordrecht a défini sur le décret éternel, l'élection gratuite et le salut des enfans des fidèles, c'est-à-dire des élus, *par le bénéfice de l'alliance de grâce, en laquelle ils sont compris avec leurs pères et mères ;* on peut, dis-je, voir tout cela dans l'extrait de ce synode, intitulé, *Jugement du Synode national tenu à Dordrecht dans les années* 1618 *et* 1619, *touchant les cinq articles, etc.* Ce jugement est imprimé dans un petit recueil en 1726, et les ministres des Provinces-Unies sont obligés de le signer avant que de pouvoir exercer les fonctions de leur ministère dans le pays Ils sont aussi obligés de reconnaître pour orthodoxe et de signer comme tel tout le synode de Dordrecht, avec la confession et le catéchisme des Pays-Bas. Le synode dressa lui-même le formulaire avec toutes les précautions possibles, *pour prévenir,* dit-on, *tous les subterfuges de quelques-uns, par lesquels ils trompent d'ordinaire les Eglises.* Je mets l'abrégé de ce formulaire dans une remarque. Il fut arrêté aussi, par un article du synode, que tous les professeurs du pays signeraient en témoignage de leur orthodoxie la doctrine établie par le synode. Le même réglement fut fait pour tous les recteurs, consolateurs des malades, maîtres d'école, etc. Le formulaire qu'ils devaient signer était moins long que celui qui fut destiné aux ministres, mais on les lia tout aussi étroitement. Un autre article remarquable de cette célèbre assemblée fut celui *qui interdisait aux professeurs en théologie de produire de nouvelles opinions, contradictoires à la doctrine reçue en l'Eglise;* qui voulait même *qu'il ne fût licite de remuer légèrement aucuns scrupules.... contre la doctrine reçue.* Qui pourrait s'imaginer qu'après tant de précautions, l'ivraie aurait jamais pu croître parmi le bon grain ? C'est pourtant ce qui est arrivé, malgré des précautions soutenues de l'autorité civile, et malgré la vénération que le synode s'est conservée jusqu'à notre temps, vénération qui va si loin qu'on lui rend même un honneur que les anciens conciles œcuméniques n'ont jamais reçu. C'est de faire tous les ans la reconnaissance, ou la visite de ces actes, de la manière que je le dirai bientôt.

Je viens maintenant à la discipline et aux autres usages de la réformation Calvinienne.

Les Eglises réformées sont gouvernées par des *consistoires :* on appelle *consistoire* le corps entier des pasteurs, anciens et diacres d'une église ; ce qui n'empêche pas que les synodes n'aient décidé en France *que les ministres et les anciens font le consistoire.* Le *consistoire* est donc proprement le conseil ecclésiastique de l'Eglise, auquel est commis le soin de faire exercer la discipline ecclésiastique, etc. Les ministres président dans les *consistoires.* Il leur appartient de prêcher et d'instruire dans la religion, d'administrer les sacremens, de censurer, et de faire la paix dans les familles désunies, de visiter les malades, etc. Cette charge est à vie, et l'on ne dépose du ministère que pour des crimes avérés, et trop publics pour les pouvoir pallier. La discipline des Eglises de France ordonnait aux ministres d'être prudens et retenus dans leur manière de prêcher, d'imiter dans leurs prêches la simplicité de l'Ecriture, de s'abstenir des digressions et des amplifications, d'éviter l'entassement inutile des passages de la Bible, et cette vaine érudition qui consiste à rapporter un grand nombre d'explications différentes. La discipline des Pays-Bas appuie sur une partie de ces règles ; mais elle insiste surtout *pour l'explication des principes de la Religion Chrétienne,* c'est-à-dire des dogmes. Elle veut ensuite que la morale tire ses preuves et ses motifs de ces dogmes ; ce qui produit, ce me semble, une morale sèche et peu persuasive, plus propre d'ailleurs à la spéculation qu'à la pratique, et qui n'excite que médiocrement l'attention des auditeurs. Il est vrai qu'on peut éviter ce dernier défaut en s'armant des figures les plus fortes contre les sentimens opposés à l'orthodoxie, à quoi l'on peut ajouter une déclamation véhémente, des expressions décisives et prononcées magistralement. Tout cela peut ramener l'attention.

Il se tenait autrefois en France des synodes nationaux et des synodes provinciaux. A ceux-ci étaient subordonnées les classes que l'on appelait aussi colloques. Ces classes étaient des assemblées de quelques Eglises de la province, qui se faisaient deux et même quatre fois l'année, si les affaires le demandaient. A ces classes ou colloques se trouvaient un ou deux ministres de chaque église avec un ancien : on les assemblait pour terminer ou régler ce qui ne se réglait pas dans le consistoire ; mais ce que la classe ne pouvait régler était ensuite porté au synode provincial, même au national si la chose était de la dernière conséquence. Il paraît, par ce petit détail, que l'autorité de ces colloques était toujours soumise aux synodes, comme celle des consis-

toires l'était aux classes. Celles-ci se terminaient par une censure ecclésiastique, c'est-à-dire, par une admonition fraternelle au sujet des abus qui pouvaient s'être glissés dans les Eglises particulières, et des fautes dont les
membres de l'assemblée se pouvaient trouver coupables : tout cela ressem-
blait assez aux mercuriales de nos parlemens. Les réglemens des Provinces-
Unies touchant les classes diffèrent un peu de ceux des Eglises de France. Ils
portent que les classes se tiendront pour les affaires que le synode n'a pas été
en état de terminer, ou pour celles qui surviennent entre deux synodes.
Telle est, par exemple, la vocation d'un proposant au ministère. Le synode a seul droit d'ordonner ces classes, à moins qu'il ne survienne des
affaires si pressées qu'on ne puisse point attendre ses ordres. Alors, il est
permis à l'église synodale, c'est-à-dire à celle qui a droit d'envoyer des députés au synode, d'écrire des lettres circulaires à cinq ou six Eglises, principalement aux voisines, pour obtenir à la pluralité des suffrages la permission de convoquer une classe. On doit écrire à ces Eglises *quinze jours avant
la convocation de la classe, et chacune doit envoyer un pasteur et un ancien,
et autant que faire se peut les mêmes députés qui auront assisté au dernier
synode.* Larroque, auteur de la *Conformité de la discipline ecclésiastique
des Protestans de France*, compare les classes ou colloques aux anciens
synodes diocésains.

Avant que de passer aux synodes, il faut parler du *Cœtus*. Cette sorte
d'assemblée a quelque chose de singulier, et n'est connue que dans les provinces réformées des Pays-Bas. Il se tient à La Haye, nous dit-on, tous les
ans, au mois de mai, une assemblée de pasteurs députés de toutes les sept
Provinces-Unies, à laquelle on donne le nom de *Cœtus*, mot latin qu'un
raffinement assez ordinaire à ceux qui veulent se distinguer par des idées
mystérieuses ou par des termes énigmatiques peut avoir fait préférer à un
mot connu du vulgaire. Ce *Cœtus* donc s'assemble par l'autorité de l'Etat,
pour faire la révision ou la visite des actes du synode national tenu à Dordrecht, en 1618 et 1619, qui sont gardés à La Haye. Ce même *Cœtus* va
faire ensuite la visite des originaux de la version flamande de la Bible, traduite aussi par ordre de ce synode. Ces originaux sont conservés précieuse-
ment à Leyde.

Les synodes sont nationaux ou provinciaux : ils devaient s'assembler en
France deux fois par an, ou tout au moins une. Ceux des Provinces-Unies se
tiennent régulièrement deux fois l'année, vers le mois de mai et vers le
mois de septembre. Le ministre député mène avec lui un ou deux anciens.
Si l'Eglise a plusieurs ministres, chacun est député à son tour, et cela aux
dépens de son église : si l'église est petite, elle peut se contenter d'envoyer

son député une fois par an , moyennant qu'elle écrive une lettre de soumission à ce synode auquel elle ne députe pas. J'ai déjà remarqué qu'en France les synodes provinciaux étaient soumis ou subordonnés aux nationaux. Ceux-ci se devaient tenir tous les ans ; mais sous les règnes de Louis XIII et de Louis XIV, ils se tinrent fort irrégulièrement, et même la permission d'en tenir fut révoquée après celui de Loudun, tenu en 1659 , qui fut le dernier des vingt-neuf que les Réformés eurent le privilége de tenir. Ces synodes avaient assez de liberté au commencement, mais, dans les derniers temps , un commissaire y assistait de la part du roi. On les ouvrait par la lecture de la confession de foi et de la discipline , comme cela se pratiquait aussi dans les grands conciles de l'ancienne Eglise.

Chaque synode a un président ou *modérateur* et un ou deux secrétaires. La charge du modérateur , dit la discipline , est de conduire et modérer toute l'action , d'avertir des lieux , des jours et des heures auxquels on s'assemblera pour les sessions du synode, de proposer et faire ouverture des choses qui sont en délibération, de recueillir les voix d'un chacun en particulier... de faire que chacun parle par ordre et sans confusion..... de faire les remontrances , de présider aux censures, etc. Aux charges de *modérateur* et de secrétaire , qui cessent avec le synode , il faut ajouter celle d'*actuaire*. C'est ainsi qu'on nomme , chez les Wallons, ceux qui , chez nous , sont les dépositaires des actes. L'*actuaire* doit se trouver à chaque synode, avec le coffre où sont les archives du synode. Cette charge d'*actuaire* est donnée pour trois ans, après quoi elle passe à une autre Eglise : mais l'*actuaire* rend compte au synode même , et non à son successeur, des pièces qu'il a reçues pendant son *actuariat*.

Pl. 44. *Synode tenu dans le chœur de l'Église neuve , à Amsterdam , en 1730.*

Le synode commence et finit par la prière ; mais décrivons plus en détail cette assemblée dont on voit la représentation ici, ce qui cependant ne suffirait pas pour en donner une juste idée. Je tirerai ma description d'une pièce très-authentique. Je trouve d'abord , dans la préface de cette pièce, que le premier synode des Pays-Bas se tint à *Teur*, en l'année 1563, c'est-à-dire environ cinq ans après le premier synode réformé de France ; que ce synode fit des réglemens qui servent encore de fondement à ceux d'aujourd'hui ; que les synodes qui suivirent dans ces premiers temps de la réforme , où l'on poursuivait fort vivement ceux qui se déclaraient Réformés, s'assem-

SYNODE tenu dans le Chœur de l'EGLISE NEUVE, à AMSTERDAM, en 1730.

A. Le Président du Synode.
B. l'Assesseur. C. le Secrétaire.
D. le Commissaire Politique.
E. le Député des Magistrats d'Amsterdam.
F. Deux Députez les Synodes.
Les Députez des Classes, Savoir.
G. Cœur d'Alkmaar. H. Haarlem. I. Amsterdam. K. Hoorn.
Les Correspondans des Synodes Savoir.
1. Cœur de Gueldres
2. de Sud Hollande.
1. Sakhuizen M. Edam.
3. Utrecht. 4. Frise
5. Overissel.
6. Groningue.
7. différens Pasteurs et anciens.

blaient secrètement, et que les Eglises Réformées dispersées dans les terres catholiques se cachaient sous les noms empruntés *de la rose, de la palme, de la vigne, de l'olive,* etc. Ce dernier subsiste encore, et l'on donne le nom de *ministre de l'olive*, à celui que les synodes réformés établissent pour aller prêcher à leurs frères dispersés en Picardie, dans l'Artois, et dans les Pays-Bas catholiques. Je trouve aussi dans cette préface, « que le droit » d'avoir un synode à part fut confirmé aux Wallons en 1618; ce qui n'em- » pêche pas qu'ils n'entretiennent toujours une correspondance fraternelle » avec les Eglises flamandes, sans en être dépendans. » En vertu de cette correspondance, et comme également membres de l'Etat, les synodes wallons ont droit de députer au synode national, de députer au *Cætus*, etc. Ils ont même un privilége tout particulier, qui est de n'être point gênés dans leurs délibérations par la présence d'un commissaire laïque qui assiste de la part de l'Etat aux synodes hollandais, conformément à ce qui se pratiquait autrefois sous les empereurs chrétiens. Ce synode wallon est composé de cinquante Eglises, toutes synodales, c'est-à-dire qui ont le privilége de dé-puter aux synodes, « entre lesquelles, dit l'auteur de cette préface, il y en a » vingt-neuf ou trente assez fortes pour assembler le synode dans leur sein. » Il ajoute « que ces Eglises aiment et maintiennent constamment la paix et » l'uniformité, l'orthodoxie, la vérité.... qu'en toutes choses elles recom- » mandent la charité. Il les loue enfin de ce qu'elles s'opposent soigneuse- » ment aux changemens et aux nouveautés. » Au reste, on ne saurait s'em-pêcher de remarquer que ces synodes témoignent assez par leurs décisions la nécessité inévitable de recourir à l'autorité, et tout ce qui arrive dans ces assemblées prouve aussi la même chose. Les communions les plus libres sont forcées d'exiger de leurs fidèles une soumission sans bornes : si l'on en doute, on n'a qu'à lire les formulaires.

La première séance du synode commence à huit heures : le ministre du lieu où il s'assemble fait la prière, ou le modérateur du synode précédent. Celui qui a fait cette prière reçoit les lettres de créance des autres Eglises, après quoi on élit le modérateur et le secrétaire. L'élection est suivie d'une autre prière pour le synode, et la prière est suivie du *sermon de l'ouverture*, qui n'a que le nom de *proposition*. Celui qui le fait a été nommé pour cela par le synode précédent. L'assemblée examine et censure le sermon du pré-dicateur, à moins qu'il n'ait déjà soixante ans. Le synode qui nomme le mi-nistre pour faire cette ouverture lui donne le texte; et, comme il peut ar-river que celui qui doit prêcher ne soit pas en état de le faire, on nomme deux ministres, dont le premier est obligé de prêcher sur le texte donné, et l'autre est libre de choisir tel sujet qu'il juge à propos. La censure suit immédiatement le sermon, et le même jour le synode établit des commissaires pour examiner les étudians et les proposans. Il y a deux sortes d'examens : l'un que l'on nomme *préparatoire* pour les étudians qui ont donné leur nom au synode précédent pour être reçus proposans : les commissaires les examinent, après quoi ils sont reçus ; mais, avant la réception, ils signent la confession de foi et le synode de Dordrecht. Des esprits difficiles pourront objecter que des jeunes gens, tout fraîchement sortis de l'académie, n'ont pas encore assez de lumières pour souscrire à une doctrine qui demande de longues études et l'examen le plus réfléchi. A cela, les Réformés peuvent répondre ce que le synode pense, s'il ne le dit pas ; que les jeunes gens ne s'égarent jamais en suivant une assemblée toute composée de personnes consommées dans les études, et qui ont réfléchi *successivement* depuis les premiers réformateurs. Ainsi, les proposans commencent nécessairement par être soumis à l'autorité, et se déclarent orthodoxes avant que d'être en état de savoir douter. L'autre examen nommé *péremptoire* est pour les proposans. C'est la *table* qui nomme les prédicateurs du dimanche qui suit l'ouverture du synode. Par la *table*, on entend, chez les Wallons, le modérateur, les secrétaires, etc., assis dans le synode auprès d'une table sur laquelle on étale tous les papiers synodaux. Le second jour du synode, on s'assemble à neuf heures du matin et à trois de l'après-midi, et ainsi de suite jusqu'à la fin du synode. Chaque session commence et finit par la prière. Le secret est extrêmement recommandé aux membres de cette assemblée, et, afin que les délibérations et les décisions des synodes ne deviennent point publiques, les Eglises doivent avoir soin de retirer les papiers synodaux qui sont restés entre les effets d'un ministre mort.

Je viens de parler de l'*examen péremptoire*. C'est cet examen que doivent subir les proposans avant que d'être reçus ministres. Je ne dois pas oublier qu'outre l'examen, les étudians et les proposans sont obligés de prononcer un sermon devant le synode. Les premiers ont quinze jours pour se préparer sur le texte qu'on leur a donné, mais les proposans n'ont que huit jours. Après le sermon, et l'examen joint aux autres formalités requises, qui sont la vérification des lettres où est contenue la vocation du nouveau ministre, et une nouvelle signature des décisions de Dordrecht, contre les cinq articles des remontrans et de la confession de foi, etc., on lui donne l'imposition des mains. Cette cérémonie est précédée de trois proclamations, publiées trois dimanches consécutifs dans l'Eglise que le jeune ministre va desservir, et se fait de la manière suivante dans le consistoire de cette Eglise ou dans le synode : On commence par un sermon convenable à la circonstance, après quoi l'ordinant (je demande la permission de me servir ici de ce terme) lit

B. Picart delin.

L'IMPOSITION des mains faite à un PROPOSANT reçu MINISTRE dans une EGLISE WALLONE et FRANÇOISE de HOLLANDE.

Tom. III. N.º 45.

le formulaire de l'imposition des mains au nouveau pasteur qui est à genoux.
Le formulaire contient une exhortation assez longue sur tous les devoirs du
ministre, et une prière que l'ordinant prononce, les mains posées sur la
tête du nouveau pasteur. La prière étant finie, l'ordinant présente la main
d'association au nouveau pasteur, et tous ceux qui composent le consistoire
font la même chose après lui. L'après-midi, si l'imposition a été faite un
dimanche, le pasteur qui vient d'être admis au ministère fait le sermon que
les Wallons appellent le *sermon d'entrée.*

Il est nécessaire de remarquer ici que les Protestans sont obligés d'avoir
recours à la distinction qu'ils ont si souvent reprochée aux Catholiques :
« Que les pasteurs soient méchans, profanes, impies, cela nuit à leurs per-
» sonnes, dit M. Claude, mais cela ne nuit point à leurs fonctions, parce
» que leurs fonctions ne sont pas à eux, et qu'elles sont à l'Eglise. » Il avait
dit auparavant : « Tout ce que font les pasteurs (en ce qui concerne la Re-
» ligion), ils le font au nom de l'Eglise, et par conséquent au nom de J. C. »
Cette distinction est remarquable, et l'on peut ajouter aussi qu'elle est juste.
Accordons-la aux Protestans, diront peut-être des Catholiques *tolérans,*
mais qu'ils nous laissent jouir en paix de celle que nous mettons entre le
siége apostolique et le Pape.

Pl. 45. *L'Imposition des mains faite à un Proposant reçu*
Ministre dans une Église wallone et française de
Hollande.

Je ne dis rien des écoles, sinon que la *discipline des Eglises réformées*
de France les soumettait à l'examen et à l'autorité des consistoires; mais
je dois remarquer une coutume fort louable de l'académie de Die : c'est qu'elle
donnait des prix à ses écoliers, pour les encourager par cet honneur à faire
des progrès dans la piété.

Le consistoire a seul le droit d'élire les Anciens et les Diacres. Après qu'ils
ont été élus, on les annonce au peuple pendant trois dimanches, afin que
son consentement intervienne. Le troisième dimanche on les reçoit en présence de l'assemblée, s'il n'y a point eu d'opposition à leur élection. Le formulaire de leur réception consiste en une exhortation qu'on leur adresse
et à toute l'assemblée en même temps. L'exhortation est suivie d'une prière.
« L'office des anciens, dit la *discipline ecclésiastique des Eglises réformées*
» *de France,* est de veiller sur le troupeau avec les pasteurs, faire que le
» peuple s'assemble, et que chacun se trouve aux saintes congrégations,
» faire rapport des scandales...., en connaître avec les pasteurs, etc. La

» *discipline des Pays-Bas* ajoute : qu'ils doivent veiller sur les pasteurs...
» et les diacres... faire la visite (pastorale), soit devant, soit après la cène,
» pour consoler et enseigner, empêcher que les sacremens ne soient pro-
» fanés, et entretenir l'orthodoxie dans l'Eglise. » Il semble du moins que
l'on doit expliquer ainsi ces paroles : « Ils doivent prendre garde sur toutes
» choses à la doctrine; » et par conséquent il serait bien permis d'en con-
clure que la charge de ces ministres laïques de l'église est très-difficile à
remplir. Cependant elle est généralement occupée par des personnes embarrassées des soucis du siècle, et qui ont passé la plus grande partie de leur
vie à toute autre chose qu'à ces hautes études des mystères de la théologie
chrétienne. L'office des diacres est de distribuer les charités aux pauvres, de
les visiter, et d'avoir soin d'eux; de faire valoir les fonds qui sont destinés à
l'entretien de ces pauvres, et de prendre garde qu'ils n'abusent des aumônes.
Une autre fonction de ces ministres laïques des Eglises réformées, c'est d'aller,
accompagnés chacun d'un ancien, dans les maisons des fidèles pour leur
annoncer la cène; mais cette coutume n'est pas générale, non plus que
celle de distribuer de maison en maison de petites marques de plomb aux
fidèles qui sont en état de communier. On élit et installe les diacres de la
même manière que les anciens. Ces deux charges ne sont point à vie. Dans
les Provinces-Unies, le ministère, ou, selon le style wallon, le service des
anciens et des diacres, est de deux ans; après quoi *ils sortent de service*, et
d'autres *rentrent en leur place.* La *discipline des Eglises réformées* ordonnait
d'éviter les trop fréquens changemens d'anciens et de diacres, à cause que
cela était préjudiciable à l'Eglise.

Larroque, qui était un savant ministre de l'Eglise réformée de Rouen, a
prétendu que l'origine des anciens de son église est presque du siècle des
Apôtres, *s'ils n'en sont plutôt eux-mêmes les auteurs*, dit-il ensuite. Il
croit cette institution fondée sur celle des anciens des Juifs, qui avaient part
au gouvernement de la synagogue. Il cite même un passage du diacre Hilaire
qui, dans le quatrième siècle, parlait des anciens de l'église; sans le conseil
desquels on n'y faisait rien, et qui ajoute que, de son temps, on avait aboli
cette institution, *par la négligence, ou plutôt par l'orgueil des Docteurs.* Il
rapporte plusieurs autres passages qui semblent prouver que la charge d'ancien, de la manière qu'elle subsiste chez les Réformés, est de l'Eglise pri-
mitive. Par exemple, il en cite un où les anciens sont distingués des évêques
et des prêtres; un autre où ces anciens sont appelés des *hommes ecclésiastiques*, un autre qui est une suscription de lettre *au Clergé et aux Anciens.*
Mais tout cela n'est pas sans réplique, outre qu'à ces passages si clairs et si dé-
cisifs en apparence on en oppose d'autres qui nous ramènent dans l'obscurité,

Je remarquerai ici qu'il paraît, par le synode de Gap, que les premiers réformés imposaient les mains à leurs anciens, puisqu'il parle d'abolir cette coutume. Un autre usage fut rejeté par les synodes de la Rochelle et de Tonneins, qui était qu'en quelques églises les anciens nommaient leurs successeurs. La discipline ecclésiastique des Provinces-Unies ordonne à ces ministres laïques de l'Eglise de s'assembler toutes les semaines pour vaquer à l'examen des affaires qui sont de leur département. Je finis cette matière par une autre remarque tirée de la même discipline, et qui répond aux objections que pourraient faire les étrangers sur la séparation des Réformés des Provinces-Unies en deux corps, savoir des Hollandais et des Wallons. « Comme ainsi soit, dit la discipline, qu'en ces Pays-Bas on use de deux » langues..., flamande et wallonne, a été trouvé bon que les églises, tant » de l'une que de l'autre langue, tiennent distinctement leurs consistoires, » classes et synodes particuliers.... Néanmoins..... ès villes où il y aura » églises des deux langues, quelques ministres et anciens de chaque consis» toire s'assembleront tous les ans une fois, pour entretenir bon accord et » correspondance. . . . . » Conformément à ces décisions, les Hollandais font leurs censures, leurs exhortations et leurs prêches en flamand ; et les autres, en wallon.

Il est bon d'exposer ici quelques points de discipline qui influent considérablement sur tout le corps de l'Eglise réformée, et entretiennent les liaisons mutuelles des membres qui le composent. Je commence par l'égalité, l'union et la correspondance fraternelle des églises. La discipline des Eglises réformées de France recommande expressément ces trois choses. Elle n'est pas moins attentive aux suivantes. Les admonitions et les censures ecclésiastiques se faisaient en France, et se font aussi en Hollande dans les consistoires, et de même les réparations. Ceux qui persistent dans leurs péchés, doivent être suspendus de la cène, et ensuite excommuniés entièrement. Je ne copierai point ici le redoutable formulaire d'excommunication que la discipline de France employait autrefois contre les impénitens, et qui servit à excommunier le ministre Ferrier au synode de Privas, tenu en 1612. Mais je dirai seulement que la suspension ne ramenant point le pécheur, après des exhortations réitérées plusieurs fois, cette discipline ordonnait de procéder publiquement contre lui par une admonition générale adressée au peuple par le pasteur, et cela trois dimanches consécutifs. Il était même permis de le nommer, *pour lui faire plus de honte*, dit la discipline. Au quatrième dimanche, le pasteur lançait l'excommunication du haut de la chaire. La discipline des Pays-Bas se rapporte à-peu-près aux mêmes usages. Le formulaire qu'elle emploie n'est pas moins terrible que celui des anciennes Eglises ré formées de France. A la suite de ce formulaire, on trouve la manière de réconcilier le pécheur excommunié. Le ministre s'adresse d'abord à l'assemblée des fidèles, pour être assuré qu'il n'y a point d'empêchement à cette réconciliation. Ensuite, il le réconcilie, en s'adressant encore aux fidèles, et à lui en particulier, pour savoir s'il est sincèrement repentant : après quoi, le ministre déclare au pénitent qu'il est délié du lien de l'excommunication. La réconciliation est terminée par une prière. Au reste, les consistoires des Provinces-Unies usent de beaucoup de retenue dans les procédures qui précèdent la publication des scandales pour lesquels on excommunie.

Je ne dis rien de la fondation et de la dédicace des Eglises, puisqu'à l'égard de ces deux choses, accompagnées chez les Catholiques de tant d'évolutions et de cérémonies mystérieuses, il n'y a rien à faire chez les Réformés que quelques prières avant et après un sermon préparé exprès pour cette solennité, et par conséquent assorties d'allégories et d'allusions, de types même, s'il le faut, pour rapprocher ingénieusement la parole de Dieu de la circonstance sur laquelle on prêche. Pour ce qui est de l'*érection*, ou de l'établissement d'une nouvelle Eglise, le synode envoie deux députés, qui sont un pasteur et un ancien pris de l'Eglise voisine, et autorisés par lui pour former un consistoire, etc.

Disons deux mots de deux établissemens peu connus hors de la Hollande, et qui ne laissent pas d'être remarquables. L'un est la *bourse des écoliers*, et l'autre *les Eglises examinatrices*. Les synodes (wallons) ont deux fonds, dont l'un est proprement celui qu'on appelle la *bourse des écoliers*, et consiste en obligations et contrats qui sont à la garde des Eglises d'Amsterdam et de Middelbourg C'est dans cette bourse qu'on prend de quoi entretenir les pauvres écoliers qui se destinent au ministère. L'autre fonds, qui hors du synode n'est guères connu que sous le même nom de *Bourse des écoliers*, est la *bourse de Mouche*, et consiste en un capital que ce *Mouche*, qui était un riche hollandais ou wallon, avait destiné « pour faire prêcher l'Evangile aux infidèles ou » sauvages de l'Amérique en leur propre langue; et il n'était pas permis » d'en employer les revenus à aucun autre usage, ni d'en faire aucun emprunt. Mais comme il ne s'est trouvé jusqu'ici (en 1726) personne qu'on » ait pu envoyer en Amérique, le synode a été autorisé par.... les Etats, » en 1716, à employer ces revenus à l'entretien des étudians qui se destinent » au ministère. » Le synode mérite d'être loué à cause de l'ingénuité de l'aveu ; mais qui aurait osé croire qu'une république comme la Hollande serait hors d'état de fournir des missionnaires à l'Amérique. Quoi qu'il en soit, la *bourse de Mouche* est gardée par l'Eglise d'Amsterdam.

On appelle *Eglises examinatrices celles que le synode nomme par tour* pour

_Le_ BAPTÊME _des_ REFORMÉS.

l'examen des ouvrages qui s'impriment sur la religion, ou sur des matières qui s'y rapportent. Un article des réglemens ordonne que les ouvrages seront envoyés manuscrits aux Eglises *examinatrices*, et un autre article, « qu'au-
» cun membre des Eglises (Réformées) ne pourra faire imprimer des livres
» sur des matières de Religion, sans l'avoir communiqué aux Eglises exami-
» natrices de la province, et sans avoir obtenu leur approbation. » Cet ar-
» ticle est assez conforme à la *discipline des Eglises réformées de France*.
A les prendre à la lettre, aucun laïque ne doit s'ingérer d'écrire ni directe-
ment, ni indirectement sur la religion, sans l'approbation de ces *Eglises examinatrices;* et cela est énoncé bien plus clairement dans la *discipline ecclésiastique des Provinces-Unies*. Ce réglement montre que les étrangers ont une fausse idée de la tolérance des Hollandais, qu'ils regardent comme un vrai libertinage. On croit ordinairement que, ni leurs Eglises, ni leurs magistrats ne prennent aucun soin de la religion, et l'on se trompe grossièrement. Il y a des exemples qui prouvent que la discipline a été soutenue plus d'une fois en Hollande de l'autorité du bras séculier.

Pl. 46. *Le Baptéme des Réformés.*

La simplicité des cérémonies qui accompagnent les deux sacremens reconnus par les Réformés ne fournit pas une longue description. Les deux figures qu'on voit ici parlent aux yeux, et disent beaucoup plus qu'un discours. Je me contenterai donc de remarquer le plus essentiel de la pratique. Le baptéme d'un enfant est précédé de la lecture d'un formulaire de liturgie pour le baptême, et d'une prière, après laquelle le ministre exige, par une simple demande qu'il fait aux parrains et aux marraines, leur consentement à ce que la dignité du sacrement doit exiger du chrétien, et qui, malheureusement, ne se réduit guères dans toutes les communions qu'à une simple cérémonie. Selon les Réformés (Calvinistes), le baptéme doit être toujours public, c'est-à-dire, suivant les termes des Eglises réformées de France, « ès » assemblées ecclésiastiques, où il y a Eglises publiquement dressées, etc. » Si l'exception est permise, c'est lorsqu'on se trouve parmi des nations infidèles, ou lorsque la crainte et la persécution empêchent qu'il ne se forme une Eglise, et tels autres cas. Cette règle est généralement suivie dans la réforme. Aux baptêmes des adultes, soit anabaptistes (supposé qu'ils n'aient pas encore été baptisés), soit Juifs, Mahométans ou Païens, le ministre qui les doit baptiser s'adresse directement à eux, et leur fait abjurer, par plusieurs questions, les erreurs, les superstitions ou les idolâtries dans lesquelles ils ont été élevés.

20*

Pl. 47. *La Communion des Réformés.*

La cène, que la figure représente, est celle des Réformés des Provinces-Unies, laquelle est conforme presqu'en tout à la manière des Réformés de France. Quelques diacres et quelques anciens sont toujours à portée de la table où l'on communie. Les anciens, pour faire observer l'ordre et le respect qui sont dus à cette cérémonie mystérieuse ; les diacres, pour découper le pain en petits morceaux, que le ministre distribue aux communians, et remplir les coupes, qu'il distribue de même. Ailleurs, comme à Genève et en Suisse, on ne se range pas autour d'une table ; en quoi l'on prétend que les premiers réformés ont voulu imiter *la cène que fit Jésus-Christ avec ses apôtres*. On y passe en revue devant deux ministres, dont l'un donne aux communians le morceau de pain *mystique et représentatif*, l'autre la coupe, ou un simple verre contenant du vin. Si le communiant se trouve avoir une répugnance invincible pour le vin, la discipline des Eglises réformées de France permet de le communier seulement avec l'espèce du pain. Pour être admis à la cène, il faut avoir atteint les années de discrétion. En quelques pays on *annonce* publiquement ces jeunes catéchumènes. Avant la première communion, ils sont tout au moins examinés dans le consistoire. La communion a son formulaire liturgique, qui commence par un discours sur l'institution et le caractère de la cène, et sur les devoirs des communians. Après ce discours, les communians se rendent à l'endroit où ils doivent recevoir la cène, les hommes les premiers, les femmes ensuite ; et pendant que la cène dure, le lecteur, qui en même temps est chantre, lit alternativement divers chapitres de la Bible, et fait chanter plusieurs psaumes. Ce lecteur est un laïque, souvent même un artisan, ou tout au plus un maître d'école. A Genève, et en divers autres endroits où la religion réformée domine, des proposans font ces lectures. Toute la communion finit par une prière et par une exhortation plus ou moins longue, telle enfin que le ministre le juge à propos : à quoi on ajoute pour conclusion le chant du cantique de Saint Siméon.

La solennité des dimanches consiste en trois sermons prêchés régulièrement tous les dimanches par trois différens ministres. Avant le sermon, le lecteur dont j'ai parlé lit quelques chapitres de la Bible, et fait chanter deux ou trois psaumes. Ensuite le ministre monte en chaire, ordonne le chant d'un autre psaume ; après quoi il récite la prière qu'il a lui-même composée. Immédiatement après la prière, il ouvre la Bible, et y lit le texte qu'il doit

La COMMUNION des REFORMES.

Tom. III. N.º 47.

expliquer, ou paraphraser. Le sermon ayant duré une heure, et quelquefois aussi beaucoup plus long-temps, le ministre qui l'a prononcé fait une seconde prière ; mais, auparavant, il recommande aux prières des fidèles les malades, les affligés, etc. La prière faite, on chante un autre psaume, et le ministre congédie enfin les fidèles en leur donnant la bénédiction. Si quel'-qu'un me demandait des réflexions sur cet exercice de dévotion, je lui dirais que les mêmes défauts qu'on remarque ailleurs s'y trouvent mêlés.

A l'égard des autres solennités, elles se réduisent à un ou deux jeûnes qui reviennent tous les ans, et à quatre fêtes solennelles, qui sont Noël, Pâques, la Pentecôte, l'Ascension, auxquelles on peut ajouter le premier jour de l'année chomé en plusieurs pays réformés.

Je finis cette petite dissertation par une remarque où je prétends rendre justice à la discipline de ces Eglises réformées, contre ceux des autres communions qui, faute de la connaître, accusent les Réformés de beaucoup de relâchement sur cet article. Leur discipline est très-sage et même sévère en plusieurs circonstances. Pour s'en convaincre, on doit lire, dans celle des Eglises réformées de France, les chapitres qui traitent des ministres, des consistoires et du mariage. Elle recommande assez généralement la modération évangélique, et je vais en donner pour exemple l'article 23 du dernier chapitre, qui traite des réglemens particuliers. On s'y exprime de cette manière : « Toute violence et parole injurieuse contre ceux de l'Eglise romaine, » mêmement contre les prêtres et moines, seront non-seulement empê-» chées, mais aussi réprimées tant que faire se pourra. » Ces ministres emportés qui mêlent dans tous leurs prêches une controverse outrageante et pleine de fiel contre les *papistes* et les hérétiques, ont donc oublié la modération qui leur est recommandée par leur discipline ? Sans doute ; ou plutôt, ils prétendent *aggraver par là l'iniquité du parti contraire*, et montrer à leurs frères le mérite et les avantages de celui dans lequel ils vivent : après quoi, ils ouvrent hardiment le chemin du ciel aux fidèles qui les écoutent. A Dieu ne plaise, cependant, que j'attribue ce défaut aux seuls réformés ! Ce serait peu connaître les hommes.

Je finis en demandant grâce aux lecteurs pour les fautes qui se trouvent dans ce volume. Ceux qui viendront après nous pourront mieux faire.

B. D. M. E. A. A. (BERNARD, *ministre évangélique à Amsterdam.*)

FIN DU TOME III.

TABLE

DES MATIÈRES ET DES GRAVURES

CONTENUES DANS CE TOME TROISIÈME.

Fin de la Table.